චතුරාර්ය සත්‍යාවබෝධයට ධර්ම දේශනා....

# පින සහ අවබෝධය

පූජ්‍ය කිරිබත්ගොඩ ඤාණානන්ද ස්වාමීන් වහන්සේ

චතුරාර්ය සත්‍යාවබෝධයට ධර්ම දේශනා....

# පින සහ අවබෝධය

පූජ්‍ය කිරිබත්ගොඩ ඤාණානන්ද ස්වාමීන් වහන්සේ

© සියලුම හිමිකම් ඇවිරිණි.

ISBN : 978-955-0614-32-5

ප්‍රථම මුද්‍රණය : ශ්‍රී බු. ව. 2555 ක් වූ වෙසක් මස පුන් පොහෝ දින
දෙවන මුද්‍රණය : ශ්‍රී බු. ව. 2555 ක් වූ බක් මස පුන් පොහෝ දින
තෙවන මුද්‍රණයඃ ශ්‍රී බු. ව. 2556 ක් වූ පොසොන් මස පුන් පොහෝ දින
සිව්වන මුද්‍රණය : ශ්‍රී බු. ව. 2556 ක් වූ බිනර මස පුන් පොහෝ දින
පස්වන මුද්‍රණය : ශ්‍රී බු.ව. 2557 ක් වූ වප් මස පුන් පොහෝ දින

- සම්පාදනය -

මහමෙව්නාව භාවනා අසපුව
වඩුවාව, යටිගල්ඔළුව, පොල්ගහවෙල.
දුර : 037 2244602
info@mahamevnawa.lk | www.mahamevnawa.lk

- පරිගණක අකුරු සැකසුම, පිටකවර නිර්මාණය සහ ප්‍රකාශනය -

මහාමේඝ ප්‍රකාශකයෝ
වඩුවාව, යටිගල්ඔළුව, පොල්ගහවෙල.
දුර : 037 2053300, 0773216685
mahameghapublishers@gmail.com | www.mahameghapublishers.com

- මුද්‍රණය -

ලීඩ්ස් ග්‍රැෆික්ස් (පුද්.) සමාගම,
අංක 356 E, පන්නිපිටිය පාර, තලවතුගොඩ.

චතුරාර්ය සත්‍යාවබෝධයට ධර්ම දේශනා....

# පින සහ අවබෝධය

පූජ්‍ය කිරිබත්ගොඩ ඤාණානන්ද ස්වාමීන් වහන්සේ
විසින් පවත්වන ලද සදහම් වැඩසටහන් වලදී දේශනා කරන ලද
සූත්‍ර දේශනා ඇසුරෙනි.

ප්‍රකාශනයකි

# පෙළගැස්ම....

01. පින සහ අවබෝධය 1 07
(ධර්ම දේශනයකි)

02. පින සහ අවබෝධය 2 57
(ධර්ම දේශනයකි)

03. අවබෝධයෙන්ම පින් කරමු 122
(ධර්ම දේශනයකි)

04. පින් කරමු, කුසල් වඩමු 155
(ධර්ම දේශනයකි)

**"දසබලසේලප්පභවා නිබ්බානමහාසමුද්දපරියන්තා**
**අට්ඨංග මග්ගසලිලා ජිනවචනනදී චිරං වහතූති"**

දසබලයන් වහන්සේ නමැති ශෛලමය පර්වතයෙන් පැන නැගී
අමා මහා නිවන නම් වූ මහා සාගරය අවසන් කොට ඇති
ආර්ය අෂ්ටාංගික මාර්ගය නම් වූ සිහිල් දිය දහරින් හෙබි
උතුම් ශ්‍රී මුඛ බුද්ධ වචන ගංගාව
(ලෝ සතුන්ගේ සසර දුක නිවාලමින්)
බොහෝ කල් ගලාබස්නා සේක්වා!

**(සළායතන සංයුත්තය - උද්දාන ගාථා)**

නමෝ තස්ස භගවතෝ අරහතෝ සම්මාසම්බුද්ධස්ස
ඒ භාග්‍යවත් අරහත් සම්මා සම්බුදුරජාණන් වහන්සේට නමස්කාර වේවා!

# 01.
# පින සහ අවබෝධය

(ධර්ම දේශනයකි)

ශ්‍රද්ධාවන්ත පින්වත්නි,

අද අපි බලාපොරොත්තු වෙනවා බුදුරජාණන් වහන්සේගේ දේශනා ඇසුරෙන් කරුණු කීපයක් කියලා දෙන්න.

අපි මේ මනුස්ස ලෝකයට කී වතාවක් එන්න ඇද්ද කියලා අපි දන්නේ නැහැ. අපි තිරිසන් ලෝකයේ කී වතාවක් උපදින්න ඇද්ද කියලත් අපි දන්නේ නැහැ. ඒ වගේම අපි පෙරේතයෝ වෙලා සසරේ කොච්චර ඉන්න ඇද්ද? කොච්චර නිරයේ ඉන්න ඇද්ද? අපි ඒ කිසිවක් දන්නේ නැහැ. මිනිස් ලෝකයට පැමිණි අපි සතර අපායට යළි වැටෙන ස්වභාවයෙන් යුක්ත බව අපි දැනසිටියේ නැහැ. අපට ඒ දැනුවත් වීම කළේ බුදුරජාණන් වහන්සේයි.

පෘථග්ජන ස්වභාවයේ අපි රැඳී සිටියොත්, ජීවිතාවබෝධය නොකළොත්, චතුරාර්ය සත්‍යය අවබෝධ

කරන්න බැරිවුණොත්, අපට හැම තිස්සේම අනතුරක් තියෙනවා, ඒ සතර අපා දුකට වැටෙන්නට සිදුවීමයි.

## සසර අනතුර...

බුදුරජාණන් වහන්සේ ඡිග්ගල කියලා සූත්‍රයක් දේශනා කළා. ඒ දේශනාවේ සඳහන් වෙනවා බැරි වෙලාවත් කෙනෙක් නිරයේ හෝ තිරිසන් අපායේ හෝ වැටුණොත් එයා එතැනින් මිදිලා මනුස්සයෙක් වෙනවාට වඩා කණ කැස්බෑවා වියසිදුරෙන් අහස බලන එක ලේසියි කියලා.

එහෙම නම් පින්වත්නි, මේ මිනිස් ලෝකයේ උපදින මිනිසුන්ට, දෙවියන්ට තියෙන අනතුර තමයි, ආයෙ ආයෙමත් සතර අපායට වැටෙන්න තියෙන ඉඩකඩ. එතකොට බුදුරජාණන් වහන්සේගේ ධර්ම දේශනාවේ එක ඉලක්කයක් **සත්වයා සතර අපා දුකින් නිදහස් කිරීම.**

## සම්බුදු දහමේ ඉලක්කය හඳුනාගන්න...

ඔන්න ඔබට දැන් ඒක මතක තියාගන්න පුළුවනි. මොකක්ද? බුදුරජාණන් වහන්සේ පහළ වෙලා ධර්මය කියා දීමේ එක ඉලක්කයක් සත්වයා සතර අපා දුකින් නිදහස් කරදීම. ඊළඟ එක, මේ ලෝකයේ දෙවිවරු, මිනිස්සු හැමෝම සැපයට කැමතියි. සැප කැමැති වුණාට අපට සැපය තෝරබේරගන්න තේරෙන්නේ නැහැ. සැපය ගැන බුදුරජාණන් වහන්සේ දේශනා කළා. සුගතියේ ඉපදීම අපට සැප ලබාගන්න තියෙන එක අවස්ථාවක්. එතකොට සතර අපා දුකින් මුදවාලීම බුදුරජාණන් වහන්සේගේ මූලික කාර්යය. ඊළඟ කාර්යය තමයි **සුගතියේ සැප ලබාදීම.**

ඒ වගේම බුදුරජාණන් වහන්සේ දන්නවා,

උන්වහන්සේ අවබෝධ කරගෙන හිටියා, අපේ ජීවිත පැවැත්ම තුළ තියෙන්නේ අපට ඕන ගමනක් යන පිළිවෙලක් නොවෙයි. උන්වහන්සේ දැක්කා අපව යම්කිසි දෙයකින් හසුරුවනවා කියලා. ඒ දේ තමයි අප විසින් හිතාමතා කරන දේ. කර්මය. මේකේ කෙළවරක් නෑ. බුදුරජාණන් වහන්සේට ඕන වුණේ **අපි සසරේ කෙළවරක් නැතුව යන මේ ගමන කෙටි කරවන්නයි.** ඒක උන්වහන්සේගේ දේශනාවල එක ඉලක්කයක්. හතරවන ඉලක්කය **සසර දුක ඉවත් කරදීම. නිවන අවබෝධ කරවීම.**

## ජීවිතාවබෝධයට ඇති බාධා...

මේ ඉලක්ක හතරට තමයි සෑම බුද්ධ දේශනාවක්ම යොමුවෙලා තියෙන්නේ. එතැනින් බාහිර දෙයක් නෑ. හැබැයි මේක අවබෝධ කරන්න දක්ෂ වෙන්නේ බුද්ධිමත් කෙනා විතරයි. ඒකට හේතුව මේක තේරුම් ගැනීම පිණිස අපට යම්කිසි හිතන්න පුළුවන්කමක් අවශ්‍යයි. හැමතිස්සේම වෙන්නේ අපේ හිතන්න පුළුවන්කමට ඉඩක් ලැබෙන එක නොවෙයි. ඒකට වැට කඩුළු බැඳෙන එකයි. හැමතිස්සේම වෙන්නේ අපට මේක ගැඹුරින් හිතන්න පුළුවන්කම පෑදෙන එක නොවෙයි. වැහෙන එක.

මොකද ඒක වැහෙන්න වුවමනා දේවල් ගොඩාක් අපි ළඟ තියෙනවා. ආශාව, මාන්නය, කෙලෙස්, එකට එක කිරීම, හිතට ගැනීම, ලෝකයෙන් සත්කාර සම්මාන බලාපොරොත්තු වීම, ලෝකය තුළ අධිපති වෙන්න සිතීම, පළිගන්න සිතීම, වෛර කිරීම.

## බුද්ධ දේශනාවේ නියම ප්‍රයෝජනය...

මේ වගේ දේවල් අපේ සිතට එකතුවුණාම බුද්ධිමත්ව

කල්පනා කරන්න තිබෙන ස්වභාවය නැතිවෙලා යනවා. එතකොට බුද්ධ දේශනා ඇහුණා කියලා ඒ දේශනාවේ නියම ප්‍රයෝජනය ගන්න අපට අවස්ථාව ලැබෙන්නේ නෑ.

එහෙනම් පින්වත්නි, අපි ධර්මය අවබෝධ කිරීමේ අවස්ථාව හිතාමතා උදාකරගත යුතුයි. ඒ අවස්ථාව අපට ඉබේ එන්නේ නෑ. ධර්මය තේරුම් ගැනීමේ අවස්ථාව ඉබේ පහළ වෙන්නේ නෑ. අපි කල්පනා කර කර ඒ අවස්ථාව උදා කරගත යුතුයි. ඒ සඳහා අපි හිතට ඇතිවෙන බාධා, ඒ කියෙන්නෙ කෙලෙස් (එක්කෝ අපේ සිතේ සකස් වෙලා තියෙන අකුසල්, එක්කෝ අවිද්‍යාව ආදී බාධා) නුවණින් කල්පනා කරලා බැහැර කරගත යුතුයි.

## අපේ ජීවිතවල පොදු දේවල්...

අපි පාර විවෘත වෙනවා දන්නේ නැත්නම්, පාර වැහෙනවාත් දන්නේ නැත්නම්, අපට ධර්මය විවෘත වෙන අවස්ථාවන් ආයෙ ආයෙ වැහෙන්න පුළුවන්.

අපේ ජීවිතයේ ආපු ගමනේම අපි ආවේ අපට මොකුත් නැතුව. මනුස්සයෙක් කිරි දරුවෙක් වෙලා උපන්නට පස්සේ ළමයෙක් වෙන එක වළක්වන්න බෑ. එයා ළමයෙක් වෙනවාමයි. ළමයා වැඩිහිටි වෙන එක වළක්වන්න බෑ. වැඩිහිටි වෙනවාමයි. වැඩිහිටියා වයසට යන එක වළක්වන්න බෑ. එයා වයසට යනවාමයි. එයා ආච්චි හෝ සීයා වෙන එක වළක්වන්න බෑ. වෙනවාමයි. එයා මැරෙන එක වළක්වන්න බෑ. මැරෙනවාමයි.

ඒක සාමාන්‍ය ජීවිත රටාවේ තිබෙන පොදු දෙයක්. ඒ පොදු දෙයට සත්තු අයිතියි, අපි අයිතියි, දෙවියන්, බඹුන් අයිතියි. සියලු දෙනා අයිතියි. සියලු දෙනා ඉපදීමට, මේරීමට, මරණයට අයිතියි. හැබැයි පින්වත්නි, දූන් මිනිස්

ලෝකයේ ජීවත් වෙන අපි මේ මනුස්ස ලෝකයට ආවේ උපදින්න තැන් ගොඩාක් තියෙද්දී.

## අපේ වාසනාවකට ලද මිනිසත්බව...

ඒ කියන්නේ මනුස්සයෙක් මැරෙනවා කියලා මොකක්ද වෙන්නේ? ඔන්න මනුස්සයෙක් මැරුණා. මැරුණා කියන්නේ එයාගේ විඤ්ඤාණය චුත වුණා. විඤ්ඤාණය චුත වුණාම මැරුණා කියලා කියනවා. ඒ වගේම මනුස්සයෙක් පිළිසිඳ ගත්තා කියන්නේ විඤ්ඤාණයක් මව්කුසට ආවා කියන එක. එතකොට අපේ විඤ්ඤාණය සතෙකුගේ මව්කුසකට ගියේ නෑ. ඒ නිසා අපි සත්තු අතර උපන්නේ නෑ. අපේ විඤ්ඤාණය ප්‍රේත ලෝකයට ගියේ නෑ. ඒ නිසා පෙරේතයන් අතර උපන්නෙත් නෑ. අපේ විඤ්ඤාණය නිරයට ගියේ නෑ. ඒ නිසා නිරිසතෙක් වුණෙත් නෑ. අපේ විඤ්ඤාණය දෙවියන් අතරට ගියෙත් නෑ. අපි දෙවියෙක් වුණෙත් නෑ. එහෙනම් අපේ විඤ්ඤාණය කොහෙටද ගියේ?

අපි කලින් ජීවිතයේ කොහේ හරි ඉඳලා චුතවෙන කොට කොහේහරි අම්මලා තාත්තලා දෙන්නෙක් එකතුවෙලා. උපදින්න පරිසරයක් හැදිලා. විඤ්ඤාණයට තීරණ ගන්න බෑ. ඒක මෙහෙයවනවා. මෙහෙයවන්නේ කර්ම විපාකයෙන්. ඒ විදිහට කර්ම විපාකයෙන් මෙහෙයවලා මව්කුසට ඇතුළුවුණා.

## මිනිස් ලෝකයට අපව තල්ලු කළේ කවුද?

ඊට පස්සේ ඒ මව්කුස ඇතුළේ තමයි අපට ඇස් දෙක ලැබුණේ. ඉපදිලා ඉවරවෙලා ඇස් දෙක ලැබුණා නොවෙයිනේ. මව්කුස ඇතුළේ අපට දෑස ලැබුණා.

මව්කුසේදී අපට කණ් දෙක ලැබුණා. මව්කුසේදි අපට නාසය ලැබුණා. මව්කුසේදියි අපට දිව ලැබුණේ. මව්කුසේදියි අපට ශරීරය ලැබුණේ. මව්කුසේදියි හිත ලැබුණේ. විඤ්ඤාණය මව්කුසට ඇතුලු වෙලා, මව්කුස ඇතුළේම කර්මානුරූපීව මේ ඇස, කණ, නාසය, දිව, කය, මනස සකස් වුණා.

එතකොට කොහේහරි ලෝකයක ඉඳලා අපි චුතවෙද්දී ඒ විඤ්ඤාණය තිරිසන් ලෝකයට ගියේ නෑ. පෙරේත ලෝකයට ගියේ නෑ. නිරයට ගියේ නෑ. මිනිස් මව්කුසකට ආවා. මිනිස් මව්කුසකට අපේ විඤ්ඤාණය තල්ලු කළේ කර්මයයි. ඒක පුණ්‍ය කර්මයක්ද? පාප කර්මයක්ද? පුණ්‍ය කර්මයක්. පුණ්‍ය කර්මයකින් තමයි අපේ විඤ්ඤාණය මිනිස් මව්කුසට දැම්මේ. එහෙනම්,

## මෙන්න අපට ලැබුණ දේවල්....

- මිනිස් ලෝකය තුළ යම් සැප දුක් විඳීමක් තියෙනවාද, අපට ඒක විඳින්න පුළුවන් ආකාරයේ ඇස් දෙකක් මව්කුසේදී හැදුණා.
- මිනිස් ලෝකය තුළ යම් සැප දුක් විඳීමක් තියෙනවාද, අපට ඒක විඳින්න පුළුවන් ආකාරයේ කණ් දෙකක් මව්කුසේදී හැදුණා.
- මිනිස් ලෝකය තුළ යම් සැප දුක් විඳීමක් තියෙනවාද, ඒක විඳින්න පුළුවන් ආකාරයේ නාසයක් මව්කුසේදී හැදුණා.
- මිනිස් ලෝකය තුළ යම් සැප දුක් විඳීමක් තියෙනවාද, ඒක විඳින්න පුළුවන් ආකාරයේ දිවක් මව්කුසේදී හැදුණා.

- මිනිස් ලෝකය තුළ යම් සැප දුක් විඳීමක් තියෙනවාද, ඒක විඳින්න පුළුවන් ආකාරයේ කයක් මව්කුසේදී හැදුණා.
- මිනිස් ලෝකය තුළ යම් සැප දුක් විඳීමක් තියෙනවාද, ඒක විඳින්න පුළුවන් ආකාරයේ මනසක් මව්කුසේදී හැදුණා.

## ලෝකය නිර්මාණය වුණේ කුමක් මතද?

ඔන්න අපි මව්කුසෙන් බිහිවුණා. ළමයෙක් වුණා. ඊට පස්සේ මනුස්සයෙක් හැටියට යම්කිසි පහසුකම් ඇද්ද ඒ දේවල් ලැබුණා. මේ යාන වාහන, ටෙලිෆෝන්, ලයිට්, ටීවී, රේඩියෝ, කෑම බීම, ඇඳුම් විලාසිතා මේ ඔක්කෝම මනුස්ස ලෝකයේ ඉපදුණ මිනිස්සු විසින් හදාගත්තු දේවල් නොවේද? මේ ඔක්කෝම මිනිසුන් වුණු අපි හදාගත් දේවල්.

එතකොට මේ ලෝකයේ මනුස්සයන් විසින් මනුස්සයන් වශයෙන් සැප සේ ඉන්න, මේ ලෝකය නිර්මාණය කරගත්තා. මේ නිර්මාණය කරගැනීම පිටිපස්සේ තියෙන්නේ පිනයි. පින තමයි මේකට වුවමනා කරන පරිසරයට අපව යොමුකරන්නේ.

## සත්ව ලෝකය හා මනුස්සයා අතර වෙනස...

මිනිස් ලෝකයේ අපි රේඩියෝ එක දාලා රේඩියෝ එක අහනවා. ටීවී බලනවා. අපට ඕන කරන කෑම බීම වගා කරගන්නවා. අපට කන්න ඕන දේවල් අපි හදාගන්නවා. අපට ඕන කරන ලස්සන ඇඳුම් මහගන්නවා. අපට ඕන

යානවාහන හඳාගන්නවා. හිතලා බලන්න, අපේ ගෙදර ඉන්නවා බල්ලෙක්. බල්ලට ලයිට්වලින් ප්‍රයෝජනයිද? නෑ. බල්ලට ටීවී එක ප්‍රයෝජනයිද? නෑ. බල්ලට ටෙලිෆෝන් එක වුවමනයිද? නෑ. බල්ලට ඇඳුම් ඕනද? නෑ. බල්ලට වෙනම වාහනයක් ඕනද? නෑ. බල්ලට ඕන කෑම ඉල්ලලා කන්න පුළුවන්ද? බෑ.

එහෙම නම් මනුස්සයෙක් හැටියට අපි විඳින එකක්වත් ඒ සතාට විඳින්න බෑ. ඒ සතා අපිත් එක්ක හිටියට අපි ලයිට් එක දාගෙන පොත පත බලද්දී, බල්ලා නිදි. අපි කරන්ට් එක පාවිච්චි කරලා ටීවී බලන කොට බල්ලත් ඒ පුටුව අයිනෙම නිදි. උෟට ඒකෙ වින්දනයක් නෑ. අපි කන්නාඩිය ගාවට ගිහින් හැඩවැඩ බලන කොට බල්ලත් කාමරයට ඇවිල්ලා රවුමක් ගහලා යයි. නමුත් ඒ සතාට පින නෑ.

## පින හඳුනාගන්න අසමත්...!

එතකොට අපි පින නිසා ඒක පාවිච්චි කරනවා. හැබැයි මේ පිටිපස්සෙන් පිනක් තියෙනවා කියලා අපි දන්නේ නෑ. මේ පින හඳුනාගන්න මනුස්සයා අසමත් වෙලා තියෙනවා. හැබැයි අපට මනුස්ස ලෝකයේදී ලැබෙන්නේ පින විතරක් නොවෙයි. මනුෂ්‍ය ලෝකයේ යම් සැපක් ඇද්ද, යම් දුකක් ඇද්ද, මේ දෙකම විඳින්න ලැබෙනවා. ඒ දෙකම විඳින ලෝකයක් තමයි මිනිස් ලෝකය කියන්නේ. අපි මේක නුවණින් කල්පනා කරන්න ඕන.

මේ මනුස්ස ලෝකයට අපව ගෙනාවේ පින විසින්. මනුස්ස ලෝකෙදි අපට සැප ලබන්න උනන්දු කරන්නේ පින විසින්. පින තියෙන කෙනාගේ ඒ පින පාවිච්චි වෙන

විදිහ අපට හොයන්න බෑ.

## දෙපාරක් කල්පනා කළේ නැත්තේ ඇයි...?

මං උදාහරණයක් කියන්නම්. ඔබ දන්නවා ඇති පසුගිය දවස්වල ලංකාවේ මූල්‍ය ආයතනයක විශාල වංචාවක් වුණානේ. මිනිස්සු දන්නේ නැතුව ලක්ෂ ගණන් ඒකෙ මුදල් තැන්පත් කළා. බලන්න දෙපාරක් හිතන්න එයාගේ පින තිබුණේ නෑ. ඇයි, තව කොච්චර ආයතන තියෙනවද? නිතර මිනිස්සුන්ව දැනුවත් කරනවනේ, මෙහෙම මූල්‍ය ආයතනවලට කල්පනා කරන්නේ නැතුව සල්ලි දාන්න එපා කියලා. එතකොට තමන් දුක් මහන්සි වෙලා හරි හම්බු කරන ධනය එකපාරටම සොරෙකුගේ අතට යනවානේ. ඒකට හේතුව වුණේ තමුන් කල්පනා නොකිරීමනේ.

සමහර විට දැන් පසුතැවෙන්න පුළුවන් 'අනේ ඇයි මං හිතුවේ නැත්තේ? දෙපාරක් කල්පනා කළේ නැත්තේ?' කියලා. ඒකෙන් අපට පේනවා තමන්ගේ වස්තුව සොර සතුරන් ඩැහැගැනීම නිසා යම් දුකක් විඳිනවාද, ඒක අපට විඳින්න වෙනවා. අපි දන්නේ නෑ මේකට නොපෙනෙන අතීතයේ පසුබිමක් හැදිලා තිබුණද කියලා. ඇයි ඒක හැමෝටම වෙන්නේ නැනේ. සමහර අය කියනවා, 'මම නම් කල්පනාකාරීව හිටියා. මම නම් ඕකට සල්ලි දැම්මේ නෑ. මං වෙන ආයතනයකට සල්ලි දැම්මා' කියලා.

## සැපයට පසුබිම පිනයි...

මේ වගේ අපේ ජීවිතවල අකුසලය විඳින්න වෙනකොට, අපි දන්නේ නැතුවම අකුසලයට වුවමනා විදිහට අපව මෙහෙයවනවා. සසරේ අපට දුක් විඳින්න අවස්ථාවක් එනවා නම්, ඒ දුක විඳින්න වුවමනා විදිහට

අපව මෙහෙයවනවා. (මම කියන්නේ මේ සියල්ල කර්මයෙන් වෙනවා කියලා නොවෙයි) නමුත් ඒකට වුවමනා කරන විදිහට පින උපදවාගෙන තිබුණා නම්, අපට ඒකෙන් බේරෙන්නත් තිබුණා.

මේ නිසා අපි මේකෙදී එකක් මතක තියාගන්න ඕන. ඒක තමයි, බුදුරජාණන් වහන්සේ දේශනා කළා "දෙව්ලොව වේවා, මිනිස් ලොව වේවා යම්කිසි කෙනෙක් සැපයක් විඳිනවා නම්, ඒ සැපයට පසුබිම පිනයි" කියලා.

## පැතූ පමණින් සැප ලැබෙන්නේ නෑ...

සමහර කෙනෙක් ඉන්නවා ඉඩමක් තියෙනවා. සාමාන්‍ය ගෙයක් තියෙනවා. නමුත් ලස්සන ගෙයක් නෑ. එතකොට හැම තිස්සේම එයාගේ හිතේ 'අනේ මට ලස්සන ගෙයක් නෑ' කියලා දුකක් තියෙනවානේ. ඒ දුක හේතුවෙන් එයාට ලස්සන ගෙයක් ලැබෙනවාද? නෑ.

සමහර කෙනෙක් ඉන්නවා නිතර ලෙඩින්. එයාට නීරෝගී අය ඉන්නවා පේනවා. නීරෝගී අය සුවසේ දුවනවා, පනිනවා පේනවා. එතකොට මෙයාට 'අනේ, මට නීරෝගීකම නෑනේ.....' කියලා දුකක් තියෙනවා. නමුත් 'මට නීරෝගීකම නෑනේ....' කියලා දුක් විඳීම හේතුවෙන් නිරෝගීකම ලැබෙන්නේ නෑ.

සමහර කෙනෙක් ඉන්නවා හොඳ රස්සාවක් නෑ. එයාට හොඳ රස්සාවල් කරන අය පේනවා. එතකොට එයාට 'අනේ මට හොඳ රස්සාවක් නෑනේ...' කියලා දුකක් තියෙනවා. ඒ විදිහට නෑ කියලා දුක්වෙන හේතුවෙන් එයාට හොඳ රස්සාවක් ලැබෙන්නේ නැහැ.

සමහර කෙනෙක් මහන්සි වෙවී වගා කරනවා. නමුත්

එයාට සාර්ථක අස්වැන්නක් නෙලාගන්න බෑ. සමහර අය ඉන්නවා හොඳට වගා කරලා හොඳ අස්වැන්නක් නෙලා ගන්නවා. එතකොට එයා ඒක බල බලා 'අනේ, මගේ වගාව පාලු වෙනවා.... මං කරන කියන දේවල් සාර්ථක වෙන්නේ නෑ....' කියලා දුක් වෙවී ඉන්නවා නම් එහෙම දුක් වෙවී හිටියා කියලා ඒ හේතුවෙන් එයාගේ දේවල් සාර්ථක වෙනවද? නැහැ.

## මේ මනුෂ්‍ය ජීවිතය අසාර්ථක වුණොත්...?

මෙන්න මේකෙදී පින හඳුනාගැනීමට අපට බුදුරජාණන් වහන්සේගේ ධර්මය තේරුම්ගෙන සිටීම ගොඩාක් උපකාරී වෙනවා. ඔබට මතකද මං මුලින්ම කිව්ව දෙය? අපි කී වතාවක් මිනිස් ලෝකයට ඇවිල්ලා ඇද්ද? ආපු හැම මිනිස් ආත්මයකම ඒ ජීවිතය සාර්ථක වුණා කියලා කියන්න පුළුවන්ද? අපි ඒක දන්නේ නෑ. මේ මනුස්ස ජීවිතයත් අප හිතෙන ප්‍රමාණයට සාර්ථක කරගන්න බැරි වෙන්න පුළුවන්.

හැබැයි, මේක අපට ලැබෙන එකම මනුස්ස ජීවිතයත් නොවෙයි. තවත් ඉස්සරහට ඕනතරම් මනුස්ස ජීවිත ලැබෙන්න පුළුවන්. තව ඉස්සරහට අපට දිව්‍ය ජීවිත ලැබෙන්නත් පුළුවන්. හැබැයි, මේ ජීවිතයේ අපට යම්කිසි අඩුපාඩුවක් තිබෙනවාද, ඔබ කැමැතිද මේ අඩුපාඩු ඊළඟ ජීවිතයෙත් ලැබෙනවාට? මේ ජීවිතයේ යම්කිසි අසාර්ථකභාවයක් තියෙනවාද, ඔබ කැමැතිද මේ අසාර්ථකබව ඊළඟ ජීවිතයේදීත් ලැබෙනවාට?

## ඊළඟ ජීවිතයට සැලැස්මක්....?

අපි කැමැති, මේ ජීවිතයේ යම් අඩුපාඩුවක්

ඇද්ද, ඊළඟ ජීවිතයේ ඒ අඩුපාඩුව නැතිවෙනවාටයි. මේ ජීවිතයේ යම් අසාර්ථකබවක් තියෙනවද, ඊළඟ ජීවිතයේ ඒ අසාර්ථකත්වය නැතිබවට අප කැමතියි. ඊළඟ ජීවිතයට සැලැස්මක් ඕන කරනවා කියන කොට ජීවිතය ගැන කල්පනා කරන්න බැරි, මෝඩ කෙනෙක් හිතාවි 'මේක තේරුමක් නැති කතාවක්. මේ ජීවිතයටනේ සැලැස්මක් ඕන. ඊළඟ ජීවිතයට මොකටද?' කියලා. නමුත් බලන්න, අපි මේ ජීවිතයේ සැලැස්මක් ගහගෙන යන දේ අපට අද නැතිවෙන්න බැරිද? හෙට නැතිවෙන්න බැරිද? නැතිවෙන්න පුළුවන්නේ. මේ ජීවිතයේ සැලැස්මක් ගහගෙන යන දේ අපට ඕන වෙලාවක නැතිවෙන්න පුළුවන්.

## තණ අග දිය බිඳකි ජීවිතය...

අපි මෙහෙම කියමු. මේ ජීවිතයට සැලසුම් කරමින් මේ ජීවිතය දියුණු කරගන්න කල්පනා කරගෙන හිටපු අය බලාපොරොත්තු නැති මොහොතේ මැරුණේ නැද්ද? ඉස්කෝලේ යමින් සිටිය ළමයි මැරුණේ නැද්ද? කසාද බැඳලා මුදු මාරුකරලා හිටපු අය පෝරුවට නගින්න ඉස්සරවෙලා මැරුණේ නැද්ද? රස්සාවට සම්මුඛ පරීක්ෂණයට යන්න හිටපු කෙනා සම්මුඛ පරීක්ෂණයට යන්න ඉස්සෙල්ලා මැරුණේ නැද්ද? එහෙම අවස්ථාවල් නැද්ද? අම්මලා සිටිද්දී දරුවෝ මැරෙනවා. දරුවෝ සිටිද්දී අම්මලා මැරෙනවා. වෙලා නැද්ද මේවා?

## ඔබ ඊළඟ ජීවිතයට සූදානම්ද...?

මනුස්සයන් මැරෙනවා. මැරුණ ගමන් එයාගේ මේ ජීවිතයේ කොටස ඉවරයි. ඊළඟට තියෙන්නේ අලුත් ජීවිතයක කොටසක්. අලුත් ජීවිතයේදී එයාට මේ ජීවිතය

තුළ සංවර්ධනය වූ දෙයක් නැත්නම්, සමහර විට ඒ ජීවිතයේ එයාට මේ ජීවිතයේ තිබුණු ටිකත් නෑ. අපට තේරෙන හැටියට නම් වර්තමාන මනුස්සයා මේ ජීවිතයේදී යම්කිසි දෙයක් ලබා තිබෙනවාද, ඊළඟ ජීවිතයේදී එයාට ඒකත් නෑ. මේ ජීවිතයේදී යම්කිසි සැපයක් විඳින දෙයක් ලබා තිබෙනවාද, ඊළඟ ජීවිතයේ ඒකත් නෑ.

එහෙනම් යම්කිසි පිනකින් අපි මනුස්ස ලෝකයට ආවා නම්, ඒ පින මේ ජීවිතයේදී ඉවර වෙද්දී අපි අලුතෙන් පිනක් රැස් කරලා නැත්නම්, මේ ජීවිතය අවසන් වෙන කොට අපේ විඤ්ඤාණය මෙහෙයවන්න ඊළඟ එක ඉදිරිපත් වෙනවා. ඒ තමයි පව. මේක අපි දන්නේ නෑ.

ඔබ හිතන්නේ අතීතයේ සෑම මනුෂ්‍ය ජීවිතයකදීම අපි තෙරුවන් සරණ ගිහිල්ලා හිටියා කියලද? නෑනේ. අපට සක්කාය දිට්ඨිය තියෙනවා. විචිකිච්ඡාව තියෙනවා. සීලබ්බත පරාමාස තියෙනවා. අපි එක එක ආගම් අදහන්න ඇති. එක එක දේවල් යාඥා කරන්න ඇති. එක එක බිලි දෙන්න ඇති.

## මෙහෙමත් ආගමික චාරිත්‍ර...

නේපාලයේ අලුත් ආණ්ඩුව තීරණයක් අරන් තියෙනවා, ආගමික පූජා පිණිස බිලි දෙන්න එපා කියලා. හරක් මරලා බිලිදෙනවා. එළුවෝ මරලා බිලි දෙනවා. මේ බිලි පූජා නවත්වන්න කියලා පාර්ලිමේන්තුවට තහනම් නියෝගයක් ගේන්න යනකොට රටම කිපුණා. තරුණයෝ පාරට බැහැලා ගල්ගැහුවා. පොලිසිවල බෝඩ් කඩා බිඳ දැම්මා. ඒගොල්ලෝ බිලි පූජා කරන්න අවසරය ඉල්ලුවා. ඔබත් ඒ සමාජය තුළ හිටියා නම්, ඔබත් එහි කොටස්කාරයෙක් නොවෙයිද? ඒගොල්ලෝ ආගමික

චාරිත්‍රයක් වශයෙන් බිලි පූජා කරන්න ඕන කියලා සටන් වදිනවා.

ඔය වගේ උපනූපන් ආත්මවල අපි එක එක දේවල් කර කර සිටිද්දී ඒවත් අපේ පස්සෙන් ඇවිත් තියෙන බව අපි අමතක කරන්න හොඳ නෑ. මේ ජීවිතයේ අපි පින ගෙවිලා යන්න දුන්නොත්, පව් රැස්වෙන්න ඉඩදුන්නොත්, ඊළඟ ජීවිතයේ අපට අසාර්ථකබවක් මිසක් සාර්ථකබවක් නෑ.

## සාමාන්‍ය මනුස්සයා හැමදේටම මත්වෙනවා...

බුදුරජාණන් වහන්සේ මේක හොඳට තේරුම් අරගෙන සිටියා. ඒ වගේම උන්වහන්සේ මේකට සාර්ථක විසඳුමක් දනගෙන සිටියා. ඒ තමයි, මේ ගැන බුදුරජාණන් වහන්සේට හොඳ අවබෝධයක් තියෙනවා කියලා මනුස්සයාට ඒත්තු ගැන්වීම. මොකද, සාමාන්‍ය මනුස්සයාගේ ජීවිතයේ සුළු දේකිනුත් මනුස්සයාට මාන්නය ඇතිවෙන්නේ නැද්ද?

අලුතෙන් බැඳපු ජෝඩුවක් හිටියා කියමු. පුතෙක් උපන්නොත් ඔන්න ඒකටත් මාන්නය ඇතිවෙනවා, 'මට පුතෙක්' කියලා. දුවක් උපන්නොත් ඔන්න ඒකටත් මාන්නය ඇතිවෙනවා, 'මට දුවක්' කියලා. ළමයා විභාගය පාස් වුණොත් 'මගේ ළමයා විභාගය පාස්' කියලා ඒකටත් මාන්නය ඇතිවෙනවා. සමිති සමාගමක තනතුරක් ලැබුණොත් 'මට අසවල් සමිතියේ අසවල් තනතුර ලැබුණා' කියලා ඒකටත් මාන්නයක් ඇතිවෙනවා. හොඳ සමාජ තත්වයක් ලැබුණොත් 'ඔන්න මට මෙහෙම තත්වයක් තියෙනවා' කියලා ඒකටත් මාන්නයක් ඇතිවෙනවා.

# අපට රැකවරණය ඇති තැන...

අපට හැම තිස්සේම අවස්ථාව තියෙන්නේ මාන්නය ප්‍රහාණය වෙන්න නෙවෙයි, මාන්නය ඇතිවෙන්නයි. ඒ නිසා හැමතිස්සේම අපට නිහතමානී ගුණය අහිමිවෙන්න ඉඩක් තියෙනවා. මේකෙන් අපව බේරලා දෙන්නේ බුදුරජාණන් වහන්සේගේ අවබෝධය ගැන අපට ඇතිවෙන පැහැදීමෙන්.

බුදුරජාණන් වහන්සේගේ අවබෝධය ගැන අපට හරි පැහැදීමක් ඇතිවුණා කියලා හිතලා අපි ආඩම්බරකාරයෙක් වුණොත්, ඒ කියන්නේ පැහැදීම ඇවිල්ලා නෑ. අපි දූන් පංච උපාදානස්කන්ධය දන්නවා, පටිච්චසමුප්පාදය දන්නවා, ආයතන ගැන දන්නවා කියලා මේවා ගැන ආඩම්බරකාරයෙක් වුණොත් අපි ලැබූ දෙයක් නෑ. ශ්‍රද්ධාවට ඇවිල්ලා නෑ. ශ්‍රද්ධාවට ආවා නම්, අපි ආඩම්බරකාරයෙක් වෙන්නේ නෑ.

බුදුරජාණන් වහන්සේගේ අවබෝධය ගැන ශ්‍රද්ධාවට පත්වුණොත්, අපි බරපතල කල්පනාවකට පත්වෙනවා. මොකද, අපේ ඒ ආපු ගමන ගැන තේරෙන්න ගන්නවා. බුදුරජාණන් වහන්සේගේ අවබෝධය ගැන අපට ශ්‍රද්ධාවක් ඇතිවුණොත්, 'අපි මෙහෙම ගමනක් ඇවිල්ලා තියෙනවා' කියලා අපි බරපතල කල්පනාවකට වැටෙනවා. 'බුදුරජාණන් වහන්සේ මේක මේ විදිහට පහදලා දුන්නා නෙව. කර්මයනේ මාව මෙහෙයවලා තියෙන්නේ. ඉතින් මම මේ ජීවිතයේ යම් දුකක් විඳිනවාද, යම් සැපක් විඳිනවාද, මේක පිටිපස්සෙන් මම ගෙනාපු දෙයක් තියෙනවානේ. මේ ජීවිතයේ මට පින් කරගන්න බැරිවුණොත් මම ඊළඟ ජීවිතයේ කොහේ යයිද? සතර අපායේ වැටුණොත් දුක් විඳින්න වෙනවා නේද? මට

මේකෙන් බේරෙන්න ඕන නේද?' කියලා මේ සසරේ ස්වභාවය ගැන බරපතල කල්පනාවකට එනවා.

## අනුකම්පාව විතරමයි...

ඒ කල්පනා කිරීම තුළ එයාට සමාජ තත්ව, තනතුරු, නම්බුනාම, ප්‍රධානත්ව, සංවිධාන මොකවත් වැඩක් නෑ. ඊට පස්සේ එයා හැම දෙයක්ම කරන්නේ එක දෙයක් මුල් කරගෙන. ඒ තමයි අනුකම්පාව. එයාගේ ජීවිතයේ වැඩකරන්න ගන්නේ අනුකම්පාව විතරයි.

මේ නිසා පින්වතුනි, අපට හරිම වැදගත් බුදුරජාණන් වහන්සේගේ අවබෝධය ගැන සිත පහදවා ගැනීම. බුදුරජාණන් වහන්සේගේ අවබෝධය ගැන සිත පහදවා ගැනීම නැතිවුණොත්, ඒක අසාර්ථක වුණොත් අපට මුහුණ දෙන්න වෙන්නේ විශාල ප්‍රශ්නයකටයි. මොකද, මනුස්ස ලෝකයේ මිනිස්සුන්ට උන්වහන්සේගේ අවබෝධය ගැන සිත පහදවා ගන්න හරිම අමාරුයි. ඇයි, වෙන වෙන දේවල් ගැනනේ සිත පහදවාගෙන ඉන්නේ.

ටීවී බැලුවත්, රේඩියෝ එක ඇහුවත්, පත්තර බැලුවත්, ඒවාගේ ආකල්ප තමයි අපේ ඔළුවලට ලැබෙන්නේ. බුදුරජාණන් වහන්සේගේ අවබෝධය නොවෙයි. අපි සසරේ මුලාවෙන ස්වභාවයෙන් ආපු නිසා මේ ජීවිතයේත් මුලාවෙන ස්වභාවයට තමයි නිතර වැටෙන්නේ. මේකෙන් අත්මිදීම ලේසි වැඩක් නොවෙයි.

## බුද්ධිමත් වෙන්න නම් වඳුරු මොළය කන්නලු...!

මනුස්සයන් කොපමණ මුලාවෙන ස්වභාවයට පත්වෙනවාද කියනවා නම්, නේපාලයේ මිනිස්සු බිලි

පූජා කරන්න ඕන කියලා උද්ඝෝෂණ පවා කළානේ. ඉතින් ඒක මුලාවක් නෙවෙයිද? ඊට පස්සේ තව සිද්ධියක් තිබුණා. එක ආගමික නායකයෙක් මනුස්සයෙකුට හොඳට බුද්ධිමත් වෙන්න නම් වඳුරු මොළය අමුවෙන් කන්න කියලා තිබුණා. ඔන්න එක සාධු කෙනෙක් වඳුරෙක් මරලා මොළය අමුවෙන් කනවා. දැන් එයාට ඕන බුද්ධිය. එතකොට බුද්ධිය වුවමනා යැයි කියලා හිතපු මනුස්සයාට ලැබුණු පණිවිඩය කොපමණ අනතුරුදායකද? මේකෙන් අපි බේරෙන්නේ බුදුරජාණන් වහන්සේගේ අවබෝධය ගැන අපි තුළ පැහැදීම (ශ්‍රද්ධාව) තියෙනවා නම් විතරයි.

## පින විතරක්ම ඇද්ද...?

බුදුරජාණන් වහන්සේ දේශනා කළා "පින් රැස් කරන්න. පින අපට අවශ්‍යයි" කියලා. ඒ මතය අපට හරිම වැදගත්. ඒ තමයි, 'අපට පින අවශ්‍යයි.' උන්වහන්සේ එතැනින් නැවැත්තුවේ නෑ. උන්වහන්සේ දේශනා කළා පින විතරක් නොවෙයි, අපට තව එකක් අවශ්‍යයි කියලා. ඒක තමයි 'අවබෝධය.' පිනෙන් කරන්නේ අපට සැප ලබා දී ආරක්ෂා කිරීම. අවබෝධයෙන් කරන්නේ අනතුරේ වැටෙන්න නොදී අපව සුරක්ෂා කිරීම. මනුෂ්‍යයෙකුට මේ ජීවිතයේදී මේ දෙකම උපදවා ගන්න පුළුවන් නම් මට තේරෙන්නේ නෑ එයාට ප්‍රශංසා කරන්න වචන. එයා එච්චරටම බුද්ධිමත් මනුෂ්‍යයෙක්.

## දිගාසිරි ලබන්න හැමෝම කැමතියි...

පින ගැන බුදුරජාණන් වහන්සේ දේශනා කරපු දේ තේරුම් ගන්න අපි දැන් ටිකක් මහන්සි ගනිමු. ඔබ දන්නවා උන්වහන්සේ 'දානමය පුණ්‍යක්‍රියා, සීලමය පුණ්‍යක්‍රියා, භාවනාමය පුණ්‍යක්‍රියා' කියලා පුණ්‍යක්‍රියා තුනක් පෙන්වා

දුන්නා. මනුෂ්‍ය ජීවිතයේදී පුළුවන් තරම් පින් රැස්කර ගන්න කිව්වා. යම් කෙනෙකුට දිගාසිරි තියෙන, නීරෝගී ශරීරයක් ඇති, දීර්ඝායුෂ තියෙන ජීවිතයක් ලැබුණොත් ඒ තුළින් එයාට යම්කිසි සැපයක් ලැබෙනවානේ. ඒක එයාගේ ජීවිතයේ තීරණාත්මක සාධකයක්. නමුත් අපට ලෙඩක් නැතුව සිටීම, තීරණාත්මක සාධකයක් කියලා තේරෙන්නේ නෑ.

බැරිවෙලාවත් අපේ වකුගඩු දෙක නරක් වුණොත් ඔක්කොම ඉවරයිනේ. කසාදයක් බැඳලත් ඉවරයි. මුළු පවුලම අගාධයට වැටෙනවා. එහෙනම් අපේ වකුගඩු නරක් නොවී තිබීම ජීවිතයේ තීරණාත්මක දෙයක්. අපට මේක හොයන්න බෑ. බැරිවෙලාවත් වකුගඩු නරක් වුණොත් ඊට පස්සේ මුළු පවුලම වකුගඩුවක් හොයන්න ඕන. බෙහෙත් හොයන්න ඕන. බෙහෙත්වලට මාසයකට රු. 40,000 ක් විතර යනවා. වකුගඩුවක් බද්ධ කළොත් ඒකට වෙනම ලක්ෂ ගාණක් යනවා. මේවාට සල්ලි කොහෙන්ද? බලාගෙන ඉඳිද්දී මැරෙනවා. පිරිස අඬා වැළපෙද්දී මැරෙනවා. මේ නිසා නිරෝගීකම කියන්නේ මේ ජීවිතයට සැප ලබාදෙන තීරණාත්මක සාධකයක්.

## ආහාරයෙන් පාරිශුද්ධිය ලැබිය හැකිද?

ඒ වගේම දීර්ඝායුෂ කියන්නෙත් තීරණාත්මක සාධකයක්. බුදුරජාණන් වහන්සේ දේශනා කළා, මේක ලැබෙන්නේ හේතුවක් නිසා කියලා. ඒ හේතුව තමයි, සතුන් මැරීමෙන් වැළකී සිටීම. උන්වහන්සේ දේශනා කළා, "සතුන් මැරීමෙන් වැළකී සිටින්න. සතුන්ට හිංසා කිරීමෙන් වළකින්න" කියලා. සතුන් කියන්නේ බල්ලො, බළල්ලු, පූස්

පැටව්, මාළු, හරක් විතරක් නොවෙයි. සත්තු කියන්නේ සියලු සතුන්. සමහර අය ඉන්නවා, එළවලුයි බතුයි කනවා. එළවලුයි බතුයි හුවාදක්වනවා. ඒකෙන් සතුන් මැරීමෙන් වැළකුණා කියලා පැහැදෙනවා. නමුත් මිනිස්සුන්ට පුළුවන් තරම් දුෂ්ටකම් කරනවා. මිනිස්සුන්ට පුළුවන් තරම් ගරහනවා. පුළුවන් තරම් අපහාස කරනවා. ලැබූ දෙයක් නෑ. ඒකයි බුදුරජාණන් වහන්සේගේ අවබෝධය වැදගත් වෙන්නේ.

උන්වහන්සේගේ දේශනාවලින් පැහැදිලි වෙනවා බුදුරජාණන් වහන්සේ එළවලුයි, බතුයි විතරක් වළඳපු කෙනෙක් නෙවෙයි. අපි දේශනා කියවන නිසා දන්නවා. උන්වහන්සේ පිණ්ඩපාතේ වඩිද්දී උන්වහන්සේට පිළිගැන්වූ දේවල් වළඳලා තියෙනවා. නමුත් උන්වහන්සේ තරම් මනුෂ්‍ය වර්ගයා, පණ තියෙන සත්වයා සුවපත් කරන්න කැප වූ තවත් කෙනෙක් හිටියේ නෑ.

## පින තියෙන්නේ මනුෂ්‍යයා සුවපත් කරන්නයි...

නමුත් සමහරු 'මමයි සුපිරි... මමයි සුපිරි...' කිය කියා එළවලුයි, බතුයි හුවාදක්වනවා. ඊළඟට අනිත් අයට පුළුවන් තරම් ගරහනවා. නින්දා කරනවා. අපහාස කරනවා. ඒවා පව්. පින තියෙන්නේ විශේෂයෙන්ම මනුස්සයා සුවපත් කරන්න. මනුස්සයා සතා සිව්පාවාට ආදරය කරමින් වාසය කරනවා නම්, ඊළඟ ජන්මයේ ඒ කෙනා දීර්ඝායුෂ තියෙන කෙනෙක්.

අපට මේ ජීවිතයේ මැරෙන මොහොත කියන්න පුළුවන්ද? මේ ජීවිතය අවසන් වුණේ යම් මොහොතකද,

එතැන ඉඳන් ඊළඟ ජීවිතය පටන් ගන්නවා. ඒ නිසා අපට හැමතිස්සේම වැදගත් සීලමය පුණ්‍යක්‍රියා.

## ලැබූ දේ වැනසී නොයන්න නම්.....

ඊළඟ එක අපි දුක් මහන්සියෙන් හරිහම්බු කරගත් දේවල් නැතිවෙන්න හේතු ගොඩාක් තියෙනවා. එක්කෝ හොරු ගන්නවා. එක්කෝ රාජසන්තක වෙනවා. එක්කෝ ගින්නට අහුවෙනවා. එක්කෝ ජලයට ගහගෙන යනවා. එක්කෝ තමන් අකමැති ඤාතීන් ගන්නවා. එක්කෝ අපි දුක් මහන්සියෙන් හරිහම්බු කරගත් දේවල් විනාශ කරන්න දරුවෝ උපදිනවා. එහෙම නැත්නම් ඒවා අනිත්‍ය නිසා විනාශවෙලා යනවා. මේ විදිහට අපි හම්බුකරන දේවල් විනාශකාරී දේවල්වලට යන්නේ නැතුව අපි තුළම රැඳී තිබීම අපට සැප පිණිස හේතු වෙනවා.

අපි සතු නැති, අපට නොදුන්න දේවල් නොගැනීම, සොරකම් නොකිරීමයි. සොරකම් නොකිරීම තුළ උපතූපන් ආත්මවල එයා හම්බුකරන දේ කාටවත් හොරකම් කරන්න බෑ. සමහර විට එයාගේ පර්ස් එක පාරේ වැටිලා තියෙනවා කියමු. එයාට අමතක වුණා. නමුත් එයාට ආයෙමත් ඒක හම්බ වෙනවා. කවුරුහරි ඇහුලුවත් එයාට ඒක හොයලා ගෙනත් දෙනවා. නැතිවෙන්නේ නෑ. හොරකම් කිරීමෙන් වැළකීම කියන්නේ සංසාරයට හොඳ ආරක්ෂාවක්. බුදුරජාණන් වහන්සේ මේවා දේශනා කළේ අපේ ජීවිතයට සැපය උදාකර දීමටයි.

## කැමති දේ දෙන්න...

දෙන විදිහට තමයි ලැබෙන්නේ. තමන් සංසාරයේ ප්‍රණීත ආහාරපාන ලබන්න කැමති නම් ප්‍රණීත ආහාරපාන

දෙන්න ඕන. තමන් කාඩ් හොඳියි බතුයි ලබන්න කැමති නම්, කාඩ් හොඳියි බතුයි දීපුවාම ඇති. තමන් ලස්සන ඇඳුම් අඳින්න කැමති නම් ලස්සන ඇඳුම් දෙන්න ඕන. මේ න්‍යාය හරි පුදුමයි. සැප ලබන්න නම්, දන් දෙන්න ඕන. ඒක අපේ ජීවිතයට වුවමනා කරන දෙයක්. ඒක පිනක්. එතකොට සොරකම් කරන්නේ නෑ. දන්දෙනවා. අනුන්ට උදව් කරනවා. මනුෂ්‍යයන්ගේ දේ ආරක්ෂා කරනවා. කාගෙ හරි දෙයක් වැටිලා තිබුණොත් ඒක අයිතිකාරයාට හොයලා ගිහින් දෙනවා. නැතිවෙන්න දෙන්නේ නෑ. තමන් දැනුවත්ව කාගෙවත් දෙයක් නැතිවෙන්න දෙන්නේ නෑ. මෙන්න මේක අපට හරි පිහිටක්.

## ලෝකයේ බහුල වශයෙන් අසාර්ථක දෙය...

ඊළඟ එක පින්වත්නි, මේ ලෝකයේ අසාර්ථක දේවල් අතර බොහෝ දෙනෙකුගේ ජීවිතවල අසාර්ථක දෙයක් තමයි, විවාහය. විවාහ ජීවිතය ගොඩක් දෙනෙකුගේ අසාර්ථකයි. ඒ අසාර්ථක වෙන්න හේතුව මොකක්ද? දැන් අපි ගත්තොත් සමහර විට දුවෙකුයි පුතෙකුයි ආදරය කරමින් අවුරුදු ගාණක් ඉන්නවා. ඊට පස්සේ ඒ දෙන්නා බඳිනවා. බැඳලා සුමානයි, දෙකයි. රණ්ඩු පටන්ගන්නවා. ඊට පස්සේ ඉතින් වද විඳ විඳ, පීඩා විඳ විඳ, අසහනයෙන් ඉන්නේ. දැන් දරුවෝ ඉන්නවා. දරුවෝ ඉන්න නිසා විඳව විඳවා කරගහගෙන යන්න ඕන.

එහෙම අසාර්ථක වෙන්නේ, විවාහ ජීවිතයට ඕනකරන මූලික දෙයක් ඒ ඇත්තන්ගෙන් ගිලිහිලා යන නිසයි. ඒ තමයි 'ආදරය.' හිතලා බලන්න අපි ඔක්කෝම පුංචි කාලෙ දරුවෝ වෙලා හිටියා. අපට අම්මලා තාත්තලා හිටියා. අම්මා තාත්තට ආදරය කිරීමත්, තාත්තා අම්මට

ආදරය කිරීමත් දරුවන්ට සතුට ලැබෙන්න හේතු වෙන්නේ නැද්ද? අම්මා තාත්තා ආදරයෙන් ඉන්නවා දකින කොට ඒ ආදරය දරුවන්ට ලැබෙන්නේ නැද්ද?

## ආදරය අහිමිවීම...

අම්මයි තාත්තයි 'උඹ මෙහෙමයි.... උඹ මෙහෙමයි...' කියලා රණ්ඩු ගොඩක ඉන්න කොට ඒකෙන් දරුවෝ මහා අසහනයට පත්වෙන්නේ නැද්ද? පීඩාවට පත්වෙනවනේ.

එහෙනම් ගෙදරක අම්මයි, තාත්තයි රණ්ඩු ගොඩක, සැකයක, අසහනයක, ගුටි බැට ගොඩක, අසභ්‍ය වචන ගොඩක ඉන්නවා නම්, ඒක නිසා ඒ දරුවෝ දුක් විඳිනවා. ඒගොල්ලන්ටත් ඒ දුක යනවා. ඊට පස්සේ ඒගොල්ලන්ගේ ජීවිතය තුළ ඒගොල්ලොත් ලෝකයට පේන්න ඉන්න ඕන. කරන්න දෙයක් නෑ. ආයෙ හිත හදාගන්නවා. ආයෙ ආදරය කරනවා. නමුත් පවත්වන්න බෑ. ආයෙ රණ්ඩු සරුවල් වෙනවා. මෙහෙම වෙන්නේ නැද්ද? බොහෝ ජීවිතවල වෙනවනේ. මේක වෙන්නේ තනිකරම කර්ම විපාකයකින්. මනුස්සයා කැමැති දෙයක් ආදරය. ඒක ලැබෙන්නේ නෑ. එහෙම වෙන්නේ වැරදි කාමසේවනය නිසා. අපි වැරදි කාමසේවනයේ යෙදුණොත්, මේ ජීවිතයේ යම් අසාර්ථක දෙයක් තියෙනවාද, ඊට වඩා සිය දහස් ගුණයක අසාර්ථකත්වයක් ආයේ ලැබෙනවා.

## දෙදරා ගිය පවුල් ජීවිතවල කතාව...

දැන් ඔන්න අපි ගත්තොත් දෙන්නෙක් බැන්ඳා. ඔන්න ස්වාමියයි, බිරිඳයි ඉන්නවා. දැන් ස්වාමියාට බිරිඳ ආදරේ නැත්නම්, බිරිඳ අනියම් ස්වාමිවරු හොයාගෙන යන්නේ නැද්ද? එතකොට ඒ ආදරේ හිඟකමින් අර

ස්වාමියා විඳවන්නේ නැද්ද? මේ දේවල් මේ ජීවිතයේ වෙන්න බැරිද? ඒ වගේම බිරිඳට ස්වාමියා ආදරේ නැත්නම් ඒ ස්වාමියා බිරිඳ සිටිද්දී වෙන අයථා ක්‍රමවලින් සැප විඳින්න යනවා. මේ සියල්ලට හේතුව ආදරය නැතිවීම.

මේ විදිහට බිරිඳට ස්වාමියා එපාවීම, ස්වාමියාට බිරිඳ එපාවීම මේ ජීවිතවල ඇතිවෙන්න පුළුවන්. ඒ එපාවීම ඇතිකරන්නේ තමන්ට දුක් විඳවන්නයි. ඒක ලබාදෙන්නේ තමන් සසරේ වැරදි කාමසේවනයේ යෙදීමේ ප්‍රතිඵල හැටියටයි. එහෙම කෙනා මිනිස් ලෝකයට ආවට පස්සේ විවාහ ජීවිතය අසාර්ථකයි. ස්වාමියා ගෙන් ආදරය බලාපොරොත්තු වෙනවා. නමුත් ස්වාමියා ගෙන් ආදරය ලැබෙන්නේ නෑ. ස්වාමියා බිරිඳගෙන් ආදරය බලාපොරොත්තු වෙනවා. නමුත් බිරිඳගෙන් ආදරය ලැබෙන්නේ නෑ. ඉතින් දෙන්නට දෙන්නා එපා වෙනවා. දෙන්නට දෙන්නා තරහකාරයෝ වගේ වෙනවා. මේකට හේතුව කලින් ජීවිතවලදී වැරදි කාමසේවනයේ යෙදීම.

## නැවත නැවතත් අමාරුවේ වැටෙමුද...?

එතකොට අපි මේ සසරේ ආපු ගමනේදී වැරදි කාමසේවනයේ කොපමණවත් යෙදිලා ඇති. එහි විපාක මේ ජීවිතයේදී විඳව විඳවා, මේ ජීවිතයේදීත් අපි වැරදි කාමසේවනයේ යෙදුණොත් ආයෙ ආයෙමත් අසාර්ථකයි.

දැන් බලන්න, තරුණ අවධියේදී යන හැම සිංදුවක්ම යන්නේ ආදරය ගැනනේ. තරුණ අවධිය ගැන යන හැම සිංදුවකම කතා කරන ආදරය අවුරුදු කීපයක ජීවිතය ගැනනේ කතා කරන්නේ. ඊට පස්සේ එපාද? ඇයි මැරෙනකම් ඕනෙ නැද්ද? එතකොට මේ ආදරය අර්ථවත් කරගන්න බෑ.

# අපේක්ෂාවක් තියාගෙන මැරෙන්න එපා...!

දැන් බලන්න සිල් රකින ජීවිතයක හැටි. බුද්ධ කාලෙදී නකුලපිතා කියලා තාත්තා කෙනෙක් හදිසියේම අසාධ්‍ය වුණා. ඊට පස්සේ බිරිඳ ස්වාමි පුරුෂයා ළඟට ගිහිල්ලා කියනවා, "ඔයා බුදුරජාණන් වහන්සේගේ ධර්මය අහපු කෙනෙක්නේ. ඔයා බුදුරජාණන් වහන්සේ සරණ ගියපු කෙනෙක්නේ. ඔයා බුදුරජාණන් වහන්සේගේ ධර්මය නුවණින් මෙනෙහි කරපු කෙනෙක්නේ. බුදුරජාණන් වහන්සේ අපට දේශනා කළේ බිරිඳ දරුවෝ කෙරෙහි අපේක්ෂාවක් තියාගෙන මැරෙන්න කියලද? අපේක්ෂාවක් නැතුව මැරෙන්න කියලද?" ඉතින් එයා කිව්වා, "බුදුරජාණන් වහන්සේ අපට දේශනා කළේ අපේක්ෂා නැතුව මැරෙන්න" කියලයි. "ඉතින් ඔයා ඒකට ලෑස්තිද?" මේ බිරිඳ අහන්නේ. බලන්න ශාස්තෘන් වහන්සේගේ සැබෑම ශ්‍රාවකයන්ගේ ජීවිතවල අභිමානය!

එතකොට ස්වාමියා කියනවා "නෑ, මං අපේක්ෂාවක් නැතුව මැරෙන්න කැමතියි. නමුත් මගේ හිතේ මේ ළමයින්ට යන කලදසාව ගැන පොඩි දුකක් තියෙනවා. ළමයි පොඩියි. ඔයා මේක කොහොම කරගනියිද කියලා."

# දයාබර බිරිඳකගෙන් ලැබුණු ධර්ම ඖෂධය...

මෙන්න බිරිඳ උපදෙස් දෙනවා. බිරිඳ කියනවා "ඔයා භයවෙන්න එපා! මගේ අතේ පයේ හයිය තියෙනවා. මං නූල් කැටලා, රෙදි වියලා හම්බකරලා ළමයින්ට කන්න දෙන්නම්. ඔයා ඒ ගැන බලාපොරොත්තු තියාගන්න එපා! ඔයාට හිතේවි ඔයා කෙරෙහි මං දක්වපු ආදරය වෙනස් කරාවිද කියලා. නෑ... භයවෙන්න එපා! ඒ ආදරය එහෙමම

තියෙනවා. මම වෙන පුරුෂයෙක් එක්ක යන්නේ නෑ. මං බ්‍රහ්මචාරී වෙනවා. බ්‍රහ්මචාරී වෙලා මං මේ දරුවෝ ටික හදාගෙන ඉන්නවා."

බලන්න, 'අම්මා' කියන්නේ මේ වගේ චරිතයක්. ඊට පස්සේ කියනවා. "ඔයා හිතයි මම භාවනා කරන එකක් නෑ. මේකටම මැදිවෙලා ඉඳියි කියලා. නෑ... මං භාවනාත් කරනවා. මං ඒකත් කරගන්නවා." මේ විදිහට මේ බිරිඳ දිගින් දිගටම අර ස්වාමි පුරුෂයාට කරුණු කිව්වා. ඒක ඒ ස්වාමිපුරුෂයාගේ ජීවිතයට බෙහෙත බවට පත්වුණා. සනීප වුණා.

මේ ස්වාමියා බුදුරජාණන් වහන්සේ බැහැදැකීමට ගියා. බුදුරජාණන් වහන්සේ දේශනා කළා "ආ.... නකුලපිතු, ඔබේ බිරිඳ ඔබට වාසනාවක් නේද?" කියලා. "එහෙමයි ස්වාමීනී, මගේ බිරිඳ මට සැමදා වාසනාවන්..." කිව්වා. ඒක ලබාදුන්නේ ධර්මයෙන් නේද?

## වාසනාවන්ත පවුල් ජීවිතයක් පිණිස...

මේ නිසා මේ ජීවිතයේ විවාහය අසාර්ථක නම් ඒකට හේතුව කලින් ජීවිතයේ වැරදි කාමසේවනය කිරීම. ඊළඟ ජීවිතය අසාර්ථක කරගන්න ඕන නම්, මේ ජීවිතයෙත් ඒක කරන්න. ඊළඟ ජීවිතයේ ආදරය හිඟකමින් පෙලි පෙලී විඳව විඳවා ඉන්න ඕන නම් මේ ජීවිතයේත් ඒක කරකර ඉන්න. ඊළඟ ජීවිතයේ ස්වාමියා බිරිඳට ආදරය කරන, බිරිඳ ස්වාමියාට ආදරය කරන ලස්සන ජීවිතයක් ඕන නම්, මේ ජීවිතයේ වැරදි කාමසේවනයෙන් වැළකී සිටින්න. මේ ජීවිතයේ අසාර්ථක නම් බ්‍රහ්මචාරීව ඉන්න. ප්‍රශ්නය ඉවරයි. ඊළඟ ජීවිතයේදී සාර්ථකයි. මේ ජීවිතයේදී වැරදි කාමසේවනය කළොත් ඊළඟ ජීවිතයේදී අසාර්ථක

වෙන්න 100% ක්ම ඉඩ තියෙනවා.

අපට මේ ජීවිතය සතියකින් අහිමි වුණොත්, ඊළඟ සතියේ ඉඳන් ඊළඟ ජීවිතය පටන් ගන්න ඕනනේ. ඉතින් මේ නිසා බලන්න, මේ පින සැපය ලබනවා කියන එකේ අර්ථය. සීලය කියන එක පින්කමක්. ඒ පිනෙන් සැප ලබනවා කියන එක කොච්චර ගැඹුරුද? විවාහ ජීවිතයක දෙන්නා දෙමහල්ලෝ වෙන් වෙනවා කියන්නේ ජීවිතයට ලොකු පාඩුවක්. බරපතල බිඳවැටීමක්. මේ ජීවිතයේදී සිල්වත්ව, වැරදි කාමසේවනයෙන් වැළකී සිටීම ඊළඟ ජීවිතයේදී ඒකෙන් වළක්වනවා.

## හොඳම ආයෝජනයක්...!

එතකොට බලන්න පින්වත්නි, අපට නොතේරුණාට අපි පොඩි කාලේ ඉඳලා පන්සිල් ගත්තා. නමුත් අපි දැනගෙන හිටියේ නැනේ මේ පන්සිල්වලින් මේ වගේ දෙයක් අපට ලබාදෙනවා කියලා. හොඳම ආයෝජනය කියලා අපි හිතාගෙන ඉන්නේ සල්ලි ආයෝජනය කිරීමනේ. සීලය ආයෝජනය කරනවා කියලා අපි දන්නේ නැනේ. නමුත් සීලය හොඳම ආයෝජනයක්. ඊළඟ ජීවිතයේ සැප ලබාදෙන හොඳම සාධකයක්. මේ නිසා වැරදි කාමසේවනයෙන් වෙන්වී වාසය කිරීම, ආදරයෙන් හඬන හදවත්වලට හොඳම සැප ලැබෙන පණිවිඩයක්. ආදරය නොලැබීම නිසා හඬන හදවත්වලට සැප ලැබීමේ හොඳම පණිවිඩයක්. පින්වත්නි, අපි මේවා පුරුදු කරන්න ඕන. මේ දේවල් අපේ ජීවිතවලට හරි වැදගත්.

## ඔබ කැමතිද ඔබ කියන දේ අහන අයට....

ඊළඟ එක ඔබ ඊළඟ ජීවිතයේදී මිහිරි හඬක්

ලැබෙනවාට කැමතිද? අකමැති වෙන එකක් නෑ. ඔබ ඊළඟ ජීවිතයේදී ලස්සනට කතා කරන්න කැමැතිද? අකමැති වෙන්න විදිහක් නෑ. ඔබ කැමැතිද ඊළඟ ජීවිතයේදී මිනිස්සු ඔබ කියන කතාව ආදරයෙන් අහනවා දකින්න? එහෙනම් බොරු කියන්න එපා! ඇත්ත කියන්න. යහපත උදාවෙන දෙයක් කියන්න. කේළම් කියන්න එපා! බිඳවන්න එපා! එතකොට ඔබ ඊළඟ ජීවිතයේදී යමක් කියද්දී අන් අය මුව පැටව් වගේ අහගෙන ඉඳියි.

දැන් ඔන්න උදාහරණයක් කියමු. හැමෝම බුදුබණ කියන්නේ නැනේ. ඔබ දන්නවා ඇති පසුගිය දවස්වල බණ රැල්ලක් ගියා. ඒකේ තිබුණේ අසභ්‍ය වචන විතරයි. නමුත් මිනිස්සු එකතුවෙලා අහන්න ගියා. මිනිස්සුන්ට එපාවුණා. ඊට පස්සේ බැන බැන යනවා. ඒ මේ වැරදි දෙයක් කීමේ මේ ජීවිතයේම විපාක. මේ නිසා බොරු නොකීම හරි වැදගත්.

## සමඟියට රුකුල්දෙන කෙනෙක් වන්න...

කේලාම් කියන්න එපා! සමඟිය නැතිකරන්න එපා! කවුරුහරි පිරිසක් සමඟි සම්පන්නව වැඩක් කරනවා නම්, ඒකට උදව් කරන්න. ඒකට රුකුල් දෙන්න. කණ්ඩායම් වශයෙන් වෙන් වෙන්න එපා! ඊළඟ ජීවිතයට ඒක යනවා. ඊළඟ ජීවිතයට ඒක ගියාම විශාල අමාරුවක වැටෙනවා. ඒ නිසා ඔබ මේ ජීවිතයේදී මේ දේවල් හොඳට පුරුදු කරන්න. සමඟිය පිණිස උදව් කරන්න. සමඟියට හේතුවෙන දේවල් කියන්න. සමඟියට උදව්වෙන දේවල් කරන්න. බිඳවන දේවල් කියන්න එපා! එතකොට ඔබ ඔබේ ඊළඟ ජීවිතයට ලොකු දෙයක් රැස්කරනවා.

ඔබ කැමති වහා වැටහෙන නුවණ තියෙන

කෙනෙක් වෙන්නද? නිකම්ම නිකං මෝඩ කෙනෙක් වෙන්නද? වැටහෙන නුවණ ලබන්න අපි කොච්චර ආසද? එක දෙයයි කරන්න තියෙන්නේ. අරක්කු බොන්න එපා! කසිප්පු බොන්න එපා! ගංජා බොන්න එපා! හේතුව, මේ හැම එකකම අපේක්ෂාව අපි සිහි මුලාව සිටීම, මත්වී සිටීම.

## මත්වුණ ජීවිතේ - නුවණ වනසයි හැම කලේ...

මේක පාසල් දරුවෝ විශේෂයෙන්ම කල්පනා කරන්න ඕන. පාසල් දරුවන් අලුතෙන් පුරුදු වෙලා ඉන්නවා කැස්සට බොන බෙහෙත් බොන්න. අර පිරිටන් බෙහෙත් කුප්පි තියෙන්නේ. මත්වෙලා ඉන්න ඒ බෙහෙත් කුප්පි දෙකක් තුනක් බොනවා. කිසි දවසක කරන්න එපා! මත්වීම සතුටක් හැටියට ගන්න එපා! කවදාවත් අපට නුවණ දියුණු කරන්න ලැබෙන්නේ නෑ.

ඊළඟ ජීවිතයේදී ඔබට අවශ්‍ය වහා වැටහෙන නුවණක්ද? එහෙනම් මේ ජීවිතයේදී මත්ද්‍රව්‍ය, මත්වතුර අහලකටවත් ගන්න එපා! කාටවත් දෙන්නත් එපා! මඟුල් ගේකට ගන්නත් එපා! මළගෙයකට ගන්නත් එපා! ඒක මේ ජීවිතයටත්, මතු ජීවිතයටත් හිතසුව පිණිස පවතින දෙයක් නොවෙයි.

## ලස්සන වෙන්න කවුද අකමැති?

ඊළඟට ඔබ කැමතියි නේද ලස්සන කෙනෙක් වෙන්න? ලස්සන කෙනෙක් වෙන්න ලෝකයේ අකමැති කවුද? ලස්සන වෙන්න ඕන නම් ඊර්ෂ්‍යා කරන්න එපා! ඊර්ෂ්‍යාව තමයි අවලස්සන වීමේ රහස. පුද්ගලයෙක්

ඊර්ෂ්‍යා කරපු ගමන් අනිත් පුද්ගලයාගේ ගුණ ටික ඔක්කෝම විනාශ වෙනවා. අනිත් පුද්ගලයාගේ ගුණ මකනවා. ඒ පුද්ගලයා කෙරෙහි පැහැදීමක් ඇතිවෙලා තියෙනවාද, ඒක නැති කරන්න මහන්සි ගන්නවා. ඒ පුද්ගලයාට ගරහනවා. අපහාස කරනවා. නින්දා කරනවා. ඒ ඔක්කොම තියෙන්නේ ඊර්ෂ්‍යාව මත.

ඊර්ෂ්‍යා කරන්න කරන්න, හොඳ පුද්ගලයින්ට කළු චිත්‍ර හදන කොට, යහපත් පුද්ගලයන්ගේ වර්ණය දුර්වර්ණ කරන කොට, මෙයාටත් දුර්වර්ණබව, විරූපී බව ලැබෙනවා. මම නම් ලස්සන අය දැක්කාම ලස්සනයි කියනවා මිසක් කවදාවත් ඒකට ඉරිසියා කරන්නේ නෑ. ලස්සන කෙනෙක් දැක්කොත් 'ආ... හරි ලස්සන කෙනෙක්...' කියනවා. ලස්සන ගෙයක් දැක්කොත් 'ලස්සන ගෙයක්...' කියනවා. ලස්සන වාහනයක් දැක්කොත් 'ලස්සන වාහනයක්...' කියනවා. හොඳ උගතෙක් දැක්කොත් මම 'හොඳ උගතෙක්...' කියලා කියනවා. ඊර්ෂ්‍යා කරන්න හොඳ නෑ. ඒ විදිහට ඊර්ෂ්‍යා නොකරනවා නම්, වහා කිපෙන්නේ නැත්නම් එයා ලස්සන කෙනෙක් වෙනවා.

## සැමට සැප පිණිස පවතින්නේ පිනමයි...

සමහරු කිපිලා, වෛර බැඳගෙන තරහා හිතේ තියාගෙන ඒකම කල්පනා කර කර පිළිගන්න බලාගෙන ඉන්නවා. එයා විරූපී කෙනෙක් වෙනවා. මේ නිසා අපට හරි පැහැදිලියි, දෙවියන්ටත්, මිනිසුන්ටත් විතරක් නොවෙයි, පැවිද්දන්ටත් සැප පිණිස පවතින්නේ පිනමයි.

දැන් බලන්න පින්වත්නි, මේවා කවුද හෙළිදරව් කළේ? බුදුරජාණන් වහන්සේනේ. බුදුරජාණන් වහන්සේ මේවා හෙළිදරව් නොකරන්න, පිනෙන් මෙපමණ දේවල්

කරනවා කියලා අපි දන්නේ නෑ. දැන් මේ කියපු සෑම දෙයක්ම පින්. මේ දේවල් රැස්වෙන්නේ පිනෙන්. ඒ නිසා පින අපේ ජීවිතවලට අනිවාර්ය අවශ්‍ය දෙයක්, හොඳ ආයෝජනයක්, හොරෙකුට ගන්න බැරි ආයෝජනයක්.

## කිසි සොරෙකුට ගත නොහැකිය...

දැන් බලන්න, මිනිස්සු ඉඩම් විකුණලා මුදල් ආයෝජනය කළා. ඒවා හොරු ගත්තා. **(පුඤ්ඤං චෝරේහි දූහරන්ති)** නමුත් පින සොරෙකුට ගත නොහැකිය. එතකොට බලන්න, අපි ඉඩම් ආයෝජනය කළොත්, සමහර විට ඒක හොරෙන් ගන්න පුළුවන්. හොර ඔප්පු ලියාගන්නත් පුළුවන්. අපි මුදල් ආයෝජනය කළොත් හොරකම් කරන්න පුළුවන්. හොරකම් කරන්න පුළුවන් කියලා දැන් ඔප්පු වෙලා තියෙනවනේ.

අපි වෙන ලෞකික දෙයක් ආයෝජනය කළොත් ඒකත් හොරෙන් ගන්න පුළුවන්. නමුත් අපි පින ආයෝජනය කළොත්, කිසි වියදමක් නැතුව ආයෝජනය කරන්න පුළුවන්. පොඩ්ඩක් මහන්සි වෙන්න විතරයි තියෙන්නේ. මොකද්ද මහන්සිය? පුරුද්දක් එක්ක තියෙන සටන.

## පුරුද්දට ඉඩ නොදී වීරියට ඉඩ දෙන්න...

අපට සසරේ පුරුදු ගොඩාක් ඇවිල්ලා තියෙනවා. සත්තු මරන්න, හොරකම් කරන්න, වැරදි කාමසේවනයේ යෙදෙන්න, බොරු කියන්න, මත්පැන් බොන්න, ඊර්ෂ්‍යා කරන්න, කේලාම් කියන්න, වෛර කරන්න, පළිගන්න, කඩාබිඳවා හරින්න මේ ඔක්කොම අපි සසරේ කර කර

ආපු දේවල්. දැන් අපට සටනක් තියෙන්නේ ඒ පුරුදුත් එක්කයි. ඒ පුරුද්දට ඉඩ නොදී වීරිය අරගෙන මේ කියපු පින උපදවා ගන්න අපි දක්ෂ වෙන්න ඕනේ.

දැන් ඔබ හොඳටම දන්නවා, පින ඊළඟ ජීවිතයේ සැප ලබාදෙනවා දෙනවාමයි කියලා. කොහොමද දන්නේ? අපි ඒ බව දන්නේ බුදුරජාණන් වහන්සේගේ අවබෝධය ගැන අප තුළ තියෙන පැහැදීම නිසයි. ඒ පැහැදීම මතයි මේක කරන්නේ. එතකොට බලන්න, මෙතැන තියෙන්නේ හේතුඵල දෙකක් නෙවෙයිද...? මේකේ තියෙන්නේ හේතුඵල දහමක් මිසක් මෙහි පත පතා ගන්න කිසි දෙයක් නෑ. ඒ නිසා තියෙන්නේ හේතුඵල නම් මේ ජීවිතයේ අපට යම් ඵලයක් ලැබිලා තියෙනවා නම්, ඒකට පසුබිම් වූ හේතු සමූහයක් අපි සසරෙන් ගෙනාවා. මේ ජීවිතයේ යම්කිසි හේතු ටිකක් අපට ඉපදිලා තියෙනවා නම්, ඒක තමයි ඊළඟ ජීවිතයේ අපට ලැබෙන ඵලය.

## සතුට පිරුණු ජීවිතයකට...

මෙත් සිත වඩන, සත්ව ඝාතනයේ නොයෙදෙන, මනුස්සයන්ට හිංසා නොකරන කෙනාට ඊළඟ ජීවිතයේ සාර්ථක, නිරෝගී සම්පන්න ජීවිතයක් ලැබෙනවා. හොඳට දන් පැන් දෙන කෙනා, සොරකම් නොකරන කෙනා ඊළඟ ජීවිතයේ ධනවතෙක්. වැරදි කාමසේවනයෙන් වැළකී සිටින කෙනා ඊළඟ ජීවිතයේදී ආදරය ලබන කෙනෙක්. මේ ජීවිතයේ ආදරයේ අහේනිය ඊළඟ ජීවිතයේ නෑ.

බොරු නොකියන, කේලාම් නොකියන, පිරිස බිඳවන්නේ නැති, සත්‍යය කතාකරන, මනුස්සයන්ගේ සමඟිය කැමති කෙනා ඊළඟ ජීවිතයේ ලොව සුවපත් කරන වචන කියන කෙනෙක්. මත්පැන්, මත්ද්‍රව්‍ය පාවිච්චියෙන්

වෙන් වූ කෙනා ඊළඟ ජීවිතයේ ඉතා බුද්ධිමත් කෙනෙක්. ඊර්ෂ්‍යා නොකරන, වෛර නොකරන, දුෂ්ටකම් නොකරන කෙනා ඊළඟ ජීවිතයේ මනස්කාන්ත රූ සපුවකින් යුතු කෙනෙක්.

## හැබෑම විනාශය හඳුනාගන්න

ඊළඟ ජීවිතයේ මේ ඔක්කොම ලැබිලා පාප මිත්‍රයෙක් අහුවුණොත්...? ඔන්න නිරෝගීකමත් තියෙනවා, සල්ලිත් තියෙනවා, ආදරයත් තියෙනවා, අනිත් අය තමන් කියන දේත් අහනවා. හොඳට මොළෙත් තියෙනවා. රූපයත් ලස්සනයි. නමුත් ඊළඟ ජීවිතයේ පාප මිත්‍රයෙක් එකතු වෙනවා. එතකොට එයා අර ඔක්කොම විනාශය කරා යොදවනවා. එතකොට ඊළඟ ජීවිතයේ විනාශය කරා යොදවන්න එයාට උදව් කරන්නේ කවුද? පාප මිත්‍රයා.

ඔබ හිතන්නේ මේ ලෝකය පාප මිත්‍රයන් ගෙන් හිඟද? පාප මිත්‍රයෝ හැමතැනම ඉන්නවාද? පාප මිත්‍රයෝ හැමතැනම ඉන්නවා. හිඟ කල්‍යාණ මිත්‍රයායි. සත්පුරුෂයා හිඟයි. මේ ජීවිතයේ සත්පුරුෂයා අත්හරිනවා නම්, කල්‍යාණ මිත්‍රයා අත්හරිනවා නම්, ඊළඟ ජීවිතයේ ඔබට කොහෙත්ම හම්බවෙන්නේ නෑ. මේ ජීවිතයේ ඔබ සත්පුරුෂයා අත්හරිනවා නම්, සත්පුරුෂයාට ඇහුම්කම් දෙන්නේ නැත්නම්, සත්පුරුෂයා හඳුනාගන්නේ නැත්නම්, ඊළඟ ජීවිතයේ ඔබට සත්පුරුෂයන් දකින්න කොහෙත්ම අවස්ථාවක් ලැබෙන්නේ නෑ.

## සත්පුරුෂයා අසත්පුරුෂයා හඳුනාගනිමු

'මොහු සත්පුරුෂයාය, මොහු අසත්පුරුෂයාය' කියලා හඳුනාගන්න උපකාර කරන්නේ තමන්ගේ

සත්පුරුෂකමයි. තමන්ව සත්පුරුෂයෙක් බවට පත්කරන්නේ හොඳ නරක ගැන තමන්ගේ තියෙන අවබෝධයයි. හොඳ නරක ගැන අවබෝධයයි, තමන් ආපු සසර පැවැත්ම ගැන අවබෝධයයි තිබුණොත් ඔබ මේ ජීවිතයේදීම සත්පුරුෂයා හඳුනාගන්නවා. කල්‍යාණ මිත්‍රයා හඳුනාගන්නවා. අසත්පුරුෂයා අත්හරිනවා. එතකොට ඔබ පාවිච්චි කරන්නේ අවබෝධය.

එහෙනම් මේ ජීවිතයේ පිනත් සමඟ අවබෝධය එකතු කරගත්තොත් ඊළඟ ජීවිතය අසත්පුරුෂයාගේ, පාපමිත්‍රයාගේ උගුලෙන් බේරෙන්න ඔබට පුළුවනි.

## මෙහෙමයි අනතුර ඇතිවෙන්නේ...

ඊළඟ එක ඔබ අසත්පුරුෂයෙක්, පාපමිත්‍රයෙක් බවට පත්වෙන්නේ නෑ. මොකද, මේ ජීවිතයේ අකුසලය තියෙන කෙනාට පාප මිත්‍රයෙක් එකතුවුණ ගමන් එයත් පාපමිත්‍රයෙක් බවට පත්වෙනවා. කෙලෙස් හඳුනාගන්න බැරි කෙනා අසත්පුරුෂ ආශ්‍රයට ආපු ගමන් එයත් අසත්පුරුෂයෙක් වෙනවා. අසත්පුරුෂයෙක් වුණාට පස්සේ එයා අසත්පුරුෂ වැඩපිළිවෙලක යනවා. එතකොට ඊළඟ ජීවිතයේ මොකුත් නෑ. එතකොට මේ ජීවිතයේ අසත්පුරුෂයාගෙන් බේරිලා මෙයා පින්දහම් කර කර ඉන්නවා. හැබැයි මේ සත්පුරුෂයා, අසත්පුරුෂයා කියලා තෝරාබේරා ගන්න අවබෝධයක් නැත්නම්, ඊළඟ ජීවිතයේදී අහුවෙන්න පුළුවන්.

## කොසොල් රජතුමාගෙන් අකටයුත්තක්...

ඊළඟ ජීවිතයේ අහුවුණොත් අර කොසොල් රජ්ජුරුවන්ට ඇහුණු සද්දේ වගේ තමයි. දවසක් කොසොල්

රජ්ජුරුවෝ ලස්සන කාන්තාවක් දැක්කා. ඒ කාන්තාව ස්වාමි පුරුෂයෙක් ඉන්න බිරිඳක්. කොසොල් රජ්ජුරුවන්ට ඒ බිරිඳව අන්තඃපුරයට ගන්න ඕන වුණා. දැන් ගන්න විදිහක් නෑ. මොකද, මෙයාට ස්වාමියෙක් ඉන්නවානේ. ඒ නිසා රජ්ජුරුවෝ මේ ස්වාමියාව මරවන්න කුමන්ත්‍රණයක් කළා.

රජතුමා "මට ඒ පුරුෂයා රාජ්‍ය සේවයට ගන්න ඕන" කියලා සෙන්පතියෙකුට කිව්වා. ස්වාමියා කැඳෙව්වා. කැඳවලා "මං තමුසේ ගැන බොහොම පැහැදිලා ඉන්නේ. මගේ රාජ්‍ය මාළිගාවේ මට උපස්ථාන කරන කණ්ඩායමට ගන්න ඕන" කිව්වා.

"අනේ ස්වාමීනි, මං යන්තම් වෙළහෙළඳාම් කරගෙන ජීවත් වෙන කෙනෙක්. මං සියලුම බදු ගෙවන්නම්. මට නිදහසේ කටයුතු කරගෙන යන්න දෙන්න."

"නෑ... නෑ... මේක රාජ්‍ය නියෝගය. නුඹව රාජ්‍ය සේවයට ඕන. මම නුඹ ගැන බොහෝම පැහැදිලා ඉන්නේ" කිව්වා.

(මේ රජ්ජුරුවන්ගේ සැලසුම එයාව මරවන්නයි.)

"කරන්න දෙයක් නෑ. මේ රාජ්‍ය නියෝගය!"

## නවනීත මැටියි, කඩුපුල් මලුයි...

ඔන්න මෙයා රජ්ජුරුවෝ ගාව වැඩට ගියා. දවසක් රජ්ජුරුවෝ මෙයාට උදේම කතා කළා. කතා කරලා "අද මට නවනීත මැටියි, කඩුපුල් මලුයි ගෙනත් දෙන්න ඕන. මොකද මං හවස පහට නානවා. මට නවනීත මැටි ගාලා නාලා, කඩුපුල් මල් පළඳින්න ඕන. හැබැයි ගෙනාවේ නැත්නම් උඹව හෙට මරනවා."

ඔන්න රාජ්‍ය නියෝගය දුන්නා. රජ්ජුරුවෝ කල්පනා කරලා තමයි මේ දේ කළේ. දැන් මෙයාට කරන්න දෙයක් නෑ. රාජ්‍ය නියෝගයනේ. හැබැයි මෙයා තෙරුවන් සරණ ගිය ශ්‍රාවකයෙක්. කෙලින්ම ගෙදර දිව්වා. ගෙදරට දුවගෙන යනකොට බිරිඳ උයනවා.

"කරන්න දෙයක් නෑ. මට ඉක්මනට ලිපේ තියෙන එකෙන් හරි කමක් නෑ, බත් මුලක් බැඳලා දෙන්න. මම දැන් යන්න ඕන."

## රාජ නියෝගය ඉටුනොකළොත් මරණය !

දැන් මෙයා බත් මුලත් බැඳගෙන දුවනවා. මෙයා දුවන්නේ හිමාල කන්ද පැත්තට. දැන් මෙයාට ඈත හිමාල කන්ද පේනවා. නවනීත මැටි කියන්නේ බටර් වගේ සිනිඳු, සුවඳ තියෙන මැට්ටක්. ඒක තියෙන්නේ හිමාලයේ කියලා මෙයා අහලා තියෙනවා. ඒ වගේම කඩුපුල් මල් තියෙන්නෙත් හිමාලයේ කියලා මෙයා අහලා තියෙනවා. නමුත් කොහෙද තියෙන්නේ, කොතැනද තියෙන්නේ කියලා මෙයා හරියටම දන්නේ නෑ.

මෙයා දැන් අර බත් මුලත් බැඳගෙන එක පිම්මේ දුවනවා. දුවලා... දුවලා... දුවලා... ඔන්න දවල් වුණා. ගංගාවක් අයිනේ මෙයා නැවතුණා. මෙයා බත්මුල ලිහලා කන්න ලෑස්ති වෙනකොට සීයා කෙනෙක් එනවා. හිඟන මනුස්සයෙක්. මෙයා ඇහුවා "සීයේ... කෑවද?" "නෑ පුතේ කෑවේ නෑ" කිව්වා. "එහෙනම් සීයේ බත් කමු" කියලා සීයට අර බත් මුලෙන් කොටසක් දුන්නා. දැන් මෙයාගේ ඔලුවේ ලොකු ගින්දරක් තියෙන්නේ. මෙයා බත් කටක් දෙකක් කෑවා. කනකොට මෙයා දැක්කා ගඟේ ඉන්නවා මාළු රංචුවක්. මෙයා කල්පනා කළා 'මට දැන් මොනවා

වෙයිද දන්නේ නෑ. මං ඉතිරි කෑම ටික මාළුන්ට දෙන්න ඕන' කියලා. මාළුන්ට අර ඉතිරි බත් ටික දුන්නා. දීලා මෙයා අත්දෙක සෝදගෙන ගඟෙන්ම වතුර ටිකක් බීලා අහසට අත්දෙක දික්කරලා කිව්වා,

## පින් අනුමෝදන් කිරීමත් පිනක්...

"මේ හිමාලයට අධිපති දෙවිවරුනි, මේ වෘක්ෂයන්ට අධිපති දෙවිවරුනි, මේ ගඟේ සිටින දෙවිවරුනි, නාගයනි, මා කියන දේ අහන්න. මං දැන් පිනක් කළා. ඒ තමයි මං තිරිසන් සතුන්ට ආහාරයක් දුන්නා. බුදුරජාණන් වහන්සේ දේශනා කරලා තියෙනවා, තිරිසන් සතෙකුට ආහාරයක් දුන්නොත් සිය ගුණයක විපාක තියෙනවා කියලා. මං මනුස්සයෙකුට ආහාර වේලක් දුන්නා. බුදුරජාණන් වහන්සේ දේශනා කරලා තියෙනවා මනුස්සයෙකුට ආහාර වේලක් දුන්නොත් දහස් ගුණයක විපාක තියෙනවා කියලා. සිය ගුණයක විපාක තියෙන පිනකුත්, දහස් ගුණයක විපාක තියෙන පිනකුත් මං රැස්කළා. මේ පින් මං ඔබවහන්සේලාට අනුමෝදන් කරනවා. ඔබවහන්සේලා මේ පින් අනුමෝදන් වෙන්න. මං අමාරුවේ වැටිලා ඉන්නේ. රජ්ජුරුවෝ මට නවනීත මැටියි, කඩුපුල් මලුයි ගේන්න කියලා තියෙනවා. මේ දෙක තියෙන්නේ කොහේද කියලා මම දන්නේ නෑ. ඔබවහන්සේලා මට පිහිට වෙන්න. මං මේවා ගෙනාවේ නැත්නම් මට හෙට උදේ මැරුම් කන්න වෙනවා" කියලා ආයෙත් දිව්වා.

## සෙවනැල්ලක් සේ පැමිණි පින...

පින්වත්නි, මේක දිව්‍ය නාගයෙකුට ඇහුණා. දැන් මේ දිව්‍ය නාගයා මෙයා දුවන කොට සීයා කෙනෙකුගේ වේශයෙන් ඉස්සරහට එනවා.

"හා... හා... පුතා, කොහෙද මේ හතිදාගෙන දුවන්නේ...?"

"අනේ සීයේ, මට කතා කර කර ඉන්න වෙලාවක් නෑ."

"නෑ... නෑ.... කියාපන්.... කියාපන්..."

"සීයේ... රජ්ජුරුවෝ මගෙන් නවනීත මැටියි, කඩුපුල් මලුයි ඉල්ලනවා. මං දන්නේ නෑ කොහෙද තියෙන්නේ කියලා. මං අහලා තියෙනවා මේවා තියෙන්නේ හිමාලයේ කියලා. මං මේ හිමාලයට දුවනවා."

"හා... හා.... කලබල වෙන්න එපා! මගේ ළඟ නම් තියෙනවා නවනීත මැටියි, කඩුපුල් මලුයි. මං නුඹට ඒවා දෙන්න කැමැතියි. නුඹ මට දෙන්නේ මොනවාද?"

"අනේ සීයේ, මං පිනක් කරලා තියෙනවා. මේ වෙලාවේ මං මනුස්සයෙකුට කෑම වේලක් දුන්නා. ඒකේ දහස්ගුණයක විපාක තියෙනවා. මං ගඟේ මාළුවන්ට කෑම දුන්නා. ඒකේ සියගුණයක විපාක තියෙනවා. මේ පින සීයාට දෙනවා."

"බොහොම හොඳයි. එහෙනම් මං මේ ටික දෙන්නම්" කියලා කඩුපුල් මලුයි, නවනීත මැටියි දුන්නා.

## හරි අසාධාරණයක්...

රජ්ජුරුවෝ සේවකයින්ට නියෝග කරලා තිබ්බා "ඔය මිනිහා විශ්වාස නෑ. ඔය මිනිහා කොහෙන් හරි හොයාගෙන එන්න පුළුවන්. වේලාසනින් ගේට්ටු වහපන්" කියලා.

දැන් පහට රජ්ජුරුවෝ නාන්න ලෑස්ති වෙලා

ඉන්නේ. මෙයා හරියට පහ වෙන්න කලින් දුවගෙන ආවා. නමුත් අරගෙන එනකොට ගේට්ටුව වහලා. ඊට පස්සේ මෙයා දොරටුපාලයන්ට කිව්වා,

"මං රාජ්‍ය සේවකයෙක්. මං රාජ්‍ය නියෝගයකින් ගියේ. රජ්ජුරුවන්ට නාන්න මේ ටික දෙන්න ඕන."

"බෑ.... රජ්ජුරුවෝ කියලා තියෙන්නේ කවුරු ආවත් මේක අරින්න එපා කියලයි."

"රජ්ජුරුවෝ මට නවනීත මැටියි, කඬුපුල් මලුයි ගේන්න කිව්වා. සාමාන්‍යයෙන් නගරයේ දොරටු වහන වෙලාවට ඉස්සර වෙලා මං ඒවා ගෙනාවා. උඹලා ඒකට සාක්කි නේද?"

"ඔව් අපි සාක්කි."

"එහෙනම් මං මේවා මෙතැන තියලා යනවා" කියලා එයා ගියා.

## සිහිනය බොඳකළ සිහිනය...?

දැන් රජ්ජුරුවෝ නින්දට ගිහින් කල්පනා කරනවා, 'ආ... මං හෙට උදේට අර පුද්ගලයාට දෙන්නම්. ඊට පස්සේ අර බිරින්දෑ මටයි. ඊට පස්සේ අර බිරිඳ මගේ අන්තඃපුරයේ...' දැන් රජ්ජුරුවන්ට නින්දක් නෑ. කාම දැවිල්ලෙන් දැවි දැවී ඇඳේ ඉන්නවා.

රෑ දොළහට පමණ ඔන්න එකපාරට මාළිගාව දෙදුරුම් කාලා 'දු...' කියලා සද්දයක් ඇහෙනවා. රජ්ජුරුවෝ ගැස්සිලා ඇහැරුණා. ආයේම මාළිගාව දෙදුරුම් කාලා සද්දයක් ඇහෙනවා 'ස...' කියලා. රජ්ජුරුවෝ 'මොකක්ද මේ සද්දෙ?' කියලා තව ගැස්සුණා. ආයෙ ටිකක් වෙලා අහගෙන ඉන්න කොට

'න...' කියලා සද්දයක් ඇහෙනවා. ඊට පස්සේ රජ්ජුරුවෝ හොඳටම භයවෙලා, දාඩිය දාලා ඉන්න කොට ආයෙත් 'සෝ...' කියලා මාළිගාව දෙදුරුම් කාලා සද්දයක් ඇහුණා. දැන් ඉතින් නින්දක් නෑ. පණ ගැහි ගැහී ඉන්නවා. උදේ ඇහැරුණා. පුරෝහිත බමුණන් ඔක්කෝටම කතාකළා. බමුණෝ කිව්වා,

"රජ්ජුරුවනේ, රජ්ජුරුවන්ගේ කේන්දරය බලන්න ඕන."

## රජතුමාට අපලයක්...!

දැන් ජ්‍යෝතිෂයට අනුව කේන්දරය බලන්න ඕන. බමුණන් අදහන්නේ ජ්‍යෝතිෂයනේ. ඊට පස්සේ රජ්ජුරුවන්ට වෙලා තියෙන්නේ මොකද කියලා ජ්‍යෝතිෂයට අනුව බැලෙව්වා. බලලා බමුණෝ ඔක්කෝම නළලේ දාඩිය පිස්සා, රැවුල අතගාන්න ගත්තා. ජටා බඳින්න ගත්තා. රජතුමා ඇහුවා,

"බමුණෙනි, මොකද මට වෙලා තියෙන්නේ?"

"රජතුමනි, ඔබතුමාව අපට බේරගන්න පුළුවන් කියලා විශ්වාසයක් නෑ."

"ඇයි..?"

"ගිරහයෝ නවයම කිපිලා! තමුන්නාන්සේට මහා භයානක විපතක්! මේ ඊරාෂ්ටකය නම් පන්නන්න බෑ..."

"අනේ... එහෙම කියන්න එපා! මොකක්ද කරන්න ඕන...?"

## රජ මැදුරේ මහා යාගයක්...

"එහෙනම් එකක් කරන්න. පංචසතික කියලා

යාගයක් තියෙනවා. ඒ කියන්නේ හැම සතෙකුගෙන්ම පන්සියය ගානේ එකතු කරලා මරන්න ඕන."

මේ යාගයට උෟරො පන්සීයයි, හරක් පන්සීයයි, එළුවෝ පන්සීයයි, කුකුලෝ පන්සීයයි, අශ්වයෝ පන්සීයයි, මිනිස්සු පන්සීයයි එකතු කරලා මරන්න ඕන.

දැන් රජ්ජුරුවන්ට අර නවනීත මැටියි, කඩුපුල් මලුයි ගේන්න කියපු එක මතක නෑ. රජ්ජුරුවෝ බමුණොයි, ඇමතිවරුයි සේනාව රැස්කරලා ඇහුවා,

"පොළොවද වටින්නේ ජලයද?"

"පොළොව"

"ගස්ද වටින්නේ පොළොවද?"

"පොළොවට වඩා ගස් වටිනවා. ගසුත් එක්ක තමයි වටින්නේ."

"ගස්ද වටින්නේ සත්තුද?"

"ගසුත් වටිනවා. ඊට වඩා වටිනවා සත්තු."

"සත්තුද වටින්නේ මිනිස්සුද?"

"සතුන්ට වඩා මිනිස්සු වටිනවා."

"මිනිස්සුද වටින්නේ මේ ඇමතිවරුද?"

"මිනිස්සුන්ට වඩා අපි වටිනවා."

"ඇමැතිවරුද වටින්නේ මාවද?"

"ඔබවහන්සේ තමයි වටින්නේ."

"එහෙනම් බලාපල්ලා මට දැන් ගිරහයෝ නවයම කිපිලා. ඒරාෂ්ටකය ලබලා. මේකට කරන්න තියෙන එකම

දේ පංචසතික යාගයක් කිරීම. මේක වහ වහා සූදානම් කරපල්ලා."

දැන් ඔන්න සත්තු පන්සීය පන්සීය එකතු කරන කොට මේ විශාල පිට්ටනියේ සතුන්ගේ එකම ඝෝෂාව... මිනිස්සු එහෙන් අඬනවා... ඇයි මරන්න මිනිස්සුත් ගෙනැල්ලනේ.

## සියල්ලට කලින් බුදුරජාණන් වහන්සේ හමුවෙමු...

මල්ලිකා දේවිය මේ සිදුවීම දැක්කා. රජ්ජුරුවන් ගෙන් ඇහුවා

"මොකද මේ...?"

"ආ.... ඔහේ දන්නේ නෑ නේද මොකවත්....? මාව විනාශ වෙනකම් ස්වාමියා ගැන කිසිදෙයක් ගැන හොයන්නෙ බලන්නේ නෑ නේද...? මෙච්චර මේ රාජ්‍ය සේවය කරනවා, ජනතාවට ආදරයෙන් මෙච්චර වැඩ කරනවා, මේ ජනහිතකාමී නායකයා. මට වුණ දේ දන්නෙ නෑ නේද?"

"එහෙනම් මොකද..?"

"මට මේ ගිරහයෝ නවයම කිපිලා! ඊයේ රෑ මට ඒක දැනුම් දුන්නා. 'දු... ස... න... සෝ...' කියලා සද්ද හතරක් ඇහුණා. මේ ගැන මං බමුණන්ට අඬගහලා ඇහුවා. මේකට කරන්න තියෙන එකම දේ යාගයක් කිරීම."

"හරි.... කමක් නෑ... ඕකට අපට ඔයිට වඩා හොඳ උපදේශයක් ලැබෙයි, එක්කෝ ඕක සාර්ථකව කරන්න උපදේශයක් ලැබෙයි. අපි බුදුරජාණන් වහන්සේ ළඟට

යමු."

## මේ වෙන සිද්ධියක්...

දැන් මේ වෙනකොට අර නවනීත මැටි ගේන්න ගියපු තරුණයාට කරන්න දෙයක් නෑ. එයා දන්නවනේ දැන් මරණවා කියලා. වේලාසනින්ම එයත් ජේතවනාරාමයට ගියා. දැන් එයා ඉන්නෙත් ජේතවනාරාමයේ. දැන් රජ්ජුරුවොත් ගියා. රජ්ජුරුවෝ ගිහිල්ලා සිද්ධිය කිව්වා.

"ස්වාමීනී, මෙන්න මෙහෙම එකක් වුණා. මට ඊයේ රෑ ඉඳලා නින්දක් නෑ. භයානක ශබ්ද හතරක් ඇහුණා. මොකක්ද මේ...?"

බුදුරජාණන් වහන්සේ කිව්වා,

"රජතුමනි, ඔබට මේකේ කිසිම අනතුරක් නෑ. ඔබට කිසිම ප්‍රශ්නයක් නෑ. මේකට ඔබේ සම්බන්ධතාවයක් නෑ. මේ වෙන සිද්ධියක්."

"ඒ මොකක්ද?"

## මෙන්න ඉන්නකම් කාලා බීලා සැපසේ හිටපු අය...

"මේ සැවැත් නුවර හිටියා ඉතාම සල්ලිකාර, ලස්සන, ධනවත් සිටුවරු හතර දෙනෙක්. මේ සිටුවරු හතර දෙනා එකතුවෙලා 'දැන් අපට ඕන තරම් සල්ලි තියෙනවා. අපට ආයෝජනය කරපු සල්ලි හැම තිස්සේම එනවා. දැන් අපි මේකට මොකද කරන්නේ?' කියලා කතා වුණා, එක්කෙනෙක් ඇහුවා, 'අපි දන්සැල් දෙමුද?' 'පිස්සුද උඹට දන්සැල් දෙන්න...?' කියලා අනිත් අය ඇහුවා. කෙනෙක් ඇහුවා 'අපි එහෙනම් පින්දහම් කරමුද?' කියලා.

'උඹ නාකිද?' ඇහුවා පින් කරන්න.

'එහෙනම් මොකක්ද කරන්න ඕන...?' 'ඉන්නකම් අපි හොඳට කාලා, බීලා, නටලා, සුපර් ස්ටාර්ස් වෙලා, සුපර් ඩාන්සර්ස් වෙලා ඉඳිමු' කිව්වා. 'හා...' කියලා හොඳට බොන්න ගත්තා. සංගීත සන්දර්ශන තිබ්බා. ලස්සන ගෑණු ළමයි ගෙනැල්ලා නැටෙව්වා. මේ අය අයථා කාමසේවනයේ යෙදුණා. හොඳට වියදම් කළා. හතර දෙනාම මැරුණා. හතර දෙනාම නිරයේ ඉපදුණා.

## අකුරු හතරේ කතන්දරේ....

රජතුමනි, මේක සිද්ධ වුණේ කාශ්‍යප බුදුරජාණන් වහන්සේගේ කාලයේ. තාමත් ඒගොල්ලෝ නිරයේ. (දැන් බලන්න... ඒ ශාසනයත් ඉවර වෙලා වෙන බුදු කෙනෙක් පහළවෙලා. නමුත් ඒගොල්ලෝ තාමත් නිරයේ.) රජතුමනි, ලෝකුඹු හැලියෙන් එක්කෙනෙක් උඩට ආවා. 'අනේ... මට මේකයි වුණේ...' කියලා කට ඇරලා 'දු...' යන්න විතරයි කියන්න ලැබුණේ. ආයෙ යටට ගියා. ඊළඟ එක්කෙනා ආවා. 'අනේ... මං නිරයේ ඇවිල්ලා අවුරුදු දහස් ගාණක් වුණා. මට මේකෙන් නිදහස් වෙන්න ලැබෙන්නේ කවදද?' කියලා කියන්න ලෑස්ති වුණා. 'ස...' යන්න විතරයි කියාගන්න ලැබුණේ ආයේ යටට ගියා. අනෙක් එක්කෙනා නිරයෙන් උඩට ආපු ගමන් 'අනේ... මට මේ මොකද වුණේ...?' කියලා කියන්න කට අරින කොට 'න...' යන්න විතරයි කියාගන්න ලැබුණේ. යටට ගිලුණා. අනිත් එක්කෙනා 'අනේ... අපට මේ මොකද වුණේ...?' කියලා කියන්න ලෑස්ති වුණා. 'සෝ ...' යන්න විතරයි කියන්න ලැබුණේ. ගිලුණා."

## පාප මිත්‍රයාගේ අනතුර...

එතකොට අර නවනීත මැටි ගෙනාපු තරුණයා,

"ස්වාමීනී, මටත් තියෙනවා කාරණාවක් කියන්න" කියලා කිව්වා. (ඇයි, නවනීත මැටි ගෙනාපු තරුණයාත් මෙතැන ඉන්නවානේ) "අනේ ස්වාමීනී, මං නවනීත මැටි ගෙනාවා. කඩුපුල් මල් ගෙනාවා. මං දන් මේ...."

රජතුමා බැලුවා එයා දිහා.

"ආ.... ඒවා වැඩක් නෑ. ඒවා වැඩක් නෑ දන්..."

මට ඒකෙන් කියන්න ඕන වුණේ ඒ රජ්ජුරුවන්ගේ කතාව නෙවෙයි. සල්ලිකාර සිටුවරු හතරදෙනාට සිදුවුණු දේ. එතකොට අපි පින් දහම් රැස්කරගෙන ගියත් හැම තිස්සේම අනතුරක් තියෙන්නේ පාප මිත්‍රයාගෙන්.

එදා ඒ සිටුවරු අතර ඒ හතර දෙනාම පිනට දහමට නැඹුරු කරගන්න පුළුවන් බලසම්පන්න සත්පුරුෂයෙක් හිටියේ නෑ. නමුත් පාප මිත්‍රයා බලවත්ව හිටියා. බලෙන් කරුණු කිව්වා. පාප මිත්‍රයා යෝජනා කළා. ඒකට වැඩ කළා. ඉවරයිනේ ජීවිත පැවැත්ම.

## පරම පිවිතුරු කලයාණ මිත්‍රයාණන් වහන්සේ...

ඉතින් මේ නිසා මේකෙන් බේරෙන්න අපට උපකාරී වෙන්නේ අවබෝධයයි. මොන අවබෝධයද? සත්පුරුෂයා ගෙන් ලැබෙනවා සත්පුරුෂ ධර්මය. කලයාණ මිත්‍රයා ගෙන් ලැබෙනවා කලයාණ ධර්මය. ඒ භාග්‍යවත් අරහත් සම්මා සම්බුදුරජාණන් වහන්සේ තමයි අපට පහළ වූ පරම පිවිතුරු කලයාණ මිත්‍රයා. ඒ කලයාණ මිත්‍රයන් වහන්සේගේ

ධර්මය ලොවට හෙළි කරන්නේත් කල්‍යාණ මිත්‍රයන්මයි. ඒ අපට පහළ වූ කල්‍යාණ මිත්‍රයා අපි හඳුනගන්න ඕන. ඒ කල්‍යාණ මිත්‍රයාගේ ධර්මය මොකක්ද? ඒ තථාගත අරහත් සම්මා සම්බුදුරජාණන් වහන්සේ නැමැති කල්‍යාණ මිත්‍රයාගෙන් ලැබුණු ධර්මය චතුරාර්ය සත්‍යය ධර්මයයි.

ඒ චතුරාර්ය සත්‍යය ධර්මයට පුළුවන් ඔබව සතර අපායෙන් මුදවන්න. ඒ චතුරාර්ය සත්‍යය ධර්මයට පුළුවන් ඔබව සුගතියේ උපද්දවන්න. ඒ චතුරාර්ය සත්‍යය ධර්මයට පුළුවන් ඔබේ සසර කෙටි කරන්න. චතුරාර්ය සත්‍යය ධර්මයට පුළුවන් අමා මහ නිවනට ඔබව පමුණුවන්න. ධර්මයෙන් ඔබට මේ සියල්ල ලබාදෙනවා.

## රැගෙන යන්නේ පිනත් අවබෝධයත් විතරයි...

ඔබ රැස්කරන පිනත් එක්ක, චතුරාර්ය සත්‍යය අවබෝධය කරා යන්න නම් කරුණු දෙකක් ඕන. ඒ තමයි, 'පින' ඕන. ඒ වගේම 'අවබෝධය' ඕන. බුදුරජාණන් වහන්සේගේ ශාසනයෙන් ගිහි හෝ පැවිදි හෝ අය අතරින් අපි බලාපොරොත්තු වෙන්නේ මේ දෙක විතරයි. අපට වැදගත් වෙන්නේ ඒ දෙක විතරයි. මොකද, අපි අරගෙන යන්නේ ඔය දෙක විතරයි. පිනයි, අවබෝධයයි. ඔබට අරගෙන යන්න තියෙන්නෙත් ඒ දෙක විතරයි.

නමුත් යුතුකම් හැටියට අපි අනිත් හැම දෙයක්ම කරන්න ඕන. ඒ ඔක්කොම කරන්නේ යුතුකම් හැටියටයි. හැබැයි බලාපොරොත්තු වෙන්න ඕන, මේ ජීවිතයේ හැකිතාක් පිනයි අවබෝධයයි රැස්කරගන්න.

තමන්ගේ පුරුද්ද පිනට බාධා කරනවා. පාප මිත්‍රයා අවබෝධයට බාධා කරනවා. එතකොට පුරුද්දත්, පාප මිත්‍රයෙකුත් එකතු වුණොත් ඉවරයි. මේ නිසා පින රැස් කරගන්න. මේ ජීවිතයේ හොඳට පින් රැස් කරන්න.

## සත්‍යය මතුවෙලා ඉවරයි...

ඒ වගේම දැන් චතුරාර්ය සත්‍ය අවබෝධයට ධර්මය විවෘත කරලා ඉවරයි. ඒක කාටවත් හංගන්න බෑ. ඒකට අපහාස කරලා නැතිකරන්න බෑ. ඒකට ගරහලා නැති කරන්න බෑ. කැලෑ පත්තර ගහලා නැතිකරන්න බෑ. ඒකට නින්දා කරලා නැතිකරන්න බෑ. හේතුව, ඒ චතුරාර්ය සත්‍යය කියන්නේ මගේ දෙයක් නොවෙයි. සාරාසංඛ්‍ය කල්ප ලක්ෂයක් පුරා පෙරුම්දම් පුරා සේනා සහිත මාරයා පරදවා දස දහසක් ලෝක ධාතුව කම්පිත කරවමින් චතුරාර්ය සත්‍යය දේශනා කළ ඒ බුදුරජාණන් වහන්සේගේ ධර්මයයි. ඒක මතු කළාට පස්සේ කාටවත් විනාශ කරන්න බෑ. ඒක තමයි ලෝකයේ සත්‍යය.

## සත්‍යය ඇත්තේ කොතැනද?

සත්‍යය කියන එක පුදුම දෙයක්. සත්‍යය කියන එක හැමදාම ලෝකයේ තිබෙන දෙයක්. සත්‍යය කියන එක අනවබෝධයෙන් වැහිලා යනවා. නමුත් ඒක තියෙනවා. බුදුරජාණන් වහන්සේ දේශනා කරපු මේ චතුරාර්ය සත්‍යය තියෙන්නේ කොහේද? බුදුරජාණන් වහන්සේ වදාළා මේ චතුරාර්ය සත්‍යය තියෙන්නේ සිත සහිත, විඤ්ඤාණය සහිත, සඤ්ඤා සහිත බඹයක් පමණ වූ මේ ශරීරයේ කියලා. ඒක පාප මිත්‍රයෝ නිසා වැහිලා යනවා. ඒ වගේම තමන්ගේ සසරේ තියෙන වැරදි පුරුදු නිසාත් වැහිලා යනවා. තමන්ගේ දුෂ්ටකම් නිසා, තමන්ගේ අවිද්‍යාව

නිසා, තමන්ගේ මෝඩකම නිසා, තමන් නුවණින් කල්පනා නොකරන නිසා, තමන් තුළින්ම මතුකරගන්න තිබෙන දේ තමන්ට නොලැබී යනවා.

ඒ චතුරාර්ය සත්‍යය තුළ තමන් ගැන තමන්ට අවබෝධය ලබාදෙනවා. තමන්ගේ ජීවිත රටාව තමන්ට හඳුන්වලා දෙනවා. තමන්ගේ ජීවිත ගමනේ විමුක්තිය තමන්ට පෙන්වා දෙනවා. ඒ සඳහා තියෙන ආර්ය අෂ්ටාංගික මාර්ගය තමන් තුළ උපදවා ගන්න ඕන බව තමන්ට තේරුම් කරලා දෙනවා.

ඒක බාහිරින් ගන්න බෑ. ඇඳුමක් නම් බාහිරින් ඇඳගන්න පුළුවන්. චතුරාර්ය සත්‍යය ඇඳුමක් නෙවෙයි. පාරක් නම් බාහිරින් කපාගෙන යන්න පුළුවන්. චතුරාර්ය සත්‍යය බාහිරින් කපාගෙන යන පාරක් නොවෙයි. සැරසිල්ලක් නම් (ඒ කියන්නේ මාලයක්, කරාබුවක් නම්) බාහිරින් පළන්දගන්න පුළුවන්. ආර්ය අෂ්ටාංගික මාර්ගය එහෙම පළන්දවගන්න පුළුවන් දෙයක් නෙවෙයි. එහෙනම් මෙන්න මේ අවබෝධය තමා විසින්ම හිතාමතා තමා තුළම දශමය දශමය හරි ඇති කරගන්න ඕන දෙයක්.

## දැන් ඉතින් අභ්‍යන්තර ජීවිතය විමසා බලමු....

චතුරාර්ය සත්‍යය අවබෝධය කරා යන්න අපට වුවමනා වන ප්‍රධාන දෙයක් තමයි පටිච්ච සමුප්පාදය ගැන තේරුම් ගැනීම. පටිච්ච සමුප්පාදය කියලා කියන්නේ අපි ඉපිද ඉපිද, මැරි මැරී ආපු ගමනේදී මේක සිදුවීම් මාලාවක් හැටියට ආවා කියලා ඇති කරගන්නා අවබෝධයයි. බුදුරජාණන් වහන්සේ ඒක සම්පූර්ණයෙන්ම හෙළිදරව් කරලා තියෙනවා. උන්වහන්සේ ඒක සම්පූර්ණයෙන්ම

පෙන්වා දෙනවා, පැහැදිලි කරලා දෙනවා. ඔබ ඒක ටික ටික අවබෝධ කරගන්න ඕන.

ඉපදුණා කියන්නේ මොකක්ද? භවය කියන්නේ මොකක්ද? උපාදාන තියෙනවා කියන්නේ මොකක්ද? ඔබ තුළ තණ්හාව ඇතිවෙන්නේ කොහොමද? ඔබ තුළ සැප, දුක්, උපේක්ෂා විඳීම් ඇතිවෙනවා නම්, ඒක කොහොමද ඇතිවෙන්නේ? ඔබ ලෝකය හඳුනාගන්නවා නම්, ඒ කොහොමද? ඔබ තුළ විඤ්ඤාණය තියෙනවා නම්, ඒ විඤ්ඤාණය කොයි විදිහටද වැඩ කරන්නේ? ඔබ තුළ අවිද්‍යාව තියෙනවා නම්, ඒ මොන වගේ එකක්ද? එතකොට මේ කවුරු තුළ තියෙන එකක්ද හොයන්න යන්නේ? තමන් තුළ තියෙන එකක්. තමන් ගැනයි මේ හොයන්න යන්නේ. බුදුරජාණන් වහන්සේ වදාළ දේ තුළින් තමන් ගැන හොයන්න යන කොට ඒක සදාකාලික සත්‍යයක් කියලා තමන්ටම තේරුම් යනවා. ඒ වගේම මේ ජීවන රටාව අපිට නවත්වන්න බැරි වේගයකින් දිගටම උපතක් කරා යනවා.

## වසූ පැටියා තන බුරුල්ලේ එල්ලෙනවා වගේ...

අපි හරක් පට්ටියක් ඉන්නවා කියලා ගනිමු. මේ හරක් පට්ටියේ වස්සෝ ඉන්නවා. වැස්සියෝ ඉන්නවා. ඔක්කෝම ඉන්නවා. මේකෙ ඉන්නවා හරක් පැටියෙක්. මේ හරක් පැටියා අර ඔක්කෝම වස්සො, වැස්සියෝ මැද්දෙන් මව් දෙන හොයාගෙන දුවන්නේ නැද්ද? මව් දෙන හොයාගෙන දුවගෙන ගිහිල්ලා තන බුරුල්ලේ එල්ලෙනවා.

ඒ හරක් පැටියා මව් වැස්සියගේ තන බුරුල්ලේ

එල්ලෙනවා වගේ තමයි අපි මෙහෙන් මැරෙන කොට කර්මානුරූපව ආයෙ උපතක් කරා යන්නේ. ඒ නිසා මේ යන රටාව අපට තේරුම් ගන්න, අප බුද්ධිය මෙහෙයවන ආකාරය අතිශයින්ම වැදගත්. මේ බුද්ධිය මෙහෙයවීමට නම් මේ ජීවිතයේ බුදු කෙනෙකුගේ ධර්මයම ලැබෙන්න ඕන. වෙන කෙනෙකුගේ ධර්මයකට මේක කරන්න බෑ. වෙන කෙනෙකුගේ ධර්මයකට බුද්ධිය මෙහෙයවලා දෙන්න බෑ.

බුද්ධිය මෙහෙයවලා දෙන්න නම් 'මේ විඤ්ඤාණය සම්බන්ධ වෙලා මෙහෙම ක්‍රියාත්මක වෙනවා. කර්මය වේගයෙන් උපතක් කරා යන්න ප්‍රධාන සාධකයක් වෙනවා. අභ්‍යන්තර වශයෙන් අපේ ජීවිතයේ වෙනම කෙලෙස් ගොඩක් තියෙනවා. මේවා එක එක ස්වරූපයෙන් ක්‍රියාත්මක වෙනවා. ඊළඟට මේ ඔක්කොම ඇස, කණ, නාසය, දිව, කය, මනස ඔස්සේ සිද්ධවෙලා යනවා' කියලා මේ රටාව ගැන අවබෝධයක් ඕන. සිහිය දියුණු කරන්න ඕන. වීරිය දියුණු කරන්න ඕන. ඉන්ද්‍රිය සංවර කරන්න ඕන.

## මේ ධර්මය චුට්ටක් හරි තේරුණොත්...

මේ දර්ශනය ලෝකයේ අතිශයින්ම දුර්ලභ එකක්. ඉතාමත් කලාතුරකින් මනුෂ්‍යයෙකුට අහන්න ලැබෙන එකක්. ඒක එකපාරටම ඇසීමෙන් අවබෝධ වෙන්නේ නැති නිසා තමයි අපි පොත් හැටියට ඉදිරිපත් කරලා, කැසට් හැටියට ඉදිරිපත් කරලා, ත්‍රිපිටක පරිවර්තන හැටියට ඉදිරිපත් කරලා දෙන්න මහන්සි ගන්නේ.

මොකද හේතුව, යම්කිසි කෙනෙකුට ධර්මය පොඩ්ඩක් හරි තේරුණොත්, ශ්‍රද්ධාව ඇතිවුණොත්, (මම

කිව්වා ඒ ශ්‍රද්ධාව ඇතිවුණාට පස්සේ එයා හිතන්නේ මොන වගේ පුද්ගලයෙක් හැටියටද? බරපතල විදිහට හිතන පුද්ගලයෙක් වෙනවා කිව්වා නේද?) බරපතල විදිහට මේක හිතන මනුස්සයෙක් වෙනවා. ඒ බරපතල විදිහට හිතීමත් එක්ක තමයි එයාට මේ මනුස්සයා කෙරෙහි අනුකම්පාවක් ඇතිවෙන්නේ. ශ්‍රද්ධාවට ආවේ නැත්නම් ඒ අනුකම්පාව ඇතිවෙන්නේ නෑ. 'මම ප්‍රධාන වෙන්න ඕන. මම කණ්ඩායමක් හදාගන්න ඕන. මම අධිපති වෙන්න ඕන. මම මටම කියලා ලෝකයක් හදාගන්න ඕන' කියලා හිතෙනවා නම් ඒ ඔක්කොම එයාට එපා වෙනවා.

## මේ කරුණු දෙක ඇතිකර ගන්න...

එයාගේ ඔළුවට යන්නේ ඒක නෙවෙයි. 'මම කොහොම හරි පින් රැස්කරගන්න ඕන. මම කොහොම හරි මේක අවබෝධ කරගන්න ඕන' කියලා. ඔය දෙක ඔස්සේ විතරයි එයා යන්නේ. හොඳට ශ්‍රද්ධාව ඇතිවුණා නම්, මේ දෙක ඔස්සෙයි එයා යන්නේ. ඒ දෙක තමයි 'මම කොහොම හරි පින් රැස් කරගන්න ඕන. මම කොහොම හරි මේක අවබෝධ කරගන්න ඕන' කියලා. මෙන්න මේ දෙක ජීවිතයේ ඇති කරගෙන හැකිතාක් පින් රැස්කර ගැනීමත්, චතුරාර්ය සත්‍යය අවබෝධය කරා යන්නටත් මේ ජීවිතයේදීම ඔබට වාසනාව උදාවේවා!

**සාදු! සාදු!! සාදු!!!**

නමෝ තස්ස භගවතෝ අරහතෝ සම්මාසම්බුද්ධස්ස
ඒ භාග්‍යවත් අරහත් සම්මා සම්බුදුරජාණන් වහන්සේට නමස්කාර වේවා!

## 02. පින සහ අවබෝධය

(ධර්ම දේශනයකි)

ශ්‍රද්ධාවන්ත පින්වත්නි,

අපේ ජීවිතයේ තීරණාත්මක දෙය වෙන්න ඕන අපේ අවබෝධයයි. ඔබට මතකද පින්වතුනි, උදේ වරුවේ කළ ධර්ම දේශනාවේදී කරුණු දෙකක් විස්තර කරන්න මා උත්සාහ ගත්තා. ඒ තමයි පිනත්, අවබෝධයත්. මා හිතනවා මේ කාරණයේදී පින ගැන මං යම්කිසි ප්‍රමාණයකට විස්තර කළා. හැබැයි අවබෝධය ගැන මට හරියට කියන්න ලැබුණේ නෑ.

අවබෝධ කිරීම ගැන අපි දැන සිටීම හරි ප්‍රයෝජනයි. මොකද හේතුව, අපට මේ ජීවිතයේ වැඩිපුර අහන්න දකින්න ලැබෙන්නේ අවබෝධය ඇතිකරන දේ නෙවෙයි. වසඟ කරන දේයි. අපි ටීවී එක බැලුවත්, අපව ඒකට වසඟ වෙනවා. අපි ගීතයක් ඇහුවත් ඒකට වසඟ වෙනවා. අපි කෙනෙකුව දැක්කත් එයාට වසඟ වෙනවා.

අපි ක්‍රීඩාවක් බැලුවත් වසඟ වෙනවා. ඇඳුමක් ලස්සනට දැක්කත් වසඟ වෙනවා. එහෙනම් අපට වසඟ වෙන්න තියෙන අරමුණු හරියට තියෙනවා. අවබෝධ කරන්න දෙයක් තමයි නැත්තේ.

## අවබෝධයක් නැති ජීවිතයක අනතුර...

බුද්ධිමත් මනුස්සයන් හැටියට අපට අවබෝධ කරන්න දෙයක්, අවබෝධය වීම පිණිස උපකාර වන දෙයක් යම්කිසි ප්‍රමාණයකට හරි දැන කියාගන්න ලැබුණොත් ඒක අපට ඉතාමත්ම ප්‍රයෝජනයි. මොකද හේතුව, අපට කවදාවත් අවබෝධ කරගන්නේ නැතුව මේකෙන් එතෙර වෙන්න බෑ, සතර අපායෙන් මිදෙන්න බෑ. ඔබ මුළු ජීවිත කාලයම සුදු ඇඳගෙන ඉන්නවා කියන්න. මං මුළු ජීවිත කාලයම මහණ වෙලා ඉන්නවා කියමු. අපි දෙගොල්ලන්ටම අවබෝධ කරන්නේ නැතුව සතර අපායෙන් එතෙර වෙන්න පුළුවන් වේවිද? බෑ.

හොඳම උදාහරණය තමයි අර කපිල මාළුවාගේ කතාව. අචිරවතී ගඟේ රත්තරන් පාට මාළුවෙක් ඇල්লුවා. ඒ ළමයි කතාවුණා, "මේ මාළුවා අපි රජ්ජුරුවන්ට ගිහිල්ලා පෙන්නමු. විශාල රත්තරන් පාට මාළුවෙක්... රජ්ජුරුවෝ මේ මාළුවා දිහා බලලා අපට තෑගි දෙයි" කියලා. ඉතින් මේ ළමයි ටැංකියක් හදාගෙන, මාළුවාවත් දාගෙන කොසොල් රජ්ජුරුවෝ ගාවට උස්සගෙන ගියා. ඒ වෙනකොට රජ්ජුරුවෝ බුදුරජාණන් වහන්සේ කෙරෙහි පැහැදීමකින් හිටියා. රජ්ජුරුවෝ කිව්වා "බොහොම හොඳයි.... බොහොම අපූරු මාළුවෙක්... අපි මේ මාළුවා ජේතවනාරාමයට අරගෙන යමු. ගිහින් බුදුරජාණන් වහන්සේට පෙන්නමු."

# අචිරවතී ගඟේ ලස්සන මාළුවාගේ කතාන්දරය...

බුදුරජාණන් වහන්සේ ළඟට මාළුවා අරගෙන ගියා. බුදුරජාණන් වහන්සේට කිව්වා,

"ස්වාමීනී, මේ බලන්න. හරි ලස්සන රන්වන් පාට විශාල මාළුවෙක්. මේ බලන්න මේ මාළුවා දිලිසෙන ලස්සන. අපූරු මාළුවෙක්.... මේ ඔබවහන්සේට පෙන්නන්න ගෙනවා."

බුදුරජාණන් වහන්සේ මේ මාළුවා අඳුනගත්තා. මේ මාළුවා කවුද? කාශ්‍යප බුදුරජාණන් වහන්සේගේ කාලේ මහණ වෙලා හිටිය භික්ෂුවක්. බුදුරජාණන් වහන්සේ අඳුනගත්තා මේ කවුද කියලා.

"ආ... මේ කපිලනේ..."

ඊට පස්සේ බුදුරජාණන් වහන්සේ අර ළමයින්ටයි, රජ්ජුරුවන්ටයි කිව්වා,

"අපි මේ මාළුවාගෙන් අහමු."

උන්වහන්සේගේ ඉර්ධිබලයෙන් මාළුවාට කතා කරන්න සැලැස්සුවා. සලස්වලා බුදුරජාණන් වහන්සේ මාළුවාගෙන් ඇහුවා,

"මාළුවෝ... නුඹ කලින් ජීවිතයේ කොහෙද හිටියේ...?"

"මං කලින් මනුස්සයෙක්."

"ඒ කාලේ නුඹේ නම මොකක්ද?"

"ඒ කාලේ මගේ නම 'කපිල'

"නුඹේ පවුලේ කී දෙනෙක් හිටියද?"

"අම්මා හිටියා... නංගි හිටියා... අයියා හිටියා..."

"අයියා මොකද කළේ...?"

"අයියා මහණ වුණා."

"නුඹ...?"

"මාත් මහණ වුණා."

"අම්මා...?"

"අම්මා භික්ෂුණියක් වුණා."

"නංගි...?"

"නංගිත් භික්ෂුණියක් වුණා."

එහෙනම් මේ පවුලම මහණ වෙලා. ඊට පස්සේ බුදුරජාණන් වහන්සේ මාළුවාගෙන් අහනවා,

"මාළුවෝ.... අයියට මොකද වුණේ...?"

"අයියා බොහෝම හොඳයි."

"මොකද වුණේ...?"

"අයියා පිරිනිවන් පෑවා..."

"එහෙනම් අයියට රහත් වෙන්න වාසනාව ලැබුණා. අම්මටයි, නංගිටයි මොකද වුණේ...?"

මාළුවා දූන් කතා නෑ. ආයෙත් ඇහුවා...

"මාළුවෝ... අම්මටයි, නංගිටයි මොකද වුණේ...?"

කතා නෑ. මාළුවාට කිව්වා,

"කියන්න..."

"අම්මයි, නංගියි දැන් ඉන්නේ නිරයේ."

"මාළුවෝ.... මේ ජීවිතයෙන් පස්සේ නුඹට මොකද වෙන්නේ...?"

"මමත් නිරයේ...!"

ඊට පස්සේ මාළුවාට කම්පනයක් ඇතිවෙලා ටැංකියේ බඳේ ඔළුව ගහගෙන මැරුණා. නිරයේ උපන්නා.

බුදුරජාණන් වහන්සේ ඒ පිරිසට කිව්වා "මේ බලන්න, අවබෝධ නොකිරීම. මොකක් අවබෝධ නොකිරීමද? චතුරාර්ය සත්‍යය."

## ආර්ය කියන වචනයේ තේරුම...

පින්වත්නි, අපි 'ආර්ය ශ්‍රාවකයෝ' කියනවා... 'ආර්ය සත්‍යය' කියනවා... මොකක්ද මේ ආර්ය සත්‍යය කියන්නේ? ලෝකයේ විමුක්තිය සාක්ෂාත් කළ ශ්‍රේෂ්ඨ වූ බුදු, පසේබුදු, මහරහතුන් අවබෝධ කරන්නා වූ සත්‍යය නිසයි එයට ආර්ය සත්‍යය කියලා කියන්නේ. අපිත් ඒ ආර්ය සත්‍යය අවබෝධ කළොත් අපිත් ආර්ය ශ්‍රාවකයෝ බවට පත්වෙනවා. ඒ ආර්ය සත්‍යය දේශනා කළ බුදුරජාණන් වහන්සේව සරණ ගියාම අපිත් ආර්ය ශ්‍රාවකයෝ වෙනවා. අන්න ඒ ආර්ය සත්‍යය අවබෝධ කරගැනීම තමයි අපේ ජීවිතයට විශේෂයෙන්ම උපකාරී වෙන්නේ. ඒ ආර්ය සත්‍යය අපේ ජීවිතයට හරි වටිනවා. දෙවියන්ට වටිනවා. මිනිසුන්ට වටිනවා. දෙවියොත් මේ ධර්මය අවබෝධ කරගන්න කැමතියි. මිනිස්සුත් මේ ධර්මය අවබෝධ කරගන්න කැමතියි. මේ ධර්මය අවබෝධ කරගන්න අපටත් අවස්ථාවක් ලැබුණොත්, ආර්ය සත්‍ය අපිත් අවබෝධ කළොත්, අපට තියෙන ලොකුම වාසිය

තමයි, මොන විදිහේ අනතුරකින් මළත් අපට කිසිම විදිහේ ප්‍රශ්නයක් නෑ.

## ආර්ය සත්‍යය තියෙන්නේ කොතැනද?

ආර්ය සත්‍යය අවබෝධ කළොත් අපි නිරයේ යන්නේ නෑ. ප්‍රේත ලෝකයේ යන්නේ නෑ. තිරිසන් අපායේ යන්නේ නෑ. එහෙම නම් අපට තිබෙන සැබෑම ආරක්ෂාව තමයි ආර්ය සත්‍යය අවබෝධ කිරීම.

පින්වතුනි, මේ ආර්ය සත්‍යය තියෙන්නේ මේ ආකාසයේ නොවෙයි. ගස්කොළන්වල නොවෙයි. මේ කැලෑ, හෙල්, සාගරවල නෙවෙයි. මේ ආර්ය සත්‍යය තියෙන්නේ අප තුළමයි. අපි බුද්ධිමත් වුණොත් මේ ආර්ය සත්‍යය අවබෝධ කරගන්න පුළුවන්.

## ලෝකයේ තියෙන ලස්සනම තැන් ගැන දන්නවාද?

අපි මොහොතක් කල්පනා කරමු. දැන් ඔන්න අපි පිට්ටනියක වාඩිවෙලා ඉන්නවා කියමු. අහසෙන් හෙවනක් දුන්නොත් මිසක් අපට හෙවනක් නෑ. එතකොට මේ ගස්කොළන් දක්කාම මිනිස්සු හරි ආසයි. ගස්කොළන් හරි ලස්සනයි. ගලාගෙන යන දිය ඇලි තියෙනවා. දෙවිවරු ඇවිල්ලා බුදුරජාණන් වහන්සේගෙන් ඇහුවා,

"ස්වාමීනී, භාග්‍යවතුන් වහන්ස, මේ ලෝකයේ, මේ පොළොවේ ලස්සන තැන් තියෙනවාද?"

බුදුරජාණන් වහන්සේ වදාළා,

"ලස්සන තැන් තියෙනවා තමයි. ලස්සන වනාන්තර, ලස්සන ඇලදොළ, ලස්සන ගංගා... හැබැයි මීට වඩා

ලස්සනයි, ජීවිතාවබෝධය කරපු අය ඉන්න තැන. ඒක නගරයේ වුණත් කමක් නෑ. ගමේ වුණත් කමක් නෑ. ගස් නැති තැන වුණත් කමක් නෑ" කියලා.

දැන් මෙතැන ගස් නැතිවුණාට අපි ඔක්කෝම අද බුදුරජාණන් වහන්සේගේ ධර්මය තුළින් ලස්සන දෙයක් අහන්නේ. ජීවිතාවබෝධය ලබන්න පුළුවන් දෙයක් අසන්නේ. ඒ ආර්ය සත්‍යය කවදාවත් වෙනස් වෙන්නේ නෑ. ඒ වෙනස් නොවෙන ආර්ය සත්‍යය දැන් අපි ඉගෙන ගනිමු.

## ඉපදුණු තැනින් පටන් ගන්න...

බුදුරජාණන් වහන්සේ වදාළා ඉපදුණ තැන ඉඳලා මේක ඉගෙන ගන්න පටන් ගන්න කියලා. ඉපදුණ තැන ඉඳලයි පටන් ගන්න කිව්වේ. දැන් අපි බලමු ඉපදුණ තැන. ඉපදෙන්න තැන් ගොඩක් තියෙනවනේ. නිරය තියෙනවා, තිරිසන් ලෝකය තියෙනවා, ප්‍රේත ලෝකය තියෙනවා, අසුර ලෝකය තියෙනවා, දිව්‍ය ලෝක තියෙනවා, මනුස්ස ලෝකය තියෙනවා.

දැන් මේ ලෝක අතරින් මේ ජීවිතයේ අපි වැටුණේ කොයි ලෝකයටද? මනුස්ස ලෝකයට. කොහොමද අපි මනුෂ්‍ය ලෝකයට වැටුණේ කියන කාරණාව අපි දෙවනුව කතා කරලා, අපි වැටුණු මනුස්ස ලෝකයේ අපට උරුම වූ දේවල් ගැන බලමු.

## මිනිස් ලොව අපේ උරුමය...

දැන් මනුස්ස ලෝකයේ මිනිස් දරුවෙක් හැටියට අපි ඉපදෙන කොටම අපට ඇස් දෙකක් ලැබුණා. දැන් අපි ඒ ඇස් දෙක පාවිච්චි කරනවා. මිනිස් දරුවෙක් හැටියට

අපි උපදින කොට අපට කණ් දෙකක් ලැබුණා. අපි දැන් ඒ කණ් දෙක පාවිච්චි කරනවා. මිනිස් දරුවෙක් හැටියට ඉපදෙන කොට නාසයක් ලැබුණා. අපි ඒ නාසයෙන් ගඳ සුවඳ ආඝ්‍රාණය කරනවා. මිනිස් දරුවෙක් හැටියට අපි උපදින කොට අපට දිවක් ලැබුණා. අපි ඒ දිව ආහාර අනුභව කිරීමට, කතා බස් කිරීමට පාවිච්චි කරනවා. රස විඳීමට පාවිච්චි කරනවා. මිනිස් දරුවෙක් හැටියට අපි උපදින කොට ශරීරයක් ලැබුණා. මේ ශරීරය අපි ක්‍රියාවන් කරන්න පාවිච්චි කරනවා. මිනිස් දරුවෙක් හැටියට අපට මනසක් ලැබුණා. අපි දැන් මනසත් පාවිච්චි කරනවා.

මිනිස් ලෝකයට ඇවිල්ලා අපි පාවිච්චි කරන්නේ ඔය හයනේ. ඒ කියන්නේ ඇස, කණ, නාසය, දිව, කය, මනස. අපි මේ හය පාවිච්චි කරනවා. බුදුරජාණන් වහන්සේ වදාළා මේ හය දුකට අයිතියි කියලා. අපට මේක තේරුම් ගන්න බැනේ. දුකට අයිතියි කියන කාරණය අපට තේරෙන්නේ නෑ. අපට තේරෙන්නේ මේ හය දුකට අයිතියි කියලා නෙවෙයි, 'මට අයිතියි' කියලයි. එහෙම නෙවෙයිද වෙන්නේ?

## සියල්ලට හේතුව දුක පිළිබඳ ඇති අනවබෝධයයි...

මේ ඇස, කණ, නාසය, දිව, කය, මනස දුකට අයිති දෙයක් හැටියටද අපි හඳුනගෙන ඉන්නේ? මට අයිති දෙයක් හැටියටද? තමාට අයිති දෙයක් හැටියටනේ. මේකයි අපේ ප්‍රශ්නය. මේක තමාට අයිති දෙයක් හැටියට පිළිගත්තේ ඇයි? අපි තාම මේක අපට අයිති දෙයක් විදිහට තෝරගෙන ඉන්නේ ඇයි? ඒ අපට මේක දුකට අයිති දෙයක් කියලා අවබෝධ වුණේ නැති නිසයි.

මේ නිසා අපි බලමු මේකෙ තියෙන්නේ දුකට අයිති දෙයක තියෙන ලක්ෂණද, මට අයිති දෙයක තියෙන ලක්ෂණද කියලා. මට අයිති දෙයක් නම් මොකක්ද තියෙන්නෙ ඕන ලක්ෂණය? මට ඕන හැටියට පවත්වන්න පුළුවන් වෙන්න ඕන.

දැන් බලන්න 'ඇහෙන් මට ප්‍රිය මනාප රූප විතරක් පෙනේවා! අප්‍රිය අමනාප රූප බලන්න නොලැබේවා!' කියලා ලබන්න පුළුවන්ද? බෑ. 'කණෙන් මිහිරි දේවල් පමණක් ඇසේවා! අමිහිරි දේවල් නොඇසේවා!' කියලා ලබන්න පුළුවන්ද? බෑ. 'නාසයෙන් මට සුවඳ විතරක් දැනේවා! අප්‍රිය අමනාප දුගඳ මගේ නාසයට නොලැබේවා!' කියලා ලබන්න පුළුවන්ද? බෑ. 'දිවෙන් මට රස විතරක් ලැබේවා! නීරස දේවල් නොදැනේවා!' කියලා ලබන්න බෑ. 'ශරීරයට මං කැමති පහස විතරක් ලැබේවා! අකමැති පහස නොලැබේවා!' කියලා ලබන්න පුළුවන්ද? බෑ. 'මනසට මට සතුට හිතෙන දේ පමණක් සිතේවා! දුක සිතෙන දේ නොසිතේවා! කියලා ලබන්න පුළුවන්ද?' බැනේ.

## අකමැති දේ ලැබෙන්නයි ඉඩකඩ වැඩි...

එහෙනම් මේකේ 'මම' කියලා හිතුවට තියෙන්නේ මට ඕන දේ ලැබෙන්නේ නැති එකක්. එතකොට මේ ඇස, කණ, නාසය, දිව, කය, මනස කියන මේ හයෙන් යුක්ත අපේ ජීවිතයේ අපි අකමැති දේවල් ලැබෙන්න තියෙන ඉඩකඩ තමයි වැඩි. බුදුරජාණන් වහන්සේ දේශනා කළා මේ ඇස, කණ, නාසය, දිව, කය, මනස ඉපදීම දුකයි කියලා.

දැන් ඔන්න අපට ඒ දුක ලැබුණා. ඊළඟට

උන්වහන්සේ දේශනා කරනවා, මේකෙ අපට තියෙන ඊළඟ ප්‍රශ්නය. ඒ තමයි අපි නාකි වෙනවා. (ජරා'පි දුක්ඛා) නාකිවෙන එක වළක්වන්න පුළුවන් කෙනෙක් නැනේ. අනික තමන් නාකිවෙලා යනකම්ම මේක හොයන්නත් බෑ. ඒකයි මේකේ පුදුම දෙය. දවසට දෙකට මේක හොයන්න බෑ. දන්නෙම නෑ ක්‍රමක්‍රමයෙන් අපේ ඇඟ රැළි වැටිලා, කොණ්ඩේ ඉදිලා, ඇගේ මවිල් ඉදිලා, මේ දත් වැටිලා, ඇස් පෙනීම අඩුවෙලා යනවා. කණ් ඇසීම අඩුවෙලා යනවා. කාපු දේවල් දිරවගන්න බැරුව යනවා. ඊළඟට ශරීරය දුර්වල වෙනවා. මෙහෙ අඩිය තියන කොට අරහෙ විසිවෙනවා. එහෙම යුගයක් එනවනේ. මේක අපට වළක්වන්න බෑ. බුදුරජාණන් වහන්සේ වදාළා ජරාවට පත්වීමේ දුක, ඉපදීමේ දුකත් සමඟ තියෙනවා කියලා.

## ලෙඩවීමත් දුකයි...

ඊළඟට බුදුරජාණන් වහන්සේ වදාළා 'ලෙඩවීම දුකයි' කියලා. එතකොට ලෙඩ වෙන්නේ බාහිර දෙයක්ද? මේ ඇස, කණ, නාසය, දිව, කය, මනස කියන මේවද? ඇසත් ලෙඩ වෙනවා. කණත් ලෙඩ වෙනවා. නාසයත් ලෙඩ වෙනවා. දිවත් ලෙඩ වෙනවා. ශරීරයත් ලෙඩ වෙනවා. මනසත් ලෙඩ වෙනවා.

මට හොඳට මතකයි, දවසක් මං ගියා එක ලෙඩෙක් බලන්න. බැංකුවක වැඩකරන නෝනා කෙනෙක්. මේ නෝනට ඇහේ පිළිකාවක් හැදිලා. ඇහේ පිළිකාව හැදිලා උඩුදුවලා උගුරටම ගිහින්. දැන් එයාට උගුරේ සිදුරක් හදලා ඒ සිදුරෙන් පුනීලයකින් බටයක් දාලා යුෂ වර්ග වත්කරනවා. කන්න බෑ, කතා කරන්නත් බෑ. හැබැයි කණ් ඇහෙනවා.

## මේකට උත්තර දෙන්නේ කොහොමද?

හරි දුක හිතෙන දෙයක් වුණා. අවුරුදු තිස්පහක විතර කෙනෙක්. පොඩි දරුවෝ දෙන්නෙක් ඉන්නවා. ඒ ගොල්ලෝ මාව එක්කරගෙන ගියා. මං ඉතින් ගිහිල්ලා ධර්ම කරුණු කිව්වා. අපි පිරිත් කියලා ඉවර වුණාම අර ලෙඩේ හැදුණු නෝනා 'පොඩ්ඩක් ඉන්න' කියලා එයාගේ යාළු නෝනා කෙනෙකුට පොඩි තුණ්ඩු කෑල්ලක් ඉක්මනට ලියලා දුන්නා. දෙන්නම ඉස්කෝලෙ ගිහින් තියෙන්නේ එකට. ඒක දැකලා එයාට හරි වේදනාවක් ආවා. ඒ තුණ්ඩු කෑල්ලේ තිබුණේ 'අනේ... මට පොළොස් ඇඹුලක් ගෙනත් දෙන්න' කියලයි. මට දුක හිතුණේ එතැන.

දැන් මෙයාට පුළුවන්ද මේක කන්න. දැන් ජීවත්වෙලා ඉඳිද්දිම දිව මැරිලා... ජීවත්වෙලා ඉඳිද්දිම ඇහැක් මැරිලා... එතකොට බලන්න මම කල්පනා කළා අවබෝධයක් නැති ජීවිතයක් අපි පවත්වන කොට අපේ අන්ත අසරණකම අපටවත් හොයාගන්න බෑ. අපටවත් තේරෙන්නේ නෑ. බුදුරජාණන් වහන්සේ ඒකයි වදාළේ ඉපදීම වගේම ලෙඩවීමත් දුකයි කියලා.

## වෙන මොනවද ලෙඩවෙන්න තියෙන්නේ...?

ලෙඩ වුණොත් ලෙඩවෙන්නේ ඇහැ. එක්කෝ ලෙඩ වෙන්නේ කණ. එහෙමත් නැත්නම් ලෙඩ වෙන්නේ නාසය. එහෙමත් නැත්නම් ලෙඩ වෙන්නේ දිව. එහෙමත් නැත්නම් ලෙඩ වෙන්නේ ශරීරය. සමහර අයගේ මේ පහම ලෙඩ නොවී මනස ලෙඩ වෙනවා. මනස ලෙඩ වුණාම මේ පහෙන් කිසිම වැඩක් නෑනේ.

ඉතින් මේ නිසා ඉපදුණ දේකට උරුම වූ දේ අපට ඕනම වෙලාවක ලැබෙන්න පුළුවන්. ඉපදුණු දේට උරුම දේ දේ තමයි වයසට යෑම. අපට ඒක දැන් ලැබෙමින් තියෙනවා. ඉපදුණු දේකට උරුම වූ දේ ලෙඩවීම. ඉතින් ඒකටත් අනිවාර්යයෙන්ම අපි මුහුණ දෙන්න ඕන. ඉපදුණු දේකට උරුම වූ ඊළඟ එක **(මරණම්පි දුක්ඛං)** මරණයයි. ඒකටත් අපි මුහුණ දෙන්න ඕන.

ලෝකයේ කිසිම දවසක කාටවත් කියලා, කාටවත් අල්ලසක් දීලා, පින්සෙණ්ඩු වෙලා, යාඥා කරලා අපට කවදාවත් මේවායින් මගහරින්න බෑ. මුහුණ දෙන්න වෙනවා. අපි කොච්චර අකමැති වුණත් අපට මරණයට මුහුණ දෙන්න වෙනවා. බුදුරජාණන් වහන්සේ දේශනා කළා මරණයත් දුකයි කියලා. බලන්න මේ මිනිස්සු මැරෙන විදිහ. එක එක විදිහට මැරෙනවා.

## මරණය අත වනන තැන හොයන්න බෑ...

දැන් අපේ දායක පවුලක මේ ළඟදී මරණයක් වුණා. පොඩි පුතාට වයස අවුරුදු දෙකයි. ඊළඟ පුතාට වයස අවුරුදු නවයයි. දුවලා දෙන්නෙක් ඉන්නවා. එක්කෙනෙකුට වයස අවුරුදු දහනවයයි. අනෙක් කෙනාට විසිඑකයි. කවුරුත් බැඳලත් නෑ. තාත්තා ඉන්නවා. අම්මා මේ පොඩි පුතාට බනිස් ගෙඩියක් ගේන්න කඩේට ගියා. පාර අයිනේ ඉන්නේ. අල්ලපු වැටේ බේකරිය. බේකරියට ගියා. ගිහිල්ලා බනිස් ගෙඩියක් අරගෙන එනකොට වාහනකාරයෙක් හප්පගෙන ගියා. වෙලාව කියන්නේ හැප්පෙනකොට මෙයා මුනින් අතට වැටුණා. එතැන මඩවලක් තිබුණා. මූණ මඩේ ඇනුනා. වාහනකාරයා නැවැත්තුවා නම්, උස්සලා අරගෙන බේරන්න තිබුණා. වාහනකාරයා භයටත් එක්ක

ගියා. පැයක් එතැන. කවුරුත් දන්නේ නෑ.

## ජීවිතයට මුහුණ දෙමු...

මං එතකොට කොළඹ හිටියේ. අවසන් කටයුතු ඔක්කොම ඉවරයි. මං බලන්න ගියා. දූලා දෙන්නා, පොඩි පුතා, අවුරුදු දෙකේ ළමයා මේ ඔක්කෝම ඉඳිද්දී අම්මා මැරුණා. මේ ළමයි බලාගත්තු අත බලාගෙන ඉන්නවා. මං තේරුම් කරලා දුන්නා 'මේ අපේ ජීවිතයේ පොදු දෙයක්. මේකට කඩා වැටෙන්න එපා! අපි මේක අවබෝධ කරගෙන, මේකට මුහුණ දෙමු. වෙන කරන්න දෙයක් නෑ' කියලා.

මරණය කියන එක අවබෝධයක් නැති ජීවිතයට එන්නේ දුකත් සමඟයි. මේ ඇස අනිත්‍යය වූ දෙයක්, මේ කණ අනිත්‍ය වූ දෙයක්, මේ නාසය අනිත්‍ය වූ දෙයක්. මේ දිව අනිත්‍ය වූ දෙයක්, මේ කය අනිත්‍ය වූ දෙයක්. මේ මනස අනිත්‍ය වූ දෙයක් කියලා අවබෝධයක් තිබ්බා නම් මීට වෙනස් දෙයක් වෙනවා.

## මරණය සනීප වූ ලෙඩක්...?

ඔබ දන්නවා ඇති අධිමුත්ත කියලා එක පොඩි රහතන් වහන්සේ නමක් වනාන්තරයෙන් යද්දී හොරු කට්ටියක් මේ පොඩිනම අල්ලගෙන බිල්ලට දෙන්න ගියා. අරගෙන ගියාට පස්සේ මේ පොඩිනමට කිසිම බියක්, තැති ගැනීමක්, කලබලයක් මොකුත් නෑ. සිනහමුසු මුහුණින් ඉන්නවා. දැන් මේ හොරුන්ට මේක හරි ප්‍රශ්නයක්. මේ හොරු අහනවා,

"හරි පුදුමයි අපට... අපි මෙතෙන්ට බිලි පූජා දෙන්න ඇමැතිවරු අල්ලගෙන ඇවිල්ලා තියෙනවා. නිලධාරීන්

අල්ලන් ඇවිල්ලා තියෙනවා. කෝටිපති සිටුවරු අල්ලන් ඇවිල්ලා තියෙනවා. මේ සෑම කෙනෙක්ම අපි ඉස්සරහා දණ ගහගෙන හඬ හඬා අත්දෙක උස්සලා ජීවිතය ඉල්ලලා යාතිකා කරනවා. ජීවත් කරන්න කියලා ඉල්ලනවා. නුඹ පුදුම කෙනෙක්. නුඹ පොඩි දරුවෙක්. නුඹට ගානක්වත් නෑ. මොකද මේ...?" කියලා අහනවා.

ඒ අධිමුත්ත පොඩිනම රහතන් වහන්සේ නමක්. උන්වහන්සේ කියනවා,

"මට හරි සතුටුයි. මරණය කියලා කියන්නේ මට සනීප වුණ ලෙඩක්. දත්ගෙඩියෙන් නිදහස් වුණා වගෙයි මං මරණයෙන් නිදහස් වෙලා ඉන්නේ. මං මරණයට තිබූ භය වමාරලා දැම්මා. වමනෙ ගියා. මං ඒකෙන් නිදහස් වුණා..."

මේ හොරු පුදුමයට පත්වුණා. මේ හොරු ඇහුවා,

"හරි පුදුමයි තමුන්නාන්සේගේ කතාව. තමුන්නාන්සේට කොහොමද මේ අවබෝධය ලැබුණේ...?"

## මරණය ඉදිරියේ අසරණ නොවීම සොයා...

"සැවැත් නුවර ඉන්නවා ශාක්‍ය කුලයෙන් නික්ම පැවිදි වූ ශාක්‍යපුත්‍ර ශ්‍රමණ ගෞතමයන් වහන්සේ කියන නමින් ප්‍රසිද්ධ මහා උත්තමයෙක්. ඒ තමයි මගේ ශාස්තෘන් වහන්සේ. මං උන්වහන්සේගෙන් තමයි ඉගෙන ගත්තේ."

මේ පොඩිනමගේ කතාව අහලා අර හොරු කණ්ඩායම කිව්වා,

"අනේ... මේ බිලි පූජාවලින් වැඩක් නෑ. ඔබ යම් අවබෝධයක් ලබලා ඇද්ද, ඒ අවබෝධය කරා අපවත් එක්කන් යන්න" කිව්වා.

"මට නම් තේරෙන්නේ නෑ ඒ අවබෝධය කරා එක්කරගෙන යන්න. මං බුදුරජාණන් වහන්සේ ළඟට එක්කං යන්නම්" කියලා මේ හොරු ටික එක්කරගෙන ගියා. ඒ පිරිසේ සමහරු මහණ වුණා. ඒ අයත් මරණයෙන් නිදහස් වුණා. ජීවත්ව සිටිද්දී මරණයෙන් නිදහස් වෙනවාට තමයි රහත් වෙනවා කියලා කියන්නේ. ඒක ඉතින් බුදුරජාණන් වහන්සේ නමක් ඉදිරියේ, බුද්ධ ශාසනයක, රහත් පරපුරේම ලබන්න ඕන එකක්. ඉතින් ඒ වාසනාව මේ යුගයේ මං හිතන්නේ නෑ අපට ලැබෙයි කියලා. නමුත් අපට මේක අවබෝධ කරගන්න පුළුවන් වාසනාවක් ඇති කරගන්න මහන්සිගන්න ඕන.

## ඉපදීම උරුම කළේ දුක් ගොඩක් විතරයි...

මොකක්ද මේ මරණයත් එක්ක තියෙන දුක? මරණයත් එක්ක තියෙන දුක බැඳිලා තියෙන්නේ ඉපදීමත් එක්කයි. රෝග පීඩා වැළඳීමත් සමඟ දුකක් තියෙනවා. ඒ දුක බැඳිලා තියෙන්නේ ඉපදීමත් එක්කයි. නාකිවීමත් එක්ක දුකක් තියෙනවා. ඒ දුක බැඳිලා තියෙන්නෙත් ඉපදීමත් එක්කයි. අපි කැමතියි ඉපදෙන්නේ නැතුව ඉන්න. අපි කැමතියි වයසට යන්නේ නැතුව ඉන්න. අපි කැමතියි ලෙඩ වෙන්නේ නැතුව ඉන්න. අප කැමතියි මැරෙන්නේ නැතුව ඉන්න. නමුත් ඒ කැමති දෙය ලැබෙන්නේ නෑ. කැමැති දෙය නොලැබීමත් දුකයි. ඒකත් ඉපදීමත් එක්කයි බැඳිලා තියෙන්නේ.

මේ නිසා මේ ඉපදීමත් එක්ක බැඳුණු මේ ජීවිතය දුකයි කියලා අපට තේරුණොත් ඒ තේරුණාට පස්සේ එයාට ඒක ඉක්මවා යන දෙයක් ඕන වෙනවා. ඒක ලබන්න නම් මේ ඉපදුණ ජීවිතයේ අපි ආවේ කොහොමද? ආයෙ

උපතක් කරා යන්නේ කොහොමද? කියන එක අපි දැනගන්න ඕන.

## ඉපදීම හදලා දෙන්නේ භවයයි...

පින්වතුනි, අපි ඉපදුණේ සසරේ විපාක විඳින්න අපි අතින් කර්ම කෙරිලා තිබුණ නිසයි. මේක වළක්වන්න බෑ. අපි කියමු උපත කියන්නේ යම්කිසි නිෂ්පාදනයක් කියලා. ඒ නිෂ්පාදනයක් කරන්න ඇන්ජිමක් ඕන. මොකක් හරි මැෂින් එකක් ඕන. මැෂින් එකෙන් තමයි යමක් උපද්දවන්නේ. අපි ගත්තොත් මොනවාහරි දෙයක් (බටර් හදනවා. නැත්නම් චීස් හදනවා. නැත්නම් රෙදි නිෂ්පාදනය කරනවා. නැත්නම් පොත් නිෂ්පාදනය කරනවා...) මැෂින් එකට අමුද්‍රව්‍ය දාලා මැෂින් එකෙන් හැදිලා, ඇඹරිලා යනවා. මේ වගේ උපත නැමැති දේ උපද්දවලා දෙන්නේ භවය නැමැති මැෂිමයි. **(භව පච්චයා ජාති)** භවය නැමැති මැෂිම තමයි ඉපදීම උපද්දවලා දෙන්නේ. මොකක්ද මේ මැෂින් එක? ඒ තමයි කර්මය.

## සසර දුක හදන මැෂිමේ ක්‍රියාකාරීත්වය...

අපි චේතනා පහළ කරලා යමක් සිතන කොට මේ මැෂින් එක වැඩකරනවා. අපි චේතනා පහළ කරලා යමක් කියන කොට මේ මැෂින් එක වැඩකරනවා. චේතනා පහළ කරලා යමක් හිතලා ඉවර වෙන කොට මැෂින් එක වැඩකරලා. චේතනා පහළ කරලා යමක් කියලා ඉවරයි. මැෂින් එක වැඩකළා. නිෂ්පාදනය වුණා. මොකක්ද උපද්දවන දේ...? ඒකට කියන්නේ විපාක. විපාකයක් නිෂ්පාදනය වුණා.

ඊට පස්සේ පින්වත්නි, ඒ විපාකය කරා යන්නේ

විඤ්ඤාණයයි. අපි ඇහෙන් රූප බලන්න නම් මේ විඤ්ඤාණය ඇහේ ඇතිවෙන්න ඕන. කණෙන් ශබ්දයක් අහන්න නම් විඤ්ඤාණයක් කණේ හටගන්න ඕන. නාසයෙන් ආඝ්‍රාණය කරන්න නම් විඤ්ඤාණය නාසයේ හටගන්න ඕන. දිවෙන් රස දැනගන්න නම් දිවේ විඤ්ඤාණය හටගන්න ඕන. ශරීරයෙන් පහස දැනගන්න නම් කයේ විඤ්ඤාණය හටගන්න ඕන. මනසින් අරමුණු දැනගන්න නම් මනසේ විඤ්ඤාණය හටගන්න ඕන.

මේක ඉබේ හටගන්නේ නෑ. ඇහැක් තියෙන්න ඕන. ඇහැට රූපය හමුවෙන්න ඕන. මේ විඤ්ඤාණය ක්‍රියාත්මක වෙන්න ඕන. එතකොට තමයි පේන්නේ. මේ විඤ්ඤාණය වැඩකරන්නේ හැම තිස්සේම අර ඇන්ජිම වැඩකරන විදිහටයි. ඒ ඇන්ජිම තමයි කර්මය, චේතනාව. අපි චේතනා පහළ කරලා වැඩකරන විදිහට තමයි විඤ්ඤාණය හැදි හැදී යන්නේ. ඒක හොඳට මතක තියා ගන්න. අපට හොයන්න බෑ මේක.

## බ්‍රාහ්මණ විරෝධය...!

බුද්ධ කාලයේ 'ථූන' කියලා එක බ්‍රාහ්මණ ගමක් තිබුණා. ඒ 'ථූන' කියන බ්‍රාහ්මණ ගමේ හිටපු බ්‍රාහ්මණයින් ඒ කාලේ හරියට බුදුරජාණන් වහන්සේට විරුද්ධකම් කළා. මොකද, උන්වහන්සේ ඇත්ත කියලා මිනිස්සු ඒ මාර්ගයේ යන නිසා. ඉතින් බ්‍රාහ්මණයෝ ඒගොල්ලන්ගේ තරුණ ළමයි ඔක්කෝම ගෙවල් දොරවල් දාලා ගිහින් පැවිදි වෙයි කියලා බය වුණා.

ඉතින් බුදුරජාණන් වහන්සේ ගමට වඩින කොට ඒ ගමේ බමුණෝ රැස්වීමක් තිබ්බා. ඊට කලින් දවසේ ආරංචි වුණා මෙන්න ශ්‍රමණ ගෞතමයන් වහන්සේ ගමට

එනවා කියලා. "මේගොල්ලන්ට උඹලා කවුරුවත් කෑම පොඩ්ඩක්වත් දෙන්න එපා! වතුර බිංදුවක්වත් දෙන්න එපා! එතකොට මේගොල්ලො මේ ගමේ ඉන්නේ නෑ. යනවා යන්න!" කිව්වා.

## සොබාදහමේ උත්තමාචාරය...

බුදුරජාණන් වහන්සේයි, සඟ පිරිසයි මේ වගේ පායන කාලෙක ඔය ගමට වැඩියා. වැඩියට පස්සේ බුදුරජාණන් වහන්සේ ආනන්ද හාමුදුරුවන්ට වදාළා "ආනන්දය, මට පිපාසයි. මට වළඳන්න පැන් ටිකක් අරගෙන එන්න" කියලා. ඉතින් ආනන්ද ස්වාමීන් වහන්සේ පාත්තරෙත් අරගෙන ළිඳක් ගාවට ගියා. ඒ ළිඳ පිදුරු දාලා වහලා. ආයෙ වෙන ළිඳක් හොයාගෙන ගියා. ඒකත් පිදුරු දාලා වහලා. ආයෙ වෙන ළිඳක් හොයාගෙන ගියා. බැරිම තැන ආනන්ද ස්වාමීන් වහන්සේ හිස් අතින් පාත්තරය අරන් ආවා. ඇවිල්ලා "ස්වාමීනී, භාග්‍යවතුන් වහන්ස, එක ළිඳක්වත් නෑ පැන් පොඩ්ඩක් ගන්න. මේ හැම ළිඳක්ම වහලා" කියලා කිව්වා. "එහෙනම් ඔබ ඉස්සෙල්ලාම ගිය ළිඳට ආපහු යන්න" කිව්වා. ඒ පාර ඒ ළිඳට යනකොට ඒ ළිඳේ වතුර උඩට ඇවිල්ලා වතුර උතුරලා යනවා. පිදුරු ටික ගහගෙන ගිහිල්ලා. ආනන්ද ස්වාමීන් වහන්සේ ඒකෙන් පැන් එකක් අරගෙන බුදුරජාණන් වහන්සේ ළඟට ගිහින් පූජාකළා. "ස්වාමීනී, හරිම පුදුමයි. මිනිස්සුන්ට භාග්‍යවතුන් වහන්සේ කවුද කියලා හඳුනගන්න බැරිවුණා. ඒත් සොබාදහම හඳුනාගත්තා" කියලා කිව්වා.

## ඇය කලු ගල් අතර තිබූ මැණිකක්...

එතැන හිටිය එක රහතන් වහන්සේ නමකට හරි අකරතැබ්බයකට මුහුණ දෙන්න සිද්ධ වුණා. උන්වහන්සේ

දවල් කාලේ වැඩියා. වතුර දෙන්න කවුරුත් නෑ. වතුර පිළිගන්වන්නෙත් නෑ. ළිඳකුත් නෑ. ඔක්කෝම ළිං පිදුරු දාලා වහලා. පිපාසයට මැදිවෙලා එක රහතන් වහන්සේ නමක් යනවා. අව්ව සැර වැඩියි. පිපාසය වැඩියි. ගෙයක් ඉස්සරහා කලන්තෙ දාලා වැටුණා. මේ ගෙදර බුදුරජාණන් වහන්සේ කෙරෙහි පැහැදුණ තරුණ දුවක් සිටියා. මේ දුව වටපිට බැලුවා. කවුරුත් පේන්න නෑ. ඉක්මනට දිව්වා අර ස්වාමීන් වහන්සේ ළඟට. උන්වහන්සේ කෙඳිරි ගානවා.

"ඇයි... ස්වාමීනී...?"

"වතුර..." කිව්වා. දැන් ඉල්ලන්නේ මොකක්ද? වතුර. දෙන්න තහනම් මොනවද? වතුර. දැන් මේ දුව බලන් ඉන්න බැරුව 'මේක මම බල බලා ඉඳලා හරියන්නේ නෑ. මේ බමුණන්ට ඕන දෙයක් කරපුවාවේ' කියලා කල්පනා කරලා ඉක්මනට ගිහිල්ලා පැන් ටිකක් පෙරාගෙන ගිහින් "ස්වාමීනී, වළඳන්න" කියලා දුන්නා. දීලා මෙයා හරි සතුටෙන් හිටියා. ඊට පස්සේ මේ රහතන් වහන්සේ ඒක වළඳලා අමාරුවෙන් වැඩියා.

## බමුණු අධිකරණයේ නඩු තීන්දුව

හැබැයි මේක කාගේ හරි ඇස් දෙකෙන් දැක්කා. කවුරුහරි මේක දැක්කා. දැකලා අර බමුණන්ට කියාගෙන ගියා, "ආන්... බලාපන්! අරකි කරපු වැඩේ...! අපේ කීම ඇහුවෙ නෑ..." කියලා.

බුදුරජාණන් වහන්සේ සඟ පිරිසත් එක්ක ඉක්මනින් ඒ ගමෙන් පිටත් වෙලා ගියා. බමුණො රකින්නේ සත්‍යය නෙවෙයිනේ, සම්ප්‍රදායනේ. සත්‍යය රකින්නේ බුද්ධිමත් කෙනයි. ඉතින් බුදුරජාණන් වහන්සේයි, සඟ පිරිසයි පිටත්වුණාම බමුණෝ ඔක්කොම රැස්වුණා. දැන් ඔන්න

දඬුවම් දෙන්න සූදානම. දූන් අර දරුවට අඬගැහුවා.

"කියාපිය... ඇයි මේ මුඩු මහණුන්ට වතුර දුන්නේ...?"

"මට ඉවසගන්න බැරුව ගියා... පිපාසය හැදිලා කලන්තේ දාලා වැටිලා ඉන්නවා මට බලන් ඉන්න බෑ. මගේ පපුව පත්තු වෙලා ගියා. මං පැන් පූජා කළා."

"කියාපිය... තෝ වරදක් නේද කළේ...?"

"නෑ... මං වරදක් නෙවෙයි කළේ. මං මනුස්සයෙකුට වතුර දුන්නා විතරයි."

දූන් අර දුව තමන් යහපතක් කළා කියලා දැඩි මතයක ඉන්නවා. අර ගොල්ලෝ කිව්වා,

"මේකි තියලා හරියන්නේ නෑ."

බලන්න මේ පුංචි සිද්ධිය. අර බමුණන් බමුණු සභාවේ, බමුණු අධිකරණයේ, බමුණු තීරණයක් නියෝග කළා.

"තී ශ්‍රමණ ගෞතමයන්ගේ ශ්‍රාවකයන්ට උදව් කළා... තී ගල් ගහලා මරන්න ඕනෑ."

බලන්න, මේ දුව කොච්චර බුද්ධිමත්ද...?

"කමක් නෑ. මට කරන්න දෙයක් දෙයක් නෑ. මම සත්‍යය වූ දෙයක් කළා" කියලා සතුටින් හිටියා. මෙයාට ගල් ගහලා මැරුවා. බමුණෝ හිතන්න ඇති, බමුණෝ ජයගත්තා කියලා.

## පින කියන්නේ හරි පුදුම දෙයක්...

මුගලන් මහරහතන් වහන්සේ දවසක් දිව්‍යලෝක

චාරිකාවේ වඩිනවා. දිව්‍යලෝක චාරිකාවේ වඩිනකොට නිල් පාට වතුර තියෙන ලස්සන පොකුණක් මැද්දේ රත්තරන් පාට හංසයෙකුගේ හැඩය තියෙන ලස්සන මාළිගාවක් දැක්කා. මුගලන් හාමුදුරුවෝ බැලුවා "ෂා... ලස්සන.." ජනෙල් කවුළුවකින් අප්සරාවියක් ඇවිල්ලා බැලුවා. ඈ අනිත් දිව්‍ය අප්සරාවියන් පිරිවරාගෙන අර නිල්පාට ජලයෙන් පාවෙලා ඇවිල්ලා මුගලන් මහරහතන් වහන්සේට වැන්දා. මුගලන් මහරහතන් වහන්සේ ඇහුවා.

"ෂා... ලස්සන මාලිගාව. ඔබ කොහෙද හිටියේ කලින්...?"

"ස්වාමීනී, මං මිනිස් ලෝකයේ හිටියේ."

"කොහෙද හිටියේ...?"

"දඹදිව"

"දඹදිව කොහෙද හිටියේ...?"

"ථූන කියන ගමේ."

"ගොඩාක් පින් කරගන්න ඇති නේද...?"

"නෑ. ස්වාමිනී, මට ගොඩක් පින් කරන්න වාසනාව නැතුව ගියා. හැබැයි මං එක දෙයක් කළා. මං සිත පහදවා ගෙන රහතන් වහන්සේ නමකට පැන් ටිකක් පූජාකළා."

## උපත කරා ගෙනයන කර්මය...

බලන්න මේ සිදුවීම. එයාට මොනතරම් අකරතැබ්බ වලට මුහුණදෙන්න සිදුවුණාද? හැබැයි එයා පැරදුණේ නෑ. එතකොට එයා චේතනාවක් පහළ කරලා මේ පැන් ටික අරගෙන අර රහතන් වහන්සේ නමක් ළඟට දුවගෙන යනකොට මෙයාගේ මැෂින් එක වැඩකළා. වැඩකරලා

විඤ්ඤාණය හැදුණා. හැදුණේ මෙතැන මැරෙන කොට දෙවියන් අතරට ගෙනියන්නයි. **(භව පච්චයා ජාති)** විපාක පිණිස කර්ම හැදෙනවා. ඒ හේතුවෙන් උපතක් කරා යනවා.

එතකොට අපට ජීවිතය දනුවත් වෙන්න වුවමනා දේ නොලැබුණොත් අපි මේ චේතනා පහළ කරලා කරන කර්මයෙන් බේරෙන්න බෑ. පස්සෙන් එනවා. පස්සෙන් ඇවිල්ලා අපි කොහේ කොහේ ගෙනියයිද දන්නේ නෑ.

## මහන මැෂිමේ උපමාව...

මේ ගැන අපි හරි අවබෝධයක් ඇති කරගන්න ඕන. දෙවියන් අතර වේවා, මිනිසුන් අතර වේවා, තිරිසනුන් අතර වේවා, අපායේ වේවා යමෙක් උපදිනවා නම් ඒකට හේතුව භවයයි. විපාක පිණිස කර්ම සකස් වීමයි. එතකොට මේ විපාක පිණිස කර්ම සකස්වීම නිසයි උපදින්නේ. විපාක පිණිස කර්ම සකස්වීම නැතුව ගියොත්..?

ඒකට ලස්සන උපමාවක් මට මතක්වුණා. මේක අලුත් උපමාවක්. ඇඳුම් මහන මැෂින් එක තියෙනවනේ. මැෂින් එක ඇතුළේ තියෙනවනේ ෂටලය කියලා එකක්. ෂටලය ඇතුළෙනේ නූල් ටික ඔතන්නේ. නූල් ටික ඔතලා ඒක මැෂින් එකේ යටින් දාලා, උඩින් පටලවලා අරගෙන ඊට පස්සෙනේ ඉඳිකටුවට දාන්නේ. එතකොට උඩින් එක නූලක් යනවා. ඇතුළින් තව නූලක් යනවා. ඇතුළේ නූලයි, උඩ නූලයි එකතුවෙලා තමයි රෙදි ටික මූට්ටු කරන්නේ. එතකොට උඩත් නූල නැත්නම්, යටත් නූල නැත්නම් මැෂින් එක පෑගුවා කියලා මැහෙන්නේ නෑනේ. හරි ලස්සනයි ඒ උපමාව. රහතන් වහන්සේත් ඒ වගෙයි. මැෂින් එක පෑගුවාට මැහෙන්න දෙයක් නෑ වගේ රහතන්

වහන්සේ නමක් ජීවත් වුණාට කර්ම රැස්වෙන්නේ නෑ. අපේ මැෂින් එකේ හැම තිස්සේම උඩත් නූල්, යටත් නූල්. මේ නිසා මේක අවබෝධ කරගන්න ඕන.

## පරෙස්සම් වෙන්න ඕන තැනක්...

අපි උපතක් කරා යන්න හේතුව භවයයි. එහෙනම් අපි චේතනා පහළ කරලා අපි කරන වැරැද්දෙන් පරෙස්සම් වෙන්න ඕන. මොකද, අපි කරන වැරැද්ද විසින් උපද්දවලා දෙන විපාකය හේතුවෙන්නේ වැරදි තැනකට යන්නයි. අපි කරන හරි දෙයින් උපද්දවලා දෙන්නේ හරි තැනකට යන්නයි.

කොහොමද මේ විපාක පිණිස කර්ම හැදෙන්නේ? බුදුරජාණන් වහන්සේ දේශනා කළේ '**උපාදාන පච්චයා භවෝ**' කියලයි. මෙතැන උපාදාන කියන්නේ යම්කිසි දේකට කොටුවීම, හසුවීම, ග්‍රහණය වීම. බුදුරජාණන් වහන්සේ පෙන්වා දෙනවා අපි හතර ආකාරයකට කොටු වෙනවා කියලා. එකක් තමයි අපි කාමයට කොටුවෙනවා.

## අපි කාමයටත් කොටුවෙනවා...

කාමය කියන්නේ පංචකාම ගුණයන්ට ඇති ආශාවනේ. සිත්කළු, ලස්සන රූප දැක්කාම අපි ඒ රූපයට අහුවුණා. මිහිරි ශබ්දය ඇහුණට පස්සේ ඒ සද්දයට අහුවුණා. ගඳ සුවඳ දැනුණාම ඒ සුවඳට අහුවුණා. ප්‍රණීත රසයක් දිවට දැනුණාම ඒ රසයට අහුවුණා. කයට පහස දැනුණාම ඒ පහසට අහුවෙනවා. මේ තමයි පංච කාමය. පංච කාමයට අපි අහුවෙනවද? එහෙම නැත්නම් අහුනොවී ඉන්නවාද? අහුවෙනවා. මේකට කොටු වෙනවා. කොටුවුණාට පස්සේ ඒකෙන් අපට ගැලවෙන්න බෑ.

ඒකට කියනවා 'කාම උපාදාන' කියලා. එතකොට මේ කාම උපාදානයේ ඉඳලා අර මැෂින් එක වැඩකළාම ඊට අනුරූපව කර්ම විපාක හැදෙනවා.

## දෘෂ්ටිජාලයේ සිරවූ ලෝකය...

අපි කොටුවෙන්නේ කාමයට විතරක් නොවෙයි, අපි දෘෂ්ටිවලටත් කොටුවෙනවා. දෘෂ්ටි කියන්නේ එක එක අදහස්, උදහස්, එක එක මතිමතාන්තරවලට. සමහරු කියනවා 'ඔය කොහෙද දිව්‍ය ලෝක, ප්‍රේත ලෝක? ඔය විකාර කතා. ජීවත් වෙන කාලේ කාල බීලා, සුපර් ස්ටාර්ස්වලට පලයන්. සුපර් ඩාන්සර් වෙයන්. සුපර් කොමිට්කාරයා වෙයන්' කියලා. ඔහොම ගිහිල්ලා ගිහිල්ලා මේ යන විදිහට අන්තිමේට සුපර් අසභ්‍ය දේවලුත් හොයයි!

මිනිස්සුන්ට ග්‍රහණය කරන්න එක එක දේවල් ලැබෙනවා. එක චැනල් එකකින් එකක් පටන් ගත්තාම තව එකකින් තව එකක් පටන් ගන්නවා. ඔන්න දැන් පටන් ගත්තේ විහිලු. දූන් පටන්ගනියි සුපර් බොරුව. ඊට පස්සේ ළමයි ෆෝන් කරකර හිතුමනාපෙට බොරු කියයි. ඊට පස්සේ සුපර් අසභ්‍ය වචනය තෝරන්න ගනියි. එතකොට කුණුහරුප කියන්න පටන්ගනියි. වෙන්න බැරිද? මෙහෙම ගියොත් මනුස්සයා මේකට ගොදුරු වෙන්නේ නැද්ද?

## පෘථග්ජන ලෝකයේ පෘථග්ජන තේරීම...

හැබැයි, මේකේ බනින්න දෙයක් නෑනේ. මේකට අපට බනින්න බෑ. ඇයි බනින්න බැරි? ඕක තමයි පෘථග්ජන ලෝකයාගේ රැල්ල. පෘථග්ජන ලෝකයාගේ රැල්ලෙන් බැහැර දෙයක් අපි පෘථග්ජන ලෝකයෙන් බලාපොරොත්තු වුණොත් ඒක අපේ මෝඩකම. ඒක තමයි

පෘථග්ජන ලෝකයේ තියෙන රැල්ල. පෘථග්ජනයාගේ තේරීම. ඒක ආර්ය පුද්ගලයෙකුගේ ශ්‍රේෂ්ඨ තේරීමක් නෙවෙයි.

ඉතින් මේ ලෝකයේ තියෙන මේ ස්වභාවය අපට වළක්වන්න බෑ. හැබැයි අපට එකක් කරන්න පුළුවන්. බුද්ධිමත් මනුෂ්‍යයාට ඇහෙන්න මේක කියන්න පුළුවන්. බුද්ධිමත් මනුෂ්‍යයාට මේ දේවල් ඇහුණොත් ඒ මනුෂ්‍යයා මේක හිතන්න ගන්නවා. එච්චරයි මේකෙ තියෙන්නේ. හැබැයි ඒ බුද්ධිමත් මනුෂ්‍යයා ඉන්නේ කොතැනද කියලා අපට හොයන්න බෑ. සමහර විට ඒ මනුෂ්‍යයා වේදිකාවක නට නටා ඉන්න පුළුවන්. බුද්ධිමත් මනුෂ්‍යයා ඉන්න තැන හොයන්න බෑ.

## බුදුරජාණන් වහන්සේගේ හැකියාව විස්මිතයි...!

බුදුරජාණන් වහන්සේගේ කාලයේ දවසක් සර්කස්කාරයෙක් කරණම් ගහනවා. කොහොමද කරණම ගහන්නේ? රියන් හැටක් උසයි ඉණිමග. ඉණිමග හිටවලා ඒකට නැගලා ඒ ඉණිමග උඩ ඉඳලා උඩපැනලා කරණම ගහලා, නැවතත් ඉණිමගේ හිටගන්නවා. සෙනඟ රැස්වෙලා ඉන්නවා මෙයාගේ කරණම බලන්න. බුදුරජාණන් වහන්සේ මේ කරණම් ගහන තැනට වැඩියා. එතකොට බොහෝ අය හිතුවේ, උන්වහන්සේත් මේ වැඩියේ සර්කස් බලන්න කියලයි.

උන්වහන්සේ සර්කස්කාරයාට "දැන් පෙන්වන්න ඔයාගේ හැකියාව..." කියලා කිව්වා. මෙයා හරි සතුටින් උද්දාමයට පත්වෙලා ඉණිමගට නැග්ගා. නැගලා දැන්

මෙයා හිත එකඟ කරනවා. මේ විදිහට ඒ කෙනා කරණමට හිත එකඟ කරනකොට බුදුරජාණන් වහන්සේ ගාථාවක් දේශනා කළා. දැන් මෙයා උඩ පැනලා කරණම ගහනකොට ගාථාව ඇහුණා. ධර්මය අවබෝධ කරගත් කෙනෙක් හැටියට උණගහ උඩ හිටගත්තා. හරි පුදුමයි නේද? බලන්න එයා ඉණිමග උඩට නැග්ගේ පෘථග්ජනයෙක් හැටියටයි. නමුත් කරණම ගහලා හිටගත්තේ රහතන් වහන්සේ කෙනෙක් හැටියට. පුදුමයි මනුස්සයෙකුගේ අවබෝධ කිරීමේ හැකියාව.

## බුද්ධිමත් කෙනා ඔබ වෙන්න පුළුවන්...

එහෙම වුණේ බුදුකෙනෙක් තුළ වූ ඉලක්කයට කතා කිරීමේ දක්ෂතාවය නිසයි. ඒක මේ ලෝකයේ කිසි කෙනෙකුට හොයන්න බෑ. සමහරවිට ධර්මය අවබෝධ කරන බුද්ධිමත් කෙනා වේදිකාවක නට නටා ඉන්න පුළුවන්. ගීතයක් ගය ගයා ඉන්න පුළුවන්. ඒ බුද්ධිමත් කෙනා ඉන්නේ කොහෙද කියලා අපි දන්නේ නෑ. ඒ බුද්ධිමත් මනුෂ්‍යයා මේ ධර්මය අල්ලන විදිහ හරිම පුදුම සහගතයි.

යම් මනුෂ්‍යයෙක් මේ දෘෂ්ටිවලට බැඳුණාම, දෘෂ්ටිවලට කොටුවුණාම, ඒ දෘෂ්ටියට හිරවෙලා එයා හිතන්න ගන්නවා. දෘෂ්ටියට හිරවෙලා කතා කරන්න ගන්නවා. දැන් අපි ගත්තොත් නැකැත් කේන්දර සරණ ගියපු කෙනෙක් ඒකෙ හිරවෙලා ඒ ගැන කතා කරන්න ගන්නවා. තවත් මොනවාහරි දෙයක් සරණ ගියපු කෙනෙක් ඒකෙ හිරවෙලා ඒ ගැන එයා කතා කරනවා. ඒ ලෝකයේ එයා හිරවෙනවා. එතකොට දෘෂ්ටි උපාදාන ගැන තමයි එයාට හිතන්න වෙන්නේ, කියන්න වෙන්නේ, කරන්න

වෙන්නේ. ඒක 'දිට්ඨි උපාදානය.'

## තවත් උපාදාන....

ඊළඟට '**සීලබ්බත උපාදාන.**' යමෙක් සීලව්‍රත උපාදාන කරගත්තාම ඊට පස්සේ ඒ විදිහට තමයි එයාට ජීවත් වෙන්න වෙන්නේ. ඊළඟට '**අත්තවාද උපාදාන.**' අත්තවාද උපාදාන කියන්නේ 'මම, මගේ, මගේ ආත්මය' කියන හැඟීමකට කොටුවීමයි.

කාම උපාදාන, දිට්ඨි උපාදාන, සීලබ්බත උපාදාන, අත්තවාද උපාදාන කියන මේ උපාදාන හතරෙන් දිට්ඨි උපාදාන, සීලබ්බත උපාදාන කියන දෙක සෝතාපන්න වෙනකොට නැතිවෙලා යනවා. එයා ඒ කොටුවෙන් එළියට පනිනවා. හැබැයි, ඒ කොටුවෙන් එළියට පැන්නට තව දෙකක කොටුවෙලා ඉන්නවා. ඒ තමයි කාම උපාදාන, අත්තවාද උපාදාන. අනාගාමී වුණොත් එයා කාම උපාදාන කියන කොටුවෙනුත් නිදහස් වුණා. රහත් වුණාම එයා අත්තවාද උපාදාන වලිනුත් නිදහස් වෙනවා.

## විඤ්ඤාණය චුතවන්නේ පැවතීමටයි...

උපාදාන නැත්නම් භවයක් නෑ. භවයක් නැත්නම් මැෂිමක් නෑනේ. උපද්දවන්න මැෂින් එක නෑ, කැඩිලා. උපදින්නේ නෑ. උපදින්නේ නැත්නම් විඤ්ඤාණය නොපෙනී යනවා. සාමාන්‍යයෙන් කෙනෙක් මැරෙන කොට විඤ්ඤාණයට මොකද වෙන්නේ? නොපෙනී යනවාද? චුතවෙනවාද? චුතවෙනවා. චුතවෙන තැන උපතක් තියෙනවා. මොකද, චුතවෙන්නේ පවතින්නයි. නිරුද්ධ වෙන්නේ පිරිනිවන් පාන්නයි. එතකොට විඤ්ඤාණයක් නිරුද්ධ වෙන්නේ පිරිනිවන් පාන්නයි.

විඤ්ඤාණයක් චුත වෙන්නේ පවතින්නයි. සාමාන්‍ය කෙනාගේ විඤ්ඤාණය එක්කෝ නිරයට යනවා. එක්කෝ තිරිසන් ලෝකයේ, එක්කෝ ප්‍රේත ලෝකයේ, එක්කෝ මනුස්ස ලෝකයේ, එක්කෝ දිව්‍ය ලෝකයේ උපතක් පිණිස සකස්වෙනවා. මේ රටාව තුළ **(උපාදාන පච්චයා භවෝ)** උපාදාන වුණොත් උපාදාන වෙන්නේ එක්කෝ කාමයට. එහෙම නැත්නම් දෘෂ්ටිවලට, සීලව්‍රතවලට. එහෙමත් නැත්නම් 'මමය, මාගේය' කියන හැඟීමට.

## තුන් ආකාරයේ තණ්හාව...

බුදුරජාණන් වහන්සේ වදාළා "**(තණ්හා පච්චයා උපාදානං)** උපාදාන ඇතිවෙන්නේ තණ්හාව නිසයි" කියලා. කාම තණ්හාව විතරක් තිබුණා නම් අඩුගාණේ අපට ඒක තේරෙනවා. නමුත් අපට භව තණ්හා, විභව තණ්හා තේරෙන්නේ නෑ. බලන්න බුදුරජාණන් වහන්සේගේ අවබෝධයේ තියෙන මේ විස්මය. මේ විදිහට අප තුළ ත්‍රිවිධාකාර තණ්හාවක් තියෙනවා කියලා උන්වහන්සේ අපට පෙන්නුවානේ. කාම තණ්හාව නැතිවුණොත් තමයි භව තණ්හාව, විභව තණ්හාව තේරෙන්නේ. භව තණ්හාව, විභව තණ්හාව ප්‍රහාණය කරන්නේ අනාගාමී වුණාට පස්සෙයි. අනාගාමී වීමෙන් කාම තණ්හාව ප්‍රහාණය වෙනවා කියලනේ ධර්මයේ විස්තර වෙන්නේ.

## මේ විදිහට තේරුම් ගනිමු...

එතකොට අප තුළ මේ වගේ තණ්හා තුනක් ක්‍රියාත්මක වෙනවා. තණ්හාව කියන එක අපි මේ විදිහට තේරුම් ගනිමු. තණ්හාව කියලා කියන්නේ ආශාව. ආශාව කියලා කියන්නේ අපේ හිත ඇදිලා යන, හිත වසඟ වෙන

ස්වභාවය. අපේ හිත රූපයට ඇදිලා ගියොත්, රූපයට වසඟ වුණොත් ඒක රූප තණ්හාව. අපේ හිත ශබ්දයට වසඟ වුණොත් ඒක ශබ්ද තණ්හාව. ගඳ සුවඳට ඇදිලා ගියොත් ඒක ගන්ධ තණ්හාව. රසයට වසඟ වුණොත් රස තණ්හාව. පහසට ඇදිලා ගියොත්, පහසට වසඟ වුණොත් ස්පර්ශ තණ්හාව. මනසට සිතුවිලි එනකොට ඒකට ඇදිලා ගියොත්, ඒකට වසඟ වුණොත් ඒක අරමුණු තණ්හාව.

දැන් බලන්න, අපේ හිත යම්කිසි දේකට ඇදිලා ගියොත්, වසඟ වුණොත් නැවත නැවතත් හිත ඒකට ඇදිලා යන්නේ නැද්ද? නැවත නැවතත් ඒකම හිතෙන්නේ නැද්ද? ඒකට හේතුව තමයි, ආයෙ ආයෙමත් හිත ඇදිලා යනකොට, හිත වසඟ වුණාම අපි ඒකට කොටුවුණා. කොටුවුණාට පස්සේ අපි චේතනා පහළ කරනවා. ක්‍රියා කරනවා. ඔන්න උපතක් කරා යන්න හැදෙනවා. එතකොට ඇයි මේ අපේ හිත වසඟ වෙන්නේ? ඇයි මේ අපේ හිත ඇදිල යන්නේ? ඒ වින්දනය නිසයි.

## වින්දනය නැත්නම්...?

යම්කිසි දෙයක වින්දනය නැත්නම් ඒකට හිත ඇදිලා යන්නේ නෑ. අපි හිතමු කවුරුහරි සිංදුවක් කියනවා. 'අපිත් අහන්න යමු' කියලා යනවා. නමුත් ඒ සිංදුව ලස්සන නැත්නම්, අපට එපා වෙන්නේ නැද්ද? ඒකෙ තාලේ ලස්සන නැත්නම්, ඒ ගායකයාගේ හඬ ලස්සන නැත්නම්, වාදන සෙට් එකක් නැත්නම් 'අනේ... වැඩක් නෑ' කියලා අපි යනවනේ. එහෙනම් අපේ හිත ඇදිලා යන්නේ වසඟ වෙන්නේ වින්දනය ලබාදෙන දෙයටයි.

රූපයකින් වින්දනය ලබාදුන්නා නම්, ඒ රූපයට අපේ හිත ඇදිලා යනවා. අපේ ඇස් දෙක ඇදිලා යනවා.

අපට ආයෙ ආයේ ඒ රූපය බලන්න හිතෙනවා. ආයෙ ආයෙ බලන්න ඒක ළඟ තියාගන්නවා. අපට මොකක්ද මේ වුණේ? රූපයට, රූපය නිසා ඇතිවෙන වින්දනයට අපේ හිත ඇදිලා ගියා.

## නිතර නිතර සිහිවෙන්නේ ඒකමයි...

ශබ්දයට අපේ හිත ඇදිලා ගියොත්, ඒ ශබ්දය ආයෙ ආයෙමත් ඕන. ඒ ශබ්දයෙන් ඇතිවෙන වින්දනය නිසයි මේ හිත ඇදිලා යන්නේ (**වේදනා පච්චයා තණ්හා**). සුවඳට අපේ හිත ඇදිලා ගියොත්, ඒ සුවඳම සිහි කර කර ඉන්නවා. රසයකට අපේ හිත ඇදිලා ගියොත්, ඒ රසයම සිහි කර කර ඉන්නවා. පහසට සිත ඇදිලා ගියොත් අපි ඒ පහසම හිත හිතා ඉන්නවා. අපට ඒකම ඕන වෙනවා. මේවා ගැන සිතුවිලි ඇතිවුණාට පස්සේ හිත ඇදිලා ගියොත්, ඒ හිතෙන හිතෙන දේවල්වලට අපේ හිත ඇදිලා යනවා.

## ලස්සන සාරියට වුණ දේ...

අපි තේරුම් ගන්නට තවත් උදාහරණයක් ගනිමු. ඔන්න කෙනෙකුට මඟුල් ගෙදරක යන්න ඇඳුමක් ඕන වුණා. ඒ වෙනුවෙන් එයා කඩේට ගියා. ලස්සන සිල්ක් රෙද්දක් ගත්තා. ලස්සන කරන්න සීක්වීන්ස් ගත්තා. වාටියට අල්ලන්න රේන්දයකුත් ගත්තා. ඒ පාටම සෙරෙප්පු දෙකකුත් ගත්තා. දැන් ඔබේ සිහිනය මේක ලස්සනට ඇඳලා, මල් ගහලා, ලස්සනට සැරසිලා මඟුල් ගෙදර යාමනේ.

දැන් ඔන්න මඟුල් ගේ තියෙන දවස එනවා. දැන් ඔබ ලස්සනට ඇඳලා උජාරුවට යනවා. යාළුවෝ "ආ.... ඔයා ලස්සන සාරියක් ඇඳලා ඉන්නවා" කියලා අතගානවා.

දැන් ඔබ ඒකෙන් සතුටක් විඳින්නේ නැද්ද? විඳිනවානේ. ඔන්න ඔබ දැන් කෑම කන්න යනවා. කෑම කනකොට අච්චාරු දීසිය ඇඟේ හැලෙනවා. දැන් අර සාරියේ ලස්සන ඉවරයි. ඔබට එකපාරට දුකක් ඇතිවෙන්නේ නැද්ද? ඇයි, මහන්සි වෙලා ලස්සනට, හරිගස්සපු ඇඳුමට අච්චාරු හට්ටිය හැලුණා. දැන් ඔබට ලොකු ෂොක් එකක් එක්ක ඒ කෙරෙහි තියෙන ආශාව ටික ටික අඩුවෙනවනේ.

## වින්දනය නැත්නම් අත්හරිනවා...

ඊට පස්සේ හිත නරක් වෙලා ගෙදර එනවා. ඇවිල්ලා ඒක හෝදලා බලනවා. අච්චරු පැල්ලම යන්නේ නෑ. දැන් අර පරණ විදිහටම ලස්සනට කපුරු බෝල දාලා කබඩ් එකේ දානවාද? නෑ. පැත්තකින් තියනවා. ඔන්න කෙනෙක් ඇවිල්ලා "අනේ... නෝනා ඇඳුමක් නැද්ද?" කියලා අහනවා "ආ... ගන්න ළමයෝ" කියලා ඒ සාරිය දෙනවා. ඒ මොකද, ඒ ඇඳුමෙන් යම්කිසි වින්දනයක් බලාපොරොත්තු වුණාද, ඒ වින්දනය ඒකෙන් නැතුව ගියේ යම් දවසකද, ඒ නැතිවූ දවසේ ඉඳලා ඒකට තිබුණ ආශාව ඉවර වෙලා ගියා.

එහෙනම් අපේ මේ ආශාව පවතින්නේ වින්දනය ලැබෙනකම් විතරයි. ඒ වින්දනය නැතුව ගියාම ආශාව නැතුව යනවා. පුංචි කාලයේ ඉඳලා අපේ ආශාව නැතුව ගියේ ඒ විදිහටයි. අපි පුංචි කාලේ යෝගට් හැඳි, සෙල්ලම් බඩු එකතු කළේ නැද්ද? කෝ ඒවා දැන්? ඒ කෙරෙහි අපේ යම් වින්දනයක් තිබුණද, ඒ වින්දනය නැතිවුණ ගමන් අපි ඒවා අත්හැරියා. පුංචි කාලේ පොඩි සපත්තු, ඇඳුම් ඉල්ල ඉල්ලා අඬනවා. "මට මේ සපත්තු අරන් දෙන්න... මේක අරන් දෙන්න... මේ මාලෙ අරන් දෙන්න... මේ වළලු

අරන් දෙන්න...” කියලා. හැබැයි අපි ඒවා ළඟ තියාගෙන ඉන්නේ ඒකේ ආශාව තියෙනකම් විතරයි. ඒකෙ වින්දනය නැතිවුණාට පස්සේ අපි දන්නෙම නෑ, අපට මතකත් නෑ අපි ඒක අත්හරිනවා නේද?

## එකකින් එකකට මාරුවෙන ආශාව...

මේ විදිහම තමයි අපේ ස්වභාවය. වින්දනයක් ලැබෙනකොට ආශාවක් හටගන්නවා. ඒ වින්දනය නැතුව යනකොට ඒ ආශාව නැතුව යනවා. වෙන වින්දනයක් ඇතිවෙනකොට තව ආශාවක් හටගන්නවා. ඒ වින්දනය නැතිවෙන කොට ඒ ආශාව නැතිවෙනවා. මේ විදිහට ආශාව එකින් එකට මාරු වෙවී ආවේ නැද්ද? පුංචි කාලේ සෙල්ලම් කාර්වලට තිබුණු ආශාව, බෝනික්කන්ට තිබුණු ආශාව, කෝම්පිට්ටු උයන්න තිබුණු ආශාව වෙන එකකට මාරුවෙලා ගියේ නැද්ද? තරුණ වයස එනකොට ඒ ආශාව ඇඳුම්වලට, පෙම්වතුන්ට, පෙම්වතියන්ට මාරු වෙනවා. ඊට පස්සේ තව ටික කාලයක් යනකොට ඒ ආශාව දරුවන්ට මාරුවෙනවා. තව කාලයක් යන කොට මුනුබුරන්ට, මිනිබිරියන්ට ඒ ආශාව මාරුවෙනවා. ඔක්කොම අහිමි වෙනකොට ඒ ආශාව වත්තේ හතර මායිමට මාරුවෙනවා.

## ආශාවත් අනිත්‍යයයි...

පටන්ගත්තේ සෙල්ලම්බඩු වලින්. ඉවර වෙන්නේ වත්තේ හතර මායිමෙන්. ඊට පස්සේ 'මම නම් මේ ඉඩම දාලා යන්නේ නෑ' කියලා කියනවා. බලන්න පුංචි කාලේ එයා ඒ ඉඩමට ආශා කළාද? දන්නෙත් නෑ. නමුත් දැන්.. 'මං මළත් නයෙක් වෙලා හරි වටේ ඇවිදිනවා...' කියනවා. මෙහෙම කියන අය ඕනතරම් ඉන්නවා. මට මතකයි

දවසක් කෙනෙක් එක්තරා තැනකට ආශා කරලා 'අනේ... මට මෙතැන ගෙම්බෙක් වුණත් සැපයි' කියලා කිව්වා.

මේ විදිහට ආශාව එකින් එකට මාරුවෙලා යනවා. මේක කොහොමද වෙන්නේ කියලා, එයාට අවබෝධයක් නෑ. බලන්න ජීවිතයක අවබෝධයක් තිබීම කොච්චර වටිනවද? අපි කාලෙකට ආශා කරන දේට නෙවෙයි තව කාලෙකට ආශා කරන්නේ. ඊළඟ කාලෙට ආශා කරන දේට නෙවෙයි තව කාලෙකට ආශා කරන්නේ. එතකොට මේ ආශාව අනිත්‍ය වෙලා යනවා. අපට ඒක තේරෙන්නේ නෑ. වින්දනය වෙනස් වෙනකොට ආශාව වෙනස් වෙනවා. වින්දනය නැතිවෙනකොට ආශාව නැතිවෙනවා. නමුත් 'මේ ආශාවේ තියෙන්නේ අනිත්‍ය වූ රටාවක් නේද?' කියලා අපට අවබෝධයක් නෑ. අන්න ඒක අවබෝධවීම අපට හරි වැදගත්.

## තණ්හාවේ ලක්ෂණ...

බුදුරජාණන් වහන්සේ තණ්හාවේ ලක්ෂණ හැටියට වදාළේ "**(යායං තණ්හා පෝනෝභවිකා)** මේ පුනර්භවය ඇතිකරවන යම් තණ්හාවක් ඇද්ද, එය **(නන්දිරාග සහගතා)** ආශ්වාදයෙන් ඇලෙනවා. **(තත්‍ර තත්‍රාභිනන්දිනී)** ගිය ගිය තැන ඇලෙනවා.

ගිය ගිය තැන සතුටින් ඇලෙනවා කියන එක අපි මෙහෙම තේරුම්ගනිමු. ඔන්න අපි බදුල්ලේ ඉඩමක් අරගෙන තට්ටු දෙකේ ගෙයක් හැදුවා. තාප්පයකුත් බැන්දා. ඊට පස්සේ හොඳට බෝඩරය තියෙන ගේට්ටුවකුත් ගෙනල්ලා හයිකළා. ඔන්න දරුවෝ කොළඹ ගියා. දරුවෝ කියනවා "අම්මෙ, මෙහෙ වැඩක් නෑ. කොළඹ යන්." දැන් ඔන්න ගේ වික්කා. ආශාව ඉවරයි. ඊට පස්සේ අලුත්

ගෙදර ගියා. ඊට පස්සේ කියනවා "අම්මේ, මෙන්න මේ පොල්වත්ත තියෙනවා. අම්මා බලන්න" කියලා. දැන් ආශාව කොහෙටද බැස්සේ? පොල් වත්තට බැස්සා. ඊට පස්සේ ඒ ඒ තැන සතුටින් පිළිගත්තා.

## ගිය ගිය තැන ඇලෙනවා...

මෙතැන අත්හරිනකොට වෙන තැනක් සතුටින් පිළිගන්නවා. එතැන අත්හරිනකොට තව තැනක් සතුටින් පිළිගන්නවා. මිනිස් ලෝකය අත්හරින කොට ගියේ ප්‍රේත ලෝකයටද, එතකොට එතැන සතුටින් පිළිගන්නවා. ප්‍රේත ලෝකය අත්හරින කොට ගියේ තිරිසන් ලෝකයටද, එතකොට එතැන සතුටින් පිළිග න්නවා. තිරිසන් ලෝකය අත්හරිනකොට ගියේ නිරයටද, එතකොට එතැන සතුටින් පිළිගන්නවා. මේක තියෙනකම් උපාදානයට කොටුවෙනවා. උපාදානයට කොටුවෙනකම් ඇන්ජිම වැඩකරනවා. ඇන්ජිම වැඩකරනකම් උපදිනවා.

පින්වත්නි, අපි තුළ සිද්ධවෙන්නේ කියලා මෙහෙම දෙයක් කියලා මේ රටාව පෙන්වා දුන්නාට අපි බුදුරජාණන් වහන්සේට සදාකාලික ණයගැතියි. මොකද, අපේ ජීවිතවලට සමහර දවස්වලට ඇතිවෙන ප්‍රශ්නවලදී අපට 'මැරුණා නම් අපි මේකෙන් නිදහස් නේද' කියලා හිතෙනවා. නමුත් නිදහස් වෙන්නේ නෑ. නැවතත් අහුවෙනවා. මොකද, මෙතැනින් චුතවෙන කොට චුතවෙන්නේ කර්මානුරූපව හැදුණු විඤ්ඤාණයක්. එතකොට ගිහිල්ලා මව්කුසක උපදිනවා. එක්කෝ ඕපපාතිකව උපදිනවා. එක්කෝ අණ්ඩජ උපතක උපදිනවා. එක්කෝ ජලාබුජ උපතක හිරවෙනවා. එක්කෝ සංසේදජ උපතක උපදිනවා. අවබෝධ කරලා මිසක් මේකෙන් බේරෙන්න විදිහක් නෑ.

## ඇයි වින්දනයක් ඇතිවෙන්නේ?

ඉතින් බුදුරජාණන් වහන්සේ දේශනා කළා මේකට හේතුව වින්දනය කියලා. අපට වින්දනය නැතිකරන්න බෑ. ඇහැයි, රූපයයි, විඤ්ඤාණයයි එකතුවුණාද, වින්දනය ඇතිවෙනවා. කණයි, ශබ්දයයි, විඤ්ඤාණයයි එකතුවුණාද, වින්දනය ඇතිවෙනවා. නාසයයි, ගඳසුවඳයි, විඤ්ඤාණයයි එකතුවුණාද, වින්දනය ඇතිවෙනවා. දිවයි, රසයයි, විඤ්ඤාණයයි එකතුවුණාද, වින්දනය ඇතිවෙනවා. කයයි, පහසයි, විඤ්ඤාණයයි එකතුවුණාද, වින්දනය ඇතිවෙනවා. මනසයි, අරමුණුයි, විඤ්ඤාණයයි එකතුවුණාද වින්දනය ඇතිවෙනවා.

වින්දනය ඇතිවෙන එක ස්වභාවයක්. අපට වෙලා තියෙන්නේ අපි එතැනින් නැවතුනේ නෑනේ. ඊට පස්සේ අපිට ආශාව ඇතිවුණා. ආශා කරපු දේට කොටු වුණා. ඊට පස්සේ ඊට අනුව හිතන්න, කරන්න, කියන්න පටන්ගත්තා. කර්මය හැදුණා. ඒ විදිහට විඤ්ඤාණය තමයි හැදි හැදී යන්නේ. මොකද ඒ වින්දනය උපදින්න හේතුව වෙන්නේ ස්පර්ශයයි. **(ඵස්ස පච්චයා වේදනා)**

## රූප දකින්නේ මෙහෙමයි...

ස්පර්ශය කියන්නේ ඇහැයි, රූපයයි, විඤ්ඤාණයයි එකතුවීම. ඒ කියන්නේ ඔන්න දැන් අපට ඇස් දෙක තියෙනවා. අපි ඇස් ඇරගෙන ඉන්නවා. ඇස් ඇරගෙන ඉන්න වෙලාවේ අපේ හිත වැඩකරමින් නේද තියෙන්නේ? මේ වෙලාවේ ඇස් ඉස්සරහට රූපයක් එනවා. දැන් මෙතැන ගනිමු. මෙතැන එක පාරට කළුවර වුණොත්...? ඇස්

ඉස්සරහට තියෙන්නේ කළුවරක් විතරයි. කළුවර ඇහැට වැටෙනවා. එතකොට අපි කළුවර විතරයි දකින්නේ. එතකොට ලයිට් එකක් පත්තු වෙනවා. නැත්නම් ඉර පායනවා. ඔන්න එළිය වැටෙනවා. ඔන්න රූප පේනවා. රූප ඇස් හමුවට එනවා.

එතකොට විඤ්ඤාණයෙන් තමයි මේක දැනගන්නේ. ඇහැයි, රූපයයි, විඤ්ඤාණයයි එකතු වෙනවා. කණයි, ශබ්දයයි, විඤ්ඤාණයයි එකතු වෙනවා. නාසයයි, ගඳසුවඳයි, විඤ්ඤාණයයි එකතු වෙනවා. දිවයි, රසයයි, විඤ්ඤාණයයි එකතු වෙනවා. කයයි, පහසයි, විඤ්ඤාණයයි එකතු වෙනවා. හිතින් යමක් හිතන කොට මනසයි, අරමුණුයි, විඤ්ඤාණයයි එකතු වෙනවා. හැම තිස්සෙම මේක එකතු වෙවී තමයි තියෙන්නේ.

## බීජයක ක්‍රියාකාරීත්වය ඇති විඤ්ඤාණය...

බුදුරජාණන් වහන්සේ වදාළා "මේ විඤ්ඤාණය වැඩකරන්නේ බීජයක් වගේ" කියලා. බලන්න, බෝංචි ඇටයක් මේසයක් උඩ තියෙනකොට මේක වැඩකරන එකක් කියලා අපට හිතෙන්නේ නෑනේ. හැබැයි මේක පොළොවට දාලා, වතුර දාලා තෙත් කළොත් වැඩකරනවා. ඒක පැළවෙනවා. පහළට මුල් ඇදලා පොළොවේ රස උර උරා දෙනවා. මොකද, මේ ගහක පැළයක් පැළවෙන කොට දෙපැත්තකට යනවා. ඒ තමයි, කොළ ටික උඩට යනවා. මුල් ටික යටට යනවා. මුල් ටිකෙන් පැළය වැඩෙන්න පෘථිවි සාරය ඇද ඇද දෙනවා.

විඤ්ඤාණය කියන්නෙත් බීජයක් වගේ දෙයක්. එතකොට විඤ්ඤාණය ක්‍රියාත්මක වෙන්න වින්දනය, හඳුනාගැනීම, කර්මය, සතර මහා ධාතූන්ගෙන් හටගත්

රූපය උදව් කරනවා. එතකොට විඤ්ඤාණය ඊළඟ උපතකට හැදෙනවා.

අපි දන් ජීවත් වෙන්නේ ඊළඟ ජීවිතයට හැදුණු විඤ්ඤාණය සමඟ නොවෙයිද? ඊළඟ උපතට සකස් වූ විඤ්ඤාණයක් සහිතවයි අපි ජීවත් වෙන්නේ. අපි ගනිමු පොඩි දරුවෙක්. මව්කුසේම දරුවා මැරෙන අවස්ථාවක් නැද්ද? මව්කුසේම දරුවා මැරෙන කොට දරුවා පිරිනිවන් පාන්නේ නෑනේ. ඊළඟ උපතක් කරා යන්නයි මැරෙන්නේ. ඒ දරුවා ඉපදුණු ගමන් මැරෙනවා. ඒත් ඒ මැරෙන්නේ ඊළඟ උපත කරා යන්නයි. ඒක හොයන්න බෑ හරිම පුදුමයි.

## කාමය සොයා ගොස් වැනසුණ ජීවිතයක්...

බුදුරජාණන් වහන්සේගේ කාලේ ආනන්ද කියලා සිටුවරයෙක් හිටියා. මේ සිටුවරයාට මූලසිරි කියලා පුතෙක් සිටියා. මේ ආනන්ද සිටුවරයා හැමදාම උදේට සේවකයොයි, පුතාවයි වාඩිකරවා ගන්නවා. වාඩිකරගෙන මේ විදිහට අවවාද කරනවා.

"අහපල්ලා මං කියන එක. මගේ ජීවිතය තුළ මං කෝටි හතළිහක් හෙව්වා. මං මේ කෝටි හතළිහ හෙව්වේ හරියට මහන්සි වෙලා. ඒ නිසා උඹලා මේ කෝටි හතළිහ විශාල ගාණක් කියලා සලකන්න එපා! පුතේ, මතක තියා ගනින්. රුපියලක් වියදම් කළත් ඒක ආදායමක් නෙවෙයි, ඒක වියදමක්. ඒ නිසා මෙන්න මේ කවිය මතක තියා ගන්න" කියලා කවියක් ඉගැන්නුවා. ඒ කවියේ තියෙන්නේ 'හම්බකරපන් වේයන් වගේ. වේයා තුඹස බඳින්නේ යම් ආකාරයෙන්ද, අන්න ඒ වගේ හම්බ කරපන්. මී මැස්සා වගේ හම්බකරපන්. නමුත් හිඟන්නෙක් වගේ වියදම්

කරපන්.' මේ විදිහට ඉගැන්නුවා. අවවාද කළා. සිටුවරයා මළා.

## සිටුවරයෙකුව හිඟන්නෙක් කළේ කවුද...?

මැරිලා වැසිකිලි හෝදන, පාරවල් හෝදන, හිඟන පවුලක උපන්නා. මේ ගමේ පවුල් දාහක් තිබුණා. උපන්නට පස්සේ මහා කලබගෑනියක් වුණා. ඒ තමයි, මේ ගමේ අයට කන්න නැතුව ගියා. පැල්පත් ගිනිගත්තා. හරි කරදරයකට පත්වුණා. ඒ පවුල් දාහට නායකයෙක් හිටියා. ඒ රැලේ නායකයා "මේක හරියන්නේ නෑ. මේක හොයන්න ඕන" කියලා පවුල් දාහ පන්සීය පන්සීය බෙදුවා. එතකොට අර දරුවා ඉපදුණ පන්සීයේ ගොඩට ඊට පස්සෙත් ප්‍රශ්න. මෙහෙම කොටස් අඩු කර කර බෙදුවා. බෙද බෙද බලද්දී ගාණට මේ පවුල හොයාගත්තා.

ඊට පස්සේ බලනකොට ඔන්න දරුවෙක් ලැබෙන්න ඉන්නවා, මාස තුනයි. අපි අනන්ත දුක් වින්දේ නුඹ නිසයි කියලා රැහෙන් පැන්නුවා. දැන් මේ අම්මා හිඟා කකා ජීවත්වෙනවා. ඊට පස්සේ ඔන්න ළමයා ඉපදුණා. ඇස් දෙක තියෙන්නේ මුහුණේ නෙවෙයි. නහය ඇදවෙලා, කණ් ඇදවෙලා, දත් ඇදවෙලා, කුදුවෙලා, වපර වෙලා. ඔන්න ළමයෙක් ඉපදිලා.

## මේ සසර ගමන මෙහෙම එකක්...

මේ අම්මා පුළුවන් තරම් දුක්විඳලා දරුවාව හදලා යාන්තම් ඇවිදගන්න පුළුවන් වෙනකොට පොල්කට්ටක් දුන්නා. අතට දීලා "පුතේ, මට කරන්න දෙයක් නෑ. උඹේ පාඩුවේ උඹ ජීවත් වෙයන්. අම්මා කෙනෙක් හැටියට උඹව ජීවත් කරන්න මම මෙච්චර කල් උත්සාහ කළා. මීට වඩා

කරන්න බෑ" කියලා අම්මා මේ පුතා දාලා ගියා. එදා ඉඳලා මේ දරුවා වීදි දරුවෙක්.

දැන් මෙයා ජීවත් වෙන්නේ පදික වේදිකාවේ. මෙහෙ වගේ නෙවෙයි එහෙ සීත කාලෙට සීතලයි. රස්නෙ කාලෙට මේ වගේ නෙවෙයි ගින්දර වගේ. වැස්ස කාලෙටත් ඒ වගේ. සීතලට, වැස්සට, පින්නට මුහුණ දිදී දැන් මේ ළමයා හිඟා කකා යනවා. දැන් මේ ළමයට කන්න නෑ, අඳින්න නෑ. වීදියේ ඉන්නේ. බලන්න කලින් ජීවිතයේ මෙයා ආනන්ද කියලා සිටුවරයෙක්.

## පුතාට සිටු තනතුර.. තාත්තාට...?

ආනන්ද සිටුවරයා මැරුණට පස්සේ අවමංගල්‍යෝත්සවය බොහෝම ජයට ගත්තා. එදා ඉතින් 'මෙයා රටට කළා, ගමට කළා, ප්‍රදේශයට කළා' කියලා බැනර් ගැහුවා. මේ උත්සවය ගෞරව සම්මාන ඇතුව හරි සරුවට ගත්තා. මේ සිදුවීමෙන් පස්සේ ආනන්ද සිටුවරයාගේ පුතාට සිටු තනතුර ලැබුණා. පුතා අර මාළිගාව තවත් විශාල කළා.

අර හිඟන ළමයා දවසක් හිඟා කකා ගිහිල්ලා නොදැනීම අර මාළිගාව තිබුණු පාරට වැටුණා. දැන් මෙයා යනවා. එයාගේ වෙලාව කියන්නේ එදා මාළිගාවේ ගේට්ටුව ඇරලා. එතැන ඉන්න සේවකයෝ මේ ළමයාව දැක්කේ නෑ. මේ ළමයා මාළිගාව දිහා බලනවා. දැන් මේ ළමයට පුදුමයි. මොකක්දෝ වෙනවා.

දැන් මේ ළමයට යමක් මතක් වෙලා වගේ, වසඟ වෙලා හෙමින් හෙමින් ගේට්ටුවෙන් ඇතුළටත් ගියා. ගේ දිහා බලාගෙන, කට ඇරගෙන, ඇස් ලොකු කරගෙන,

කල්පනා කර කර, මාළිගාව ඇතුළටම ගියා. දොර ඇරලා තිබුණා. ඒ නිසා සාලෙටම ගියා.

## මෙන්න පෙරේතයෙක් ඇවිල්ලා...

ඒ වෙලාවේ මූලසිරි සිටුතුමාගේ බබාලා සෙල්ලම් කරනවා. දැන් මෙයා ගිහිල්ලා අරගොල්ලෝ මැද්දේ පොල් කට්ටක් තියාගෙන හිනාවෙන්න ගත්තා. ළමයි ටික කෑ ගැහුවා "මෙන්න අප්පච්චි... මෙන්න අම්මේ... පෙරේතයෙක් ඇවිල්ලා..." කියලා. සේවකයෝ ඔක්කොම ආවා. දැක්කා භූතයෙක් වගේ සතෙක්. පයින් ගැහුවා. විසිවෙලා ගිහිල්ලා වැටුණා. පයින් ගගහම ගේට්ටුවෙන් ඇදලා දැම්මා. දැන් ඇඟපත හැමතැනම සීරිලා, ලේ පෙරාගෙන. ගේට්ටුවෙන් එළියට දාලා, දැන් මේ ළමයට නැගිටගන්න බෑ. වැටිලා ඉන්නවා.

එදා මේ ගේ ඉස්සරහින් බුදුරජාණන් වහන්සේ වැඩියා. මේ ළමයා ගාව නැවතුණා. නැවතිලා "මේ ආනන්ද සිටුතුමානේ... මූලසිරි සිටුතුමාට එන්න කියන්න" කියලා සේවකයෝ යැව්වා. ඉතින් සිටුතුමා ආවා. ඇවිත්,

"ඇයි, භාග්‍යවතුන් වහන්ස...?"

"දන්නවද මේ කවුද කියලා...?"

"අනේ... දන්නේ නෑ."

"මේ ඤාතියෙක්නේ..."

"අනේ නෑ. මේ ඤාතියෙක් නෙවෙයි. මේ කොහේද ඉඳලා ආපු සතෙක්."

"නෑ... නෑ... මේ ළඟම නෑදෑයා."

සිටුවරයාට කේන්ති ගියා.

"නෑ... බුදුරජාණන් වහන්ස, එහෙම කියන්න එපා! අපි හරි වැදගත්. බොහොම වංශවත් පරම්පරාවක්. අපේ ළඟ අහල පහලවත් මේ වගේ සතෙක් නෑදෑයෙක් වෙලා නෑ."

"නෑ... නෑ... මේ ඔබේ තාත්තා!"

සිටුතුමා උඩ ගිහින් බිම වැටුණා.

"අනේ මට නම් පිළිගන්න බෑ. ස්වාමීනී, මං වැඳලා කියන්නම්, මේකට තාත්තගේ නම නම් ගාවගන්න එපා! මගේ තාත්තට නම් ඔය කතාව කියන්න එපා! භාග්‍යවතුන් වහන්ස, මං කැමති නෑ අපේ තාත්තට අපහාස කරනවට."

"කලබල වෙන්න එපා සිටුතුමනි, මේ තාත්තා තමයි."

එතකොට දැන් සිටුතුමාට කේන්ති ගිහිල්ලා. බුදුරජාණන් වහන්සේ කිව්වා.

"කේන්ති ගන්න එපා. මං මේ ළමයගෙන්ම මේක අහන්නම්."

බුදුරජාණන් වහන්සේ ළමයා මෝහනය කළා. ළමයගෙන් ඇහුවා,

"සිටුතුමනි, ඔබතුමා හංගපු වස්තුව තියෙනවාද?"

"තියෙනවා..."

"මේ ළමයි දන්නවද?"

"ළමයි දන්නවා ඇති."

පුතාගෙන් ඇහුවා, "සිටුතුමනි, මොනවද තාත්තා හංගපු වස්තුව...?"

## රහස හෙළිවුණා...!

"ස්වාමීනී, තාත්තා බත් කාපු රත්තරන් පිඟානට වුණ දෙයක් නෑ. තාත්තා දාපු රත්තරන් සෙරප්පු දෙකටත් වුණ දෙයක් නෑ. රත්තරන් හැරමිටියක් තිබ්බා. ඒකට වුණ දෙයක් නෑ."

අර ළමයා හිනාවෙවී කිව්වා,

"මම අරන් තියලා තියෙනවා."

හරි පුදුමයි මේ ජීවිතය. ඊට පස්සේ බුදුරජාණන් වහන්සේ දේශනා කරනවා

"සිටුතුමනි, එන්න බලන්න...."

දැන් අර ළමයා වත්තෙ කොණට ගිහිල්ලා, "මෙන්න මෙතැන" කිව්වා. හෑරුවා. මෙන්න එනවා පොඩි පෙට්ටියක්.. ඇතුළේ රත්තරන් හැරමිටියක්. රත්තරන් පිඟානක්. සෙරෙප්පු දෙකක් මෙන්න එළියට එනවා.

## මේ තමයි සසරේ හැටි...!

බලන්න ආශාව නිසා පුද්ගලයාව අරන් යන දිහා. ආශාව විසින් මනුස්සයාව කරකවන කරකැවිල්ල අසාධාරණ එකක්. හැබැයි ඒ අසාධාරණකම තමන් විසින්ම තමන්ටම කරගන්න එකක්. ඒකයි මේකෙ තියෙන ප්‍රශ්නය. මට නම් මේ සසර සාධාරණ එකක් කියලා පේන්නෙ නෑ. හරිම අසාධාරණ එකක්. හැබැයි මේ අසාධාරණකම තමන් විසින් තමන්ටමයි කරගන්නේ. තමුන් ඒක දන්නේ නෑ. බුදුරජාණන් වහන්සේ මේක අවබෝධ කරගන්න කියලා වදාළා.

ස්පර්ශය නිසයි විඳීම ඇතිවෙන්නේ. ස්පර්ශය

කියලා කිව්වේ ඇහැයි, රූපයයි, විඤ්ඤාණයයි එකතුවීමයි. කණයි, ශබ්දයයි, විඤ්ඤාණයයි එකතුවීමයි. නාසයයි, ගඳසුවඳයි, විඤ්ඤාණයයි එකතුවීමයි. දිවයි, රසයයි, විඤ්ඤාණයයි එකතුවීමයි. කයයි, පහසයි, විඤ්ඤාණයයි එකතුවීමයි. මනසයි, අරමුණුයි, විඤ්ඤාණයයි එකතුවීමයි. අපට මේ වෙලාවේ ස්පර්ශය තියෙනවා. ස්පර්ශය ඇති වෙවී තියෙන්නේ. එතකොට විඳීම ඇතිවෙනවා. එතකොට ආශාව ඇතිවෙනවා.

මෙතැනදී අපි ස්පර්ශය පාවිච්චි කරන්නෙ අවබෝධයක් පිණිසයි. එතකොට මෙතැනදි අපි හරි වීරියක් ගන්න ඕන. සිහිය යොමු කරන්න ඕන. කල්පනාව යොමු කරන්න ඕන. හිතන්න ඕන. මේ හැකියා අපට උපතත් සමඟ ලැබුණු වාසි. අපි ඒ දේවල් ප්‍රයෝජනයට ගන්න ඕන.

## එපා කිව්වට නොලැබී තියෙන්නේ නෑ...

ඉතින් බුදුරජාණන් වහන්සේ පෙන්වා දෙනවා ස්පර්ශයට හේතුව මේ ඇස, කණ, නාසය, දිව, කය, මනස නැමැති ආයතන හයයි කියලා. මනුස්සයෙකුගේ ඇස මැරෙන කොට, තුවාල වෙනකොට මිනිස්සු කියනවා 'අනේ... මට මේ වගේ ඇසක් නම් එපා!' කියලා. කණේ ප්‍රශ්නයක් එනකොට මිනිස්සු 'අනේ... මේ වගේ කණක් නම් එපා!' කියලා කියනවා. ඇඟේ ලෙඩ එනකොට 'අනේ මට මේ වගේ ශරීර නම් එපා!' කියලා කියනවා.

හැබැයි, එයා හැමතිස්සේම හිතෙන් මිදෙන්න බැරුව ඉන්නවා. එයා හැමතිස්සේම හිත 'මම' කියලා හිතාගෙන ඉන්නවා. ඒ නිසා අපි ඇසටත් වසඟවෙලා ඉන්නවා. කණටත් වසඟවෙලා ඉන්නවා. නාසයටත්

වසඟවෙලා ඉන්නවා. දිවටත් වසඟවෙලා ඉන්නවා. කයටත් වසඟවෙලා ඉන්නවා. මනසටත් වසඟවෙලා ඉන්නවා.

## මේක තේරුම් ගත්තොත් හරි...

මේ විදිහට අප තුළ ස්පර්ශය ඇතිවෙනවා. වේදනාව ඇතිවෙනවා. තණ්හාව ඇතිවෙනවා. උපාදාන ඇතිවෙනවා. භවය ඇතිවෙනවා. ජාති, ජරා, මරණ ඇතිවෙනවා. මේ නිසයි බුදුරජාණන් වහන්සේ "මේක අවබෝධ කරන්න" කියලා වදාළේ.

මේ ඇස, කණ, නාසය, දිව, කය, මනස වයසට යන්නේ, මැරෙන්නේ අනිත්‍ය නිසානේ. අපට අවබෝධ නොවුණෙත් මේ අනිත්‍යයයි කියන එකමයි. මේවා 'මගේ නොවේ, මට අයිති නෑ' කියන එකයි අපට අවබෝධ නොවුණේ. ඒ නිසා අර වින්දනය ඇතිවෙලා තණ්හාව ඇතිවෙන කොට (වින්දනය හටගන්නේ ඇසේ ස්පර්ශයෙන්. වින්දනය නිසා තණ්හාව, ආශාව ඇතිවෙලා ඒක සතුටින් පිළිගන්න කොට) මේකෙ පැවැත්ම ඕන වුණා.

## නිවන් දැක්කොත් 'මට' මොනවා වෙයිද...?

මේ නිසයි මනුස්සයාට, දෙවියන්ට මේ 'නිවන' කියන වචනය තේරුම් ගන්න අමාරු. 'ඉපදීමෙන් නිදහස් වෙනවා' කියන එක තේරුම් ගන්න අමාරු. කෙනෙකුට හිතෙන්න පුළුවන් 'හරි වැඩේනේ. එතකොට නිවන් දැක්කොත් ඇහැක් කෝ? නිවන් දැක්කොත් කණක් කෝ? නාසයක්, දිවක්, කයක්, මනසක් කෝ?' කියලා භයක් ඇතිවෙනවා. මොකද, මේක අනිත්‍යයයි කියලා දන්නේ නැනේ. භයක් ඇතිවුණාම එයා කියන්නේ 'නෑ... නෑ...

නෑ... දැන්ම නිවන් දකින්න අපි කලබල වෙන්න ඕන නෑ' කියලයි. ඒ අය හිතාගෙන ඉන්නේ ඊයෙ පෙරේදා ඉපදිලා කියලා. සංසාරේ පටන්ගෙන තියෙන්නේ මේ ආත්මයෙන් කියලයි හිතාගෙන ඉන්නේ. "දැන්ම නිවන් දකින්න කලබල වෙන්න ඕන නෑ. අපි හිමීට හිමීට යං" කියනවා. ඒ භය නැතුව යන්නේ මේ හේතුඵල දහම අවබෝධ වීමෙන් පමණයි.

## මෙතැන තියෙන්නේ හේතුඵල දහමක්...

නමුත් ආත්ම දෘෂ්ටියෙන් බලද්දී කාට වුණත් භය හිතෙනවා. සක්කාය දිට්ඨියෙන් බලද්දී හිතෙන්නේම 'මගේ පැවැත්ම' කියලයි. නමුත් හේතුඵල වශයෙන් බලද්දී 'මේ තුළ මමය, මාගේය කියලා ගන්න දෙයක් නෑ. මේකේ තියෙන්නේ හේතුඵල දහමක්' කියලා අවබෝධයක් ඇතිවෙනවා. එතකොට එයා ඒකෙන් නිදහස් වෙන්න කැමැති වෙනවා.

බුදුරජාණන් වහන්සේ වදාළේ ඇස, කණ, නාසය, දිව, කය, මනස කියන මේ හයම අපට ලැබුණේ නාමරූප වලින් කියලයි. ඒ කියන්නේ මව්කුසක විඤ්ඤාණයක් පහළ වෙන්න කරුණු තුනක් ඕන. ඒ තමයි, මව් කෙනෙක් වෙන්න සුදුසු කෙනෙක් ඉන්න ඕන. ඊළඟට තාත්තා කෙනෙකුයි, අම්මා කෙනෙකුයි එකතු වෙන්න ඕන. (මව්පියන් එකතුවෙන්න ඕන. එතකොට උපතක් සඳහා භෞතික පරිසරය තියෙනවා) ගන්ධබ්බයෙකුගේ පැමිණීමත් ඕන. එතකොට මව්කුසේ ඒ විඤ්ඤාණය පිහිටනවා.

## මව්කුස තුළ සකස් වූ දුක...

මව්කුසේ ඒ විඤ්ඤාණය පිහිටන්නේ මව්කුසේ සකස් වූ පඨවි, ආපෝ, තේජෝ, වායෝ, ආකාස ධාතු වලින් සැදි පරිසරය තුළයි. ඒ පරිසරය තුළ තමයි අර විඤ්ඤාණය පිහිටන්නේ. ඊට පස්සේ විඤ්ඤාණය මුල්කරගෙන රූපය වැඩෙනවා. ස්පර්ශයට වුවමනා කාරණය වැඩෙනවා. වින්දනයට වුවමනා කාරණය වැඩෙනවා. සඤ්ඤාවට වුවමනා කරන දේ වැඩෙනවා. චේතනාවන් සකස් වෙන්න වුවමනා දේ වැඩෙනවා. නාමරූප හැදෙනවා.

මව්කුසේදී ඒ නාමරූපවලින් තමයි ටික ටික ඇහැ හැදෙන්නේ. කණ් දෙකක් හැදෙනවා. නාසයක් හැදෙනවා. පොඩි ඇට සැකිල්ලක් හැදෙනවා. ඇඟක් හැදෙනවා. මනසක් හැදෙනවා. ඔන්න ඉතින් උපදිනවා. නාමරූපවලින් තමයි මේ ආයතන හය හැදෙන්නේ.

දැන් අපි පාවිච්චි කරන මේ ඇස් දෙක එහෙම හැදුණ ඇස් දෙකක් නෙවෙයිද? අපේ කණ් දෙකත් නාමරූපවලින් හටගත්ත කණ් දෙකක්. නාසයත් නාමරූප වලින් හටගත්ත නාසයක්. දිවත් නාමරූපවලින් හටගත්ත එකක්. ශරීරයත් නාමරූපවලින් හටගත්ත එකක්. මනසත් නාමරූපවලින් හටගත්ත එකක්. නාමරූප නිසා තමයි මේ ආයතන හය හැදුණේ කියලා අපි අවබෝධ කරගන්න ඕන. හැබැයි විඤ්ඤාණයක් නැත්නම් නාමරූප හැදෙන්නේ නෑ. විඤ්ඤාණය තිබුණ නිසා තමයි නාමරූප හැදුණේ. අපි මෙතැනින් මැරෙන කොට විඤ්ඤාණය චුතවෙනවා. එතකොට නාමරූප තිබුණොත් තමයි විඤ්ඤාණය වැඩෙන්නේ.

## විඤ්ඤාණ - නාමරූප සම්බන්ධය....

මතකද මං ඔබට කලින් විඤ්ඤාණයට උපමාවක් කිව්වා, විඤ්ඤාණය බීජයක් වගේ කියලා. ඒ බීජය මුල් අදින්නේ පෘථිවි සාරය ගන්නයි. පෘථිවි සාරය ගන්නේ කොළ අතු ලියලා ගන්නයි. මේ වගේ තමයි මේ විඤ්ඤාණය නිසා නාමරූප. නාමරූප නිසා විඤ්ඤාණය. මේවා හැදි හැදී තමයි ආයතන හයක් හැදෙන්නේ.

ඉතින් ඊට පස්සේ ඔන්න අපි උපන්නා. දැන් කය හා බැඳුණු සංස්කාර තියෙනවා. කාය සංස්කාර. ඒ වගේම වචන කතා කරන්න හිත ඇතුළේ වචී සංස්කාර හැදෙනවා. සිත පවතින්න ඕන දේ දැන් හදාගෙන තියෙනවා. ඒ තමයි, සඤ්ඤා වේදනා. මේ ඔක්කෝගේම පදනම දුකක පැවැත්මක් කියලා අපි දන්නේ නෑ. ඒ තමයි අවිද්‍යාව.

## අපේ නොදන්නාකම...

මේ දුක පවත්වන්න තණ්හා සහගත ක්‍රියාකාරීත්වයක් හේතුවෙලා තියෙනවා. ඒ ගැන අපි දන්නේ නෑ. ඒ අවිද්‍යාව. මේ තණ්හා සහගත ක්‍රියාකාරීත්වයෙන් නිදහස් වුණොත් දුකෙන් නිදහස්. ඒක දන්නෙත් නෑ. ඒත් අවිද්‍යාව. මේ සඳහා තිබෙන්නේ තමන්ගේම කුසලතා අවබෝධයෙන් මෙහෙයවා ගැනීම, සිහිය දියුණු කිරීම, ඉන්ද්‍රිය සංවරය, වීරිය, නුවණ, සමාධිය කියලා දන්නේ නෑ. ආර්ය අෂ්ටාංගික මාර්ගය තමයි මේ කරා යන්න අපට වුවමනා වෙන්නේ කියලා දන්නේ නෑ. ඒකට කියන්නෙත් අවිද්‍යාව.

ඒ නොදන්නාකම අනිත් නොදන්නාකම්වලට වඩා බරපතල එකක්. හේතුව තමයි, මනුස්සයෙකුට ඕන නම් දෙවියෙක් වෙන්න පුළුවන්. මනුස්සයෙක් වෙන්නත්

පුළුවන්. හැබැයි අවිද්‍යාව ප්‍රහාණය කරන්න දන්නේ නෑ.

කොච්චර නොදන්නවාද කියන්නේ බුද්ධ කාලේ නෙවෙයි, අබුද්ධෝත්පාද කාලවලත් විමුක්තියක් හොයා ගන්න ඕන කිය කියා භාවනා කර කර ඉඳලා සමහරු ගිහිල්ලා බඹලොව උපදිනවා. හැබැයි බඹලොව උපන්නත් චතුරාර්ය සත්‍යය දන්නේ නෑ. දෙවියන් අතරත් උපදින්න පුළුවන්. ඒත් චතුරාර්ය සත්‍යය දන්නේ නෑ.

## ලෝකයම අවිද්‍යාව තුළ...

දැන් අපි මිනිස්සු වෙලා ඉපදිලා ඉන්නවා. ලෝකයේ මිනිස්සු වෙලා ඉන්නේ අපි ටික විතරක් නෙවෙයිනේ, කෝටි ගාණක් ඉන්නවානේ. මේ කෝටි සංඛ්‍යාත මනුස්ස ප්‍රජාව ඉන්නේ චතුරාර්ය සත්‍යය අවබෝධ කරලා නෙවෙයිනේ. මේ ඔක්කෝම ඉන්නේ අවිද්‍යාව තුළයි. අවිද්‍යාව තුළ ජීවත් වෙන සත්වයන් අවිද්‍යා සහගතව 'මමය, මාගේය, මාගේ ආත්මයෙන් යුක්තයි' කියන හැඟීමෙන් වෙලී ආශ්වාස, ප්‍රශ්වාස කරද්දී කාය සංස්කාර සකස් වෙනවා. කතා කරද්දී විතක්ක, විචාර (වචී සංස්කාර) සකස් වෙනවා. හඳුනාගනිද්දී, විඳිද්දී හිත හා බැඳුණ සංස්කාර (චිත්ත සංස්කාර) සකස් වෙනවා.

මේ ක්‍රියාකාරීත්වය තුළ විඤ්ඤාණයේ ක්‍රියාකාරීත්වය නිරන්තරයෙන්ම සිද්ධවෙනවා. නාමරූපයන්ගේ ක්‍රියාකාරීත්වය නිරන්තරයෙන්ම සිද්ධවෙනවා. ආයතන හයේ ක්‍රියාකාරීත්වය නිරන්තරයෙන්ම සිද්ධවෙනවා. ස්පර්ශයේ ක්‍රියාකාරීත්වය නිරන්තරයෙන්ම සිද්ධවෙනවා. විඳීම හටගැනීම නිරන්තරයෙන්ම සිද්ධවෙනවා. විඳීම හටගන්න කොට ආශාව තිබීම නිරන්තරයෙන්ම හටගන්නවා. ආශා කරන දේට හිරවීම නිරන්තරයෙන්ම

පින සහ අවබෝධය 105

සිද්ධවෙනවා. ඊට පස්සේ චේතනාව නැමැති මැෂින් එක නිරන්තරයෙන්ම වැඩකරනවා. උපත කරා යන්න විඤ්ඤාණය හැදීම නිරන්තරයෙන්ම සිද්ධවෙනවා.

## මේ තමයි වැඩපිළිවෙල...

මේක පාලනය කරන වැඩපිළිවෙල බුදුරජාණන් වහන්සේ දේශනා කළා. ඉස්සෙල්ලාම ඇස, කණ, නාසය, දිව, කය, මනස කියන ආයතන හය පාලනය කරන්න කිව්වා. දැන් ටීවී එක බැලුවත් අවුස්සනවා. රේඩියෝ එක ඇහුවත් අවුස්සනවා. පත්තරයක් බැලුවත් අවුස්සනවා. කඩයකට ගියත් අවුස්සනවා. ඒ නිසා මේක පාලනය කරන්න කිව්වා. මේක පාලනය කරලා අකුසල් විපාක ලබලා දෙන දෙයින් වළකින්න කිව්වා.

ඊට පස්සේ සීලයෙන් කය වචනය සංවර කරන්න කිව්වා. වීරියෙන් යුතුව සිහිය දියුණු කරගන්න කිව්වා. වීරියෙන් යුක්තව සිහිය දියුණු කරන කොට අර අවුල් ගතියෙන් කාමයට අහුවුණ සිත ඒකෙන් මිදිලා සමාධිගත වෙනවා. වීරියෙන් යුක්තව සිහිය දියුණු කරන කොට කාමය අත්හරිනවා.

කාමය සම්බන්ධ ඇස, කණ, නාසය, දිව, කය එක්කයි. දැන් මෙයා ඉන්ද්‍රිය සංවර කරනවා. ඉන්ද්‍රිය සංවර කරන කොට වැටකඩොළු බැඳෙන්නේ කාමයටයි.

## ටිකෙන් ටික භාවනාවට හුරුවෙන්න....

ඊට පස්සේ මෙයා වීරිය කරනවා. අකුසල් හටගන්න කොට දුරුකරන්න, කුසල් උපදවා ගන්න මහන්සි ගන්නවා. අලුතෙන් අකුසල් උපද්දවන්නේ නැතුව ඉන්න මහන්සි ගන්නවා. මෙහෙම ඉඳලා සිහිය දියුණු කිරීම පිණිස

එක්කෝ ආනාපානසති, එක්කෝ ධාතුමනසිකාර, එක්කෝ බුද්ධානුස්සති, එක්කෝ මෛත්‍රිය වඩනවා. ඒ වගේම එයා ඉන්ද්‍රිය සංවර කරගෙන අනිත්‍ය ආයතන භාවනා වගේ එකකට යොමුවෙනවා.

මේක වීරියෙන් කරනකොට, කරනකොට සිහිය දියුණු වෙනවා. සිහිය දියුණු වෙනකොට සම්මා වායාම, සම්මා සති, සම්මා සමාධි ආදී අංග දියුණු වෙනවා. අන්න කාමයන්ගෙන් පනින්න පුළුවන් ආකාරයට, දෘෂ්ටි ලිහන්න පුළුවන් ආකාරයට, සීලබ්බත පරාමාස ලිහෙන ආකාරයට, ආත්මවාදයෙන් නිදහස් වෙන්න පුළුවන් ආකාරයට මනස තැන්පත් වෙනවා. අන්න සම්මා සමාධිය.

## ඊළඟට නුවණින් විමසන්න...

මේ සමාධිය තුළ මෙයා විමස විමසා බලන්නේ මේ පටිච්ච සමුප්පාදය විස්තර කරන මේ රටාව ගැනයි. ආයතන හයෙන් අරමුණු ගන්නවා, විඳිනවා, හඳුනා ගන්නවා, චේතනා පහළ කරකර වැඩකරනවා. මේ එකක් එකක් ගානේ මේවා නිත්‍යද, අනිත්‍යද කියලා විමසනවා. දැන් කලබලයක් නැතුව විමසගන්න පුළුවන්. දැන් මෙයාගේ හිත කලබල නෑ. තැන්පත්. අන්න හිත දමනය කළා. හිත තැන්පත් කළා. ඔන්න සම්මා සමාධියත් ඇතිකරගත්තා.

ඊට පස්සේ මෙයා සම්මා සමාධිය තුළ පටිච්ච සමුප්පාදය හොඳට විමසා බලනවා. එතකොට මෙයාට පටිච්චසමුප්පාදයේ තියෙන ලක්ෂණය මොකක්ද කියලා තේරුම්ගන්න පුළුවන්කම ලැබෙනවා. ඒ ලක්ෂණය තමයි හේතූන් නිසා ඵල හටගන්නවා. හේතු නැතිවෙන කොට ඵලය නැතිවෙනවා. මේක ධර්මතාවයක්. මේක 'මම' කියලා කෙනෙකුගේ ක්‍රියාකාරීත්වයක් නෙවෙයි. මේක

'මගේ' කියලා කෙනෙකුගේ ක්‍රියාකාරීත්වයක් නෙවෙයි. මේක 'මගේ ආත්මය' කියලා කෙනෙකුගේ ක්‍රියාකාරීත්වයක් නෙවෙයි. මෙතැන තියෙන්නේ හේතූන් නිසා හටගන්නා යමක් ඇද්ද, හේතු නැතිවීමෙන් එය නැතිවී යන ස්වභාවයෙන් යුක්තයි කියන ධර්මතාවයයි. මේක අවබෝධ කරගත්තා නම්, ඊට පස්සේ එයා එතැන ඉඳලා උපත කරා යන්න හේතු වුණ දේ බලනවා.

## දෘෂ්ටි වලින් මිදෙන්න පුළුවන්කම ලැබෙනවා...

එතකොට කවුරුහරි කියනවා නම් 'මරණින් මත්තේ උපතක් නැත' කියලා ඒක බොරු බව මෙයාට පේනවා. ඒකට හේතුව තමයි, මේ රටාව තමන් තුළින්ම දැකීම. එතකොට 'මරණින් මත්තේ සදාකාලික වෙනවා, දෙවියන් දඬුවම් දීලා සදාකාලික නිරයට ඇදලා දානවා, දෙවියෝ තෑග්ගක් දීලා සදාකාලික ස්වර්ගයට යවනවා' කියන මේ සියලු මත ඇත්ත නෙවෙයි කියලා එයා දැනගන්නවා.

මේ පටිච්ච සමුප්පාදය තේරුම්ගත්තු ගමන් එයා දෘෂ්ටි උපාදානයෙන් නිදහස්. එතකොට මෙතැන හේතුඵල දහමක ක්‍රියාකාරීත්වයක් තියෙන්නේ කියලා තේරුම් ගත්ත ගමන් සීලබ්බත උපාදානයන්ගෙන් නිදහස් වෙනවා. මෙතැන තියෙන්නේ හේතුඵල දහමක පැවැත්මක් කියලා තේරුම් ගත් ගමන් සක්කාය දිට්ඨියෙන් නිදහස්.

## ආර්ය න්‍යාය හඳුනාගනිමු...

මෙන්න මේ කාරණාවට යන්න තමයි ආර්ය අෂ්ටාංගික මාර්ගය තියෙන්නේ. එතකොට පින්වත්නි, අපට මේ විදිහට පටිච්චසමුප්පාදය අවබෝධ කරගන්න පුළුවන්

වුණොත් අපි සියල්ලෙන්ම නිදහස් වෙනවා. ඒ පටිච්ච සමුප්පාදය තුළ ඉගැන්වෙන්නේ අවිද්‍යාව නිසා සංස්කාර ඇතිවෙනවා. සංස්කාර නිසා විඤ්ඤාණය ඇතිවෙනවා. විඤ්ඤාණය නිසා නාමරූප ඇතිවෙනවා. නාමරූප නිසා ආයතන හය ඇතිවෙනවා. ආයතන හය නිසා ස්පර්ශය ඇතිවෙනවා. ස්පර්ශය නිසා විඳීම ඇතිවෙනවා. විඳීම නිසා ආශාව ඇතිවෙනවා. ආශාව නිසා ඒකට කොටුවෙනවා, හිරවෙනවා. ඒකට අහුවෙන නිසා චේතනා පහළ කරකර කර්ම රැස්වෙනවා. ඒ නිසා උපදිනවා. උපදින නිසා ජරා, මරණ, ශෝක, වැළපීම්, දුක්, දොම්නස්, සුසුම් හෙළීම් සියල්ල හටගන්නවා.

## උපදිනතාක්ම දුක් විඳින්න වෙනවා...

පසුගිය දවස්වල අර බැංකු මංකොල්ලයේදී මිනිස්සුන්ගේ සල්ලි අරගෙන පැනලා ගියානේ. දැන් බලන්න, ඒ මිනිස්සු දැන් ජීවිතයට මුහුණ දෙන්නේ කොහොමද? ඒගොල්ලන්ගේ සිහිනය බලාගෙන ඉඳිද්දී බිඳ වැටුණා. පවුල් හාරදාහක්, පන්දාහක් මේකට අහුවෙලා. එතකොට බලන්න, මනුස්සයෝ මොනතරම් දුක් විඳින්න ඕනද? හොරුන්ට අහුවෙලා දුක්විඳින්න ඕන. ගංවතුරට අහුවෙලා දුක්විඳින්න ඕන.

ඉන්දියාවේ බිහාර් ප්‍රාන්තයේ සමහර තැන්වල වතුර ගලාගෙන යනවා. ඒත් බොන්න බෑ. බොන්න වතුර නෑ. නමුත් වතුර ගලාගෙන යනවා. වතුර උඩ ඉන්නේ. බොන්න වතුර නෑ. නාන්න නෑ. දවස් දහයේ, දොළහේ ඉන්නවා. හෙලිකොප්ටරයකින් ඇවිල්ලා කෑම දාන්නවත් විදිහක් නෑ. කෑම වතුරට වැටෙනවනේ. දවස් දහයේ, දොළහේ බඩගින්නේ. දැන් විඳවනවනේ. වතුරෙන්

විඳවනවා. හොරුන්ගෙන් විඳවනවා. යුද්ධවලට මැදිවෙලා විඳවනවා. ත්‍රස්තවාදී කෝලාහලවලට මැදිවෙලා විඳවනවා. නියඟයෙන් විඳවනවා. දුර්භික්ෂවලින් විඳවනවා. ලෙඩ දුක් පැතිර යාමෙන් විඳවනවා. හිතාගන්න බෑ. ඉපදීම නිසා මනුස්සයාට තිබෙන දේවල්.

ඒ නිසා පින්වත්නි, මේවා අපට උපදින්න සිද්ධ වෙනකම්ම, මුහුණ දෙන්න තියෙන දේවල්. 'අනේ... මට නම් උපදින්න එපා!' කිය කියා මැරුණත් උපදිනවා. මොකද, තමාගේ කැමැත්තට අනුව නෙවෙයි මේක සිද්ධ වෙන්නේ. හේතුඵල දහමකට අනුවයි.

## අවබෝධ කළ යුතු දහම මෙයයි...

ඒ නිසා අපි හැමතිස්සේම අවබෝධ කරන්න මහන්සිගන්න ඕන මේ හේතුඵල දහමමයි. ඉතින් මේ අවබෝධ කිරීමට අපි මහන්සි ගත්තොත් මං නම් හිතන්නේ අපේ ජීවිතයට ඊට වඩා දෙයක් වුවමනා නෑ.

අපි පින් රැස්කරගන්න ඕන. මේ ජීවිතය අවබෝධ කරගන්න මහන්සි ගන්න අතරේ අපි පින් රැස්කරගන්න ඕන. ජීවිත අවබෝධය සඳහා අපට උපකාරී වන්නේ සීල, සමාධි, ප්‍රඥා. එතකොට සීලයක පිහිටලා, අපි කවුරුත් සමාධියක් පිණිස මහන්සි වෙන්න ඕන. චිත්ත සමාධියක් ඇතිකරගෙන ඉන්න ටික ටික හරි පුරුද්දක් ඇතිකර ගත්තොත් ඒ සමාධියකින් ඉන්න මොහොත, කාමයන් ගෙන් වෙන්වූ වෙලාවක්. අකුසල්වලින් වෙන්වූ වෙලාවක්.

## කාමයන්ගෙන් වෙන් වූ සැපය හරි ප්‍රණීතයි...

බුදුරජාණන් වහන්සේ ලෝකයේ සැප අතර

කාමයන්ගෙන් වෙන්වූ, අකුසල ධර්මයන්ගෙන් වෙන් වූ සමාධි සැපය හරියට අගය කළා.

කාමයන්ගෙන් ලැබෙන සැපය ගොරෝසු එකක්. බතක් කෑවත් "හායි... හූයි..." ගාලා කට දනවා... සීනි කන්න ඕන. ප්‍රශ්න ගොඩක්. නටන්න ගියත් දාඩිය දාගෙන, කලන්තේ දාලා තමයි ඉවර වෙන්නේ. ඒ නිසා කාම සැපයේ තියෙන්නේ හරි ගොරෝසු සැපයක්. හැබැයි සමාධි සැපය එහෙම එකක් නෙවෙයි. ඒක හරිම සෞම්‍ය වූ සැපයක්. ශාන්ත වූ සැපයක්. නිස්කලංක සැපයක්. විරාගී සැපයක්.

ඉතින් මේ ජීවිතයේදීම අපේ සිත මෙහෙයවලා, ඉන්ද්‍රිය සංවරය මෙහෙයවලා, වීරිය මෙහෙයවලා, අපි හැමෝටම ඒක අත්විඳින්න වාසනාවක් ලැබුණොත්, ඒක අපි ලබපු මනුස්ස ජීවිතයේ ලබන උතුම්ම ලාභයක්.

## ශාස්තෘත්වය බැහැර කරලා මොන ශ්‍රාවකත්වයක්ද..?

හැබැයි ලෝකයට මේ සියල්ලම විවෘත වෙන්නේ එක්කෙනෙක් නිසා. සාරාසංඛ්‍ය කල්ප ලක්ෂයක් පෙරුම් පුරාගෙන, මේ මහා භද්‍ර කල්පයේ පහළ වූ, මහා පුරුෂ ලක්ෂණ වලින් යුක්ත වූ එක්කෙනෙක් නිසයි මේ ඔක්කොම තියෙන්නේ. ඒ තමයි බුදුරජාණන් වහන්සේ.

උන්වහන්සේව බැහැර කරලා අපි වෙන වෙනම බුදුවෙන්න කල්පනා කළොත්, මම නම් දකින්නේ ඒක අසනීපයක් කියලමයි. ඒකට කියන්න වෙන කිසිම වචනයක් නෑ. ඒක නුවණින් යුක්ත කල්පනාවක් නෙවෙයි. මනුෂ්‍ය වර්ගයාට ඒ මතය ඉදිරිපත් කිරීම මනුෂ්‍ය වර්ගයාට

කරන හානියක් කියලමයි මං හිතන්නේ. මොකද ඒ තුළ මනුෂ්‍යයාට සාක්ෂාත් කරන්න දෙයක් නෑ. අපට තියෙන්නේ එකම කෙනෙකුගේ අවබෝධය පිළිබඳව සිත පහදවා ගැනීමමයි. ඒ තමයි මහා පුරුෂ ලක්ෂණවලින් සමන්විත මහෝත්තමයන් වහන්සේ.

## අපි නොදත් අපට හිමි අරුම පුදුම වාසනාව...

අපේ මොකක්දෝ වාසනාවකට, උන්වහන්සේ තුසිත දිව්‍ය ලෝකයේ ඉඳලා මනුෂ්‍ය ලෝකයට වැඩියා. විශේෂයෙන්ම පින්වත්නි, ලංකාවේ මනුස්සයින්ට තියෙන වාසනාව හරි අද්භූත වාසනාවක්. ඇයි, ඒක පුදුම සහගත වාසනාවක් කිව්වේ? බුදුරජාණන් වහන්සේ ඉපදුණේ මධ්‍ය මණ්ඩලයේ. මධ්‍ය මණ්ඩලයේ තමයි සියලුම බුදුවරු පහළ වන්නේ. ඒ කියන්නේ බරණැස, ගයා කියන සීමාවේ. සැවැත් නුවර, නේපාලයේ කඳුවැටි පැත්තේ ඉඳලා යම්කිසි සීමාවක් තියෙනවා. ඒ සීමාවේ තමයි බුදුවරු උපදින්නේ.

අපි මේ කොහේදෝ කොදෙව්වක, සාගරයෙන් වට වූ මේ පුංචි දූපතක්නේ. අද්භූත වාසනාවක් කිව්වේ බුදුවරු පහළවෙන මධ්‍ය මණ්ඩලයේ අද කිසිම දෙයක් නෑ. හැබැයි, යම් සෙවණක ඉඳලා බෝසතාණන් වහන්සේ සම්බුද්ධත්වය ලැබුවාද, සෙවණ දුන් ඒ බෝධීන් වහන්සේ තියෙන්නේ අපි ළඟ, අනුරාධපුරයේ. උන්වහන්සේ යම් ගස් සෙවණක සැතැපී පිරිනිවන්පෑවාද, දෙවියන් බඹුන් පුදන ධාතූන් වහන්සේලා ස්ථූප තනාගෙන වැඳ වැඳ ඉන්නේ අපි.

## මේ බුද්ධිමත් වීමට කාලයයි...

එදා උන්වහන්සේ බුද්ධිමතුන් සොය සොයා ගමක් ගමක් ගානේ ඇවිදගෙන ගියා. බුදුරජාණන් වහන්සේ එක තැනක ප්‍රකාශ කරනවා, "අනේ... මගේ ළඟට එනවා නම් (**ඒතු විඤ්ඤූ පුරිසෝ අසඨෝ අමායාවී**) කට්ට කෛරාටිකකම් නැති බුද්ධිමත් මනුෂ්‍යයෙක්. මම අනුශාසනා කරන්නම්. එයාට අවබෝධ කරන්න පුළුවන්" කියලා.

අන්න ඒ වගේ බුද්ධිමත් මිනිස්සු හොය හොයා අවුරුදු හතළිස් පහක්ම මේ දඹදිව් තලය පුරා ඇවිදපු... ඒ බුද්ධිමත් මිනිස්සු හොය හොයා කියාපු දේ... අද තියෙන්නේ අපි ළඟ. මේ ලාංකික අපට තියෙන වාසනාව අසිරිමත් එකක්. ඒක අද්භූත වාසනාවක්.

## ඔබේ වාසනාවට වින කරන අධාර්මික මතවාද...

මේ වාසනාවට විනකරන්න කාටවත් දෙන්න එපා! මේ වාසනාවට විනකිරීම තමයි, බුදුබව පැතීම කියන්නේ. ඒකට කවුරුවත් අහුවෙන්න එපා! මේ වාසනාවට වින කිරීම තමයි, පාරමී පිරීම කියන්නේ. ඒ හැම එකකින්ම භව පැවැත්ම ගැන භය නැතිකරනවා. ඒ මතය විසින් සතර අපායට යටවූ, අනිත්‍ය, දුක්ඛ, අනාත්ම කියන ත්‍රිලක්ෂණයට යටවූ, පටිච්චසමුප්පාදයේ ගොදුරු බවට පත්වූ සත්වයාගේ අවිද්‍යාවට ඉණිමං කපනවා. ඒ මතය වින කරන්නේ ගෞතම බුදුරජාණන් වහන්සේගේ ශාසනයටයි. ඒ නිසා ඒකට ඉඩදෙන්න හොඳ නෑ.

මං මේක කිව්වේ ජපානයෙන්ද කොහෙද

කණ්ඩායමක් ඇවිල්ලා ඉන්නවලු මිනිස්සුන්ව මහායානයේ සමාදන් කරවන්න. බෝසත් සමාජයක් බිහිකරවන්න. එක්කෙනා බුදුබව පතන්න, එක එක්කෙනා පාරමී පුරන්න කියලා කියාගෙන යනවලු! ගෞතම බුදුරජාණන් වහන්සේගේ අවබෝධය ගැන නොපැහැදුණු හිස් පුද්ගලයන් හැම තැනම ඉන්න නිසා ඒ හිස් පුද්ගලයන් මේකට උදව් කරාවි.

## නිරතුරු සිහිබුද්ධියෙන් ඉන්න...

නමුත් අපි සිහි බුද්ධියෙන් ඉන්න ඕන. අපි සරණ ගියේ ඒ කවුරුවත් නෙවෙයි. ඒ කාගෙවත් කතාබහ නෙවෙයි. අපගේ මොකක්දෝ වාසනාවකට, අපි මිනිස්සුන්ගේ ආයුෂ අවුරුදු එකසිය විස්සක් වගේ යුගයක, කිඹුල්වත් නුවර සුදොවුන් රජුට දාව මහමායා බිසවුන්ගේ කුසින් පහළ වූ, සිද්ධාර්ථ ගෞතම සම්මා සම්බුදුරජාණන් වහන්සේව සරණ ගියා. මේක ඔබේ මතකයෙන් ඈත් කරන්න කිසි කෙනෙකුට ඉඩදෙන්න එපා!

ඒ බුදුරජාණන් වහන්සේට සෙවණ සැලසූ බෝධීන් වහන්සේට අපි වන්දනා කරනවා. ඒ බෝධීන් වහන්සේ වැඩසිටින්නේ අනුරාධපුරයේ උඩමළුවේ. ඒ බුදුරජාණන් වහන්සේගේ ද්‍රෝණයක් ධාතූන් වහන්සේලා රනින් කළ දාගැබක් ඇතුළේ, ඉර්ධිමත් රහතුන්ගේ අරහත් බලය මිශ්‍ර කරලා ආරක්ෂා සහිතව, අපේ දුටුගැමුණු රජතුමා හදලා අපට වඳින්න පුදන්න දීපු ස්ථූපය තාම තියෙනවා. අපි ඒ රුවන්වැලි සෑය වන්දනා කරනවා.

## සත්‍යය රැකගන්න...

ඒ රහතන් වහන්සේලාගේ යුගයේ ඒ රහතන්

වහන්සේලා සියලු බාධක, කරදර, කම්කටොලු අභියස මුහුදු වෙරළට ගිහින් වැටකෙයියා ඉස්ම බිබී කටපාඩම් කරගෙන ආපු ගෞතම බුදුරජාණන් වහන්සේගේ ධර්මය තාම තියෙනවා. ඒ ධර්මය අද අපේම භාෂාවෙන් පරිවර්තනය වෙලත් තියෙනවා. ඒ නිසා මේක කවුරුහරි විකෘති කළොත්, විකෘති කරන්නේ ඔය මහායාන කෙනෙක්මයි. පාරමී පුරන්න කියන ඔක්කොම මේ ධර්මය විකෘති කරන්න කියන අයයි. මේක විකෘති කරන අය කවුද කියලා හොඳට මතක තියාගන්න.

ඊළඟට කවුරුහරි කියනවා නම් බුදුරජාණන් වහන්සේ මේවා ගණ පිහිටුවලා දේශනා කළා කියලා, අන්න විකෘති කිරීම. බුදුරජාණන් වහන්සේ දේශනා කළේ සත්‍යයක් මිසක් ගණයක් නෙවෙයි. මේ දේශනාව තමයි 'සත්‍යය.' බුදුරජාණන් වහන්සේ දේශනා කළ රතන සූත්‍රය, කරණීය මෙත්ත සූත්‍රය කියන්නේ නවාංග ශාස්තෘ ශාසනයේ ගාථා සහිත දේශනාවන් මිස ගණ පිහිටවූ දේවල් නෙවෙයි.

මම ඔබට උදාහරණයක් කියන්නම්. ඔබ දන්නවා අංගුලිමාල මහරහතන් වහන්සේ ගැන. අංගුලිමාල මහරහතන් වහන්සේ පිණ්ඩපාතේ වැඩම කරද්දී තරුණ අම්මා කෙනෙක් කෑගහන විලාපයක් ඇහුණා. ඒ විලාපය අභියස මේ ස්වාමීන් වහන්සේගේ පාද නතර වෙලා ඉදිරියට ඇදෙන්නේ නෑ. 'මොකද මේ?' කියලා පොඩ්ඩක් විපරම් කළා. තරුණ අම්මා කෙනෙක් දරුවෙක් බිහිකරන්න අමාරුවෙන් කෑගහනවා. ඒ දරුවා මව්කුසේ හිරවෙලා... දරුවා බිහිවෙන්නේ නෑ.

# සැබෑම පිහිට...

දැන් මේ රහතන් වහන්සේ මොනවා කරන්නද? බුදුරජාණන් වහන්සේ ළඟට වැඩියා. ගිහින් බුදුරජාණන් වහන්සේට කියනවා,

"ස්වාමීනී, භාග්‍යවතුන් වහන්ස, මං පිණ්ඩපාතේ වඩිද්දී, අම්මා කෙනෙක් විලාප දෙනවා. භාග්‍යවතුන් වහන්ස, මට හරි සංවේගයක් හටගත්තා. අනේ... මට මේකට උදව් කරන්න පිළිවෙලක් නෑනේ කියලා."

"නෑ... නෑ... ඔබට පුළුවන්. ඔබට පුළුවන් අංගුලිමාල, උදව් කරන්න. (ඔබට මං ගුණ පිහිටුවලා සෙත් කවියක් ලියලා දෙන්නම්. ඔබ ගිහින් ඒක කියන්න. එහෙම කිව්වද? නෑ...) අංගුලිමාල, ඔබ ගිහින් ඇත්ත කියන්න. සත්‍යය කියන්න."

"කොහොමද ස්වාමීනී, මං සත්‍යය කියන්නේ..?"

"ඔබ ගිහින් කියන්න මං දැන දැන සතෙක් මැරුවේ නෑ කියලා."

"අනේ... ස්වාමීනී, භාග්‍යවතුන් වහන්ස, කාලයක් තිබුණා.... මේ අත්දෙක පුරාවට මිනිස් ලේ තැවරිලා... ඒ හැම මිනිස් ලෙයක්ම මා විසින් නසපු මනුෂ්‍යයෙකුගේ... ඉතින් මං කොහොමද එහෙම කියන්නේ...?"

"නෑ... නෑ... ඔබ ගිහින් කියන්න 'මං ආර්ය ජාතියේ යම් දවසක උපන්නාද, එදා සිට දැන දැන සතෙක් මැරුවේ නෑ' කියලා"

"එහෙමයි, ස්වාමීනී."

අනිත් පැත්ත හැරුණා, වැඩම කළා. මොන ගුණ

පිහිටුවිල්ලක්ද? ඔය ගුණ පිහිටෙව්වා කියලා කෑගහන සියලු දෙනාම මේ බුද්ධ ශාසනය විනාශ කරන අය. අංගුලිමාල මහරහතන් වහන්සේ ගිහිල්ලා මොකක්ද කිව්වේ....?

## සැබෑ බසින් මෙම - සෙත සැළසේවා...!

"(**යතෝ'හං භගිනි, අරියාය ජාතියා ජාතෝ**) නැගණිය, මං ආර්ය ජාතියේ යම් දවසක උපන්නාද එදා පටන් (**නාභිජානාමි සඤ්චිච්ච පාණං ජීවිතා වෝරෝපේතා**) දැන දැන සතෙක් මැරූ වගක් මං දන්නේ නෑ. (**තේන සච්චේන සොත්ථි තේ හෝතු**) මේ සත්‍යයෙන් ඔබ සුවපත් වේවා! (**සොත්ථි ගබ්භස්සාති**) ඔබ සුවසේ දරුවෙක් ප්‍රසූත කරාවා!"

බලන්න මේ සත්‍යය කොච්චර බලවත් සත්‍යයක්ද කියලා. අර අම්මගේ වේදනාවට වුණ දෙයක් නෑ. පෙරහන්කඩේකින් වතුර වැක්කෙරෙනවා වගේ දරුවා බිහිවුණා. සත්‍යය කියලා කියන්නේ ඒ වගේ පුදුමාකාර බලවත් දෙයක්.

මේ සත්‍යය වහන්නේ ගුණ ඉස්සරහට දාන අයයි. 'පිරිත්වල ගුණ පිහිටුවලා තියෙන්නේ. මේක සිංහලෙන් කිව්වොත් ඒ ගුණය මාරුවෙනවා... එතකොට ඒකේ අර්ථය එන්නේ නෑ' කියන ඒගොල්ලෝ තමයි මේ සත්‍යය වහන්නේ.

## බුද්ධිමතුන්ගේ ගැරහීමට ලක්වෙන්න එපා...!

ඔබ මේ සත්‍යය වහන කෙනා අඳුනගන්න ඕන. 'මේ ජීවිතයේ ධර්මය අවබෝධ කරන්න ලෑස්ති වෙන්න එපා! ඕවා බොරු කතාවල්' කියන අය තමයි සත්‍යය වහන්නේ.

'කලබල වෙලා හරියන්නේ නෑ. ඕකට හිමීට හිමීට පාරමී පුරන්න ඕන' කියන කීම තුළත් සත්‍යය වහනවා.

ඒ නිසා සත්‍යයට විනකරලා බුද්ධිමතුන්ගේ ලෝකයෙන් සාප ලබන්න ඕන නෑ. සත්‍යයට වින කරන්න ඕන නෑ. මේ ලෝකයේ මේ සත්‍යය කරා ගිය දෙවිවරු සත්‍යයට කැමතියි. ඒ අය තවම ලෝකයේ ඉන්නවා. සත්‍යය කරා ගිහිල්ලා, චාතුම්මහාරාජික, යාම, තුසිත, තාවතිංස, නිම්මාරණරතී, පරනිම්මිත වසවත්තී, බ්‍රහ්මකායික දේවලෝකවල මාර්ගඵල ලාභීන් කෝටි ගණන් ඉන්නවා. ඒ සත්‍යානුභාවයෙන් සැප ලැබූ දෙවිවරු දහස් ගණන් ඉන්දැද්දී මෙහේ 'මේ සත්‍යය කියා දෙයක් නැත. ගණ කියා දෙයක් තිබේය' කියා කතාවෙනවා නම් ඒක ඉතින් අවාසනාවේ ලකුණක්...!

## ලොව ඇති පරම සත්‍යය තථාගත ශ්‍රී සද්ධර්මයයි...

බුදුරජාණන් වහන්සේගේ ධර්මයේ තියෙන විශේෂත්වය සත්‍යයමයි. යමෙක් ලෝකයේ සත්‍යය කියලා යමක් හොයනවා නම්, ඒ සත්‍යය තමයි මේ තියෙන්නේ. මේ ලෝකයේ කියන්න මීට වඩා සත්‍යයක් නෑ.

උපදින්නේ මේ ආකාරයටයි කියලා බුදුරජාණන් වහන්සේ වදාළා නම්, ලෝකයේ කාටත් උපදින්න තියෙන්නේ මේ ආකාරයට තමයි. උපතට හේතුව මේකයි කිව්වාම ලෝකයේ කාගෙත් උපතට හේතුව මේක තමයි. මේ හේතුව නැතිකිරීමෙන් දුකෙන් නිදහස් වෙන්න පුළුවන් කිව්වාම, කාගේ දුකෙනුත් නිදහස් වෙන්න පුළුවන් ඒ ආකාරයටයි. මේ සඳහා තියෙන්නේ ආර්ය අෂ්ටාංගික මාර්ගයයි කිව්වාම ලෝකයේ කාටත් දුකෙන්

නිදහස් වෙන්න තියෙන්නේ ආර්ය අෂ්ටාංගික මාර්ගයමයි.

## අසත්‍යයේ කඩතුරාව බිඳහැර...

මේ නිසා පින්වත්නි, මේ සත්‍යය නිකම් සත්‍යයක් නෙවෙයි, ආර්ය සත්‍යයක්. අවුරුදු දහස්ගාණක් මේ සත්‍යයට වැටකඩොළු බැඳලා තිබුණා. බුදුරජාණන් වහන්සේගේ බුද්ධ දේශනා කියවන්න, කියවන්න අසත්‍යයේ කඩතුරාව ඉරී, බිඳී, වැනසී යනවා. සත්‍යය මතුවෙනවා. එතකොට බුදුරජාණන් වහන්සේගේ ධර්මයෙන් තමයි සත්‍යය මතුවෙන්නේ.

මේ සත්‍යය තුළ තියෙන ආශ්වාදය නිරාමිස එකක්. සත්‍යය තුළ තියෙන ආනුභාවය ආශ්චර්යයි. සත්‍යයේ තියෙන ආලෝකය සදාතනිකයි. මේ නිසා බුදුරජාණන් වහන්සේගේ ධර්මය තුළ පින නිසා සැප ලැබෙනවා කිව්වාද, ඒක සත්‍යයක්මයි. අවබෝධය තුළින් එතෙර වෙන්න කිව්වාද, ඒක සත්‍යයක්මයි. ඒ නිසා මේ සත්‍යය අපේ භාෂාවෙන් තේරුම්ගන්න ලැබුණාම, දෙවියන්, බඹුන්, මරුන් සහිත ලෝකයේ බුද්ධිමත් සියලු දෙනා, සත්‍යකාමී සියලු දෙනා ඒක අනුමෝදන් වෙනවා. සත්‍යයට පිටුපාන සියලු දෙනා ඒකට අකමැති වෙනවා.

## හැමතැනම සත්පුරුෂයෝ නැහැ...

මං පුංචි කාලේ කියවපු එක ශ්ලෝකයක් තියෙනවා 'ගලක් ගලක් පාසා මැණික් නැත. ඇතෙක් ඇතෙක් පාසා ගජමුතු නැත. වනයක් වනයක් පාසා සඳුන්ද නැත. මේ වගේ හැම තැනම සත්පුරුෂයෝ නැත. හැම තැනම කල්‍යාණ මිත්‍රයෝ නැත' කියලා.

මේ නිසා බොහෝම දුර්ලභව ලැබුණ ගෞතම

බුදුරජාණන් වහන්සේගේ ශාසනයට අපට ඇතුළත් වෙන්න ලැබුණා. අපි ලෝකයාට ආදරෙයි නම්, ගෞතම ශාසනයේ පිහිට ලබන්න තියෙන ඉඩකඩ රැකගන්න ඕන. කාටවත් ඒකට විනකරන්න දෙන්න හොඳ නෑ. ඒ ඉඩකඩ ලබාගෙන ඒක දියුණු කරගන්න ඕන.

ඒ නිසා මේ ජීවිතයේ ගෙවල් දොරවල්වල කටයුතු, රැකිරක්ෂාවල කටයුතු, ගොවිතැන්බත් කටයුතු හැම එකක්ම කරගන්නා අතරේ ගෞතම බුදුරජාණන් වහන්සේගේ ශාසනයෙන් පිහිට ලබාගන්න අපි කරුණු දෙකක් ලඟා කරගන්න ඕන. ඒ තමයි පිනයි, අවබෝධයයි.

## ටික ටික නමුත් පින් රැස්කරන්න...

අපි පුළුවන් තරම් පින් රැස්කරගන්න ඕන. ඒ අතරේ මේ පටිච්ච සමුප්පාදය හොඳට නුවණින් මෙනෙහි කරලා, නිරවුල් කරගෙන, තේරුම් අරගෙන, ආර්ය අෂ්ටාංගික මාර්ගයේ මාර්ගාංග ටික පැහැදිලි කරගෙන ටික ටික නමුත් ධර්මාවබෝධයට මහන්සිවෙන්න ඕනේ. කළයේ හිල් නැත්නම්, සිදුරු නැත්නම්, බිඳිලා නැත්නම්, බිංදුව බිංදුව නමුත් දිය පොද වැටෙන්නේ කළයට නම්, අහක යන්නේ නෑ. (හැබැයි අඩු කළේ දිය සැලේ... පිරුණු කළේ දිය නොසැලේ...) මේ නිසා ඒ කළය පුරවගන්න. ජීවිතය නැමැති කළය පින් බිඳ බිඳ නමුත් පුරවගන්න. අවබෝධයත් පුරවගන්න.

මේක මනුෂ්‍යයෙකුට ලැබෙන අතිදුර්ලභ වාසනාවක්. අපේ මුතුන් මිත්තන්ට මේවා අහන්න ලැබුණේ නෑ. අපේ ආච්චිලාට සීයලාට මේවා අහන්න ලැබුණේ නෑ.

# හැම දෙයක්ම ධර්මය තුළින් ගලපගන්න...

සමහර අය හිතන්න බැරි දහම් කරුණු දන්නවා. සූත්‍ර දේශනා දන්නවා. යවකලාපී සූත්‍රය විස්තර වශයෙන් කියයි. සිංහනාද සූත්‍රය කියයි. මහා හත්ථිපදෝපම සූත්‍රය කියයි. ධම්මචක්කපවත්තන සූත්‍රය කටපාඩමින් කියයි. අනාත්ම ලක්ඛණ සූත්‍රය දන්නවා.

මේ වෙන කොට මං සූත්‍ර දේශනා හය හත්දහසක් විතර පරිවර්තනය කරලා තියෙනවා. ඒ නිසා බොහෝ දෙනෙකුට මේ සූත්‍ර අනුසාරයෙන් බොහෝ දැනුමක් ලැබිලා තියෙනවා. දැන් මජ්ඣිම නිකාය මොකක්ද? කියලා දන්නවා. මං පැවිදි වෙලා දොළොස් අවුරුද්දක් පන්සලේ හිටියා. සුත්ත නිපාතය කියන්නේ මොකක්ද කියලා මං දැනගෙන හිටියේ නෑ. නමුත් අද මහමෙව්නාවේ දහම් සේවාව නිසා 'අපේ බුදුසමිඳු තවම වැඩවෙසෙති' කියන පොතෙන් සුත්ත නිපාතය සම්පූර්ණයෙන්ම කියවන්න පුළුවන්. අට්ඨක වර්ගය, පාරායන වර්ගය දැන් මිනිස්සු දන්නවා.

ඒ නිසා ධර්මය දැනගන්න කොට, දැනගන්න කොට අඩු කළය තමයි සෙළවෙන්නේ. ඒ නිසා අපි දැනගන්න ඕන ධර්මය තුළින් හැමදෙයක්ම ගලපගන්න.

# කවුරුහරි බැන්නොත් මේ විදිහට හිතන්න...

මහා හත්ථිපදෝපම සූත්‍රයේදී සාරිපුත්ත මහරහතන් වහන්සේ හරි ලස්සන දෙයක් දේශනා කරනවා, කවුරු හරි බැන්නොත් සිහියෙන් ඉඳලා හිතන්න කියනවා 'ඔන්න දුක් සහගත ස්පර්ශයක්. මට දැන් කණට ශබ්දයක් ඇහුණා. දැන් ඒ ශබ්දය නිසා කණට ස්පර්ශයක් ඇතිවුණා.

හැබැයි විඳීම දුකක්. ඒ දුක ඇතිවෙන්න යම් ශබ්දයක් උපකාර වුණාද, ඒ ශබ්දය අනිත්‍යයයි. එතකොට ඒ ශබ්දය ඇහුණේ යම් කණකටද, ඒ කණත් අනිත්‍යයයි. ඒ කණයි, ශබ්දයයි එකතුවෙද්දී යම් විඤ්ඤාණයක් පහළවුණාද, ඒකත් අනිත්‍යයයි. ඒ තුන එකතුවුණා, ස්පර්ශය. ඒකත් අනිත්‍යයයි. ඒකෙන් යම් දුක් විඳීමක් ඇතිවුණාද, ඒකත් අනිත්‍යයයි. ඒක නිසා මට යම් හඳුනාගැනීමක් ඇතිවුණාද, ඒකත් අනිත්‍යයයි. ඒ ගැන මට යම් චේතනාවක් ඇතිවුණාද, ඒකත් අනිත්‍යයයි.' මෙහෙම හිතන්න කිව්වා.

ඊට පස්සේ කියනවා 'මේ ඇස, කණ, නාසය, දිව, කය, මනස හැදිලා තියෙන්නේ මේ වගේ දේවල්වලට මුහුණ දෙන විදිහටයි. ඒ නිසා මේකෙ මට හිතන්න දෙයක් නෑ කියලා හික්මෙන්න' කියලා.

## ධර්මය සිහිකිරීමෙන්මයි ජය ලැබෙන්නේ...

බලන්න අපට ඒ විදිහට නුවණින් මෙනෙහි කරන්න පුළුවන් නම්, ඒක ජීවිතාවබෝධයක් කරා යන්න මොනතරම් උදව් කරනවාද? බැරිවෙලාවත් කවුරුහරි ගැහුවොත් ඒත් එහෙම හිතන්න කිව්වා. බැන්නොත් ඒත් එහෙම හිතන්න කිව්වා.

ඉතින් ඒ නිසා මේ අවබෝධය කරා යෑම අපට හරි වැදගත්. ඒ නිසා මේ ජීවිතයේ ගෞතම බුදුරජාණන් වහන්සේගේ පිළිසරණ ලබාගෙන, හොඳට නුවණින් කල්පනා කරලා, පින් රැස්කරගෙන, චතුරාර්ය සත්‍යය අවබෝධය කරා යන්නට අපට වාසනාව ලැබේවා!

**සාදු! සාදු!! සාදු!!!**

නමෝ තස්ස භගවතෝ අරහතෝ සම්මාසම්බුද්ධස්ස
**ඒ භාග්‍යවත් අරහත් සම්මා සම්බුදුරජාණන් වහන්සේට නමස්කාර වේවා!**

# 03.
# අවබෝධයෙන් ම පින් කරමු

**(ධර්ම දේශනයකි)**

ශ්‍රද්ධාවන්ත පින්වතුනි,

දැන් අපි සූදානම් වෙන්නේ ඒ භාග්‍යවත් වූ, අරහත් වූ අපගේ ගෞතම සම්මා සම්බුදුරජාණන් වහන්සේ විසින් අප කෙරෙහි මහත් කරුණාවෙන්, දයානුකම්පාවෙන් දේශනා කොට වදාළ උතුම් දහම් උපදේශයන් කිහිපයක් ශ්‍රවණය කිරීමටයි.

බුදුරජාණන් වහන්සේගේ ධර්මයෙන් අපගේ ජීවිතයේ නොදන්නා පැති රාශියක් දැනගන්න සලස්වනවා. ඒ වගේම සැක සංකා තිබෙන බොහෝ දේවල් අවබෝධ කරවලා අපව සැකයෙන් එතෙර කරවනවා. අපි කිසි දවසක ප්‍රගුණ නොකළ යහපත් මාර්ගය ප්‍රගුණ කරන්න සලස්වනවා. අපි කිසි දවසක නොගිය විරූ ඒ ආර්ය අෂ්ටාංගික මාර්ගයෙහි ගමන් කරන්න සලස්වනවා. ඒ බුදුරජාණන් වහන්සේගේ අසිරිමත් ධර්මය නිසා ඒ කාලේ

ජීවත්වුණු ප්‍රඥාවන්ත මිනිසුන් ඒ ධර්මයේ හැසිරුණා. ඒ ධර්මයේ හැසිරිලා කෙලවරක් නැති මේ භව ගමනේ විඳින සංසාරික දුකෙන් එතෙර වුණා. මිනිසුන් පමණක් නොවේ, දෙවියන්ටත් ඒ ලාභය ලැබුණා.

## මේ ධර්මය ප්‍රඥාවන්ත කෙනාටයි...

ඒ නිසයි, බුදුරජාණන් වහන්සේට දෙවියන්ගේත් මිනිසුන්ගේත් ශාස්තෘන් වහන්සේ කියන අර්ථයෙන් **'සත්ථා දේවමනුස්සානං'** කියලා කියන්නේ. බුදුරජාණන් වහන්සේගේ ධර්මය තේරුම් ගැනීමට අපට උපකාරී වන්නේ අපගේ ප්‍රඥාවයි. බුදුරජාණන් වහන්සේ ධර්මය දේශනා කළේ ප්‍රඥා සම්පන්න අය උදෙසාමයි. ප්‍රඥාව නැති කෙනා දුර බලන්නේ නෑ. ප්‍රඥාව නැති කෙනා බලන්නේ ළඟමයි. ළඟ බලන කෙනාට පේන්නේ එදිනෙදා තියෙන ප්‍රයෝජන විතරයි. නමුත් දුර බලන කෙනාට දුර ඈත තියෙන අර්බුද පවා පේනවා. එතකොට එයා හරි පිළිතුර හොයාගෙන ගමන් කරනවා.

බුදුරජාණන් වහන්සේගේ කාලෙත් මේ විදිහටම සමාජ ප්‍රශ්න තිබුණා. මේ විදිහටම අසාධාරණකම් තිබුණා. මේ විදිහටම අකටයුතුකම් තිබුණා. යහපත් මනුෂ්‍යයන් නොයෙකුත් අකරතැබ්බ වලට භාජනය වීම් මේ විදිහටම ඒ කාලෙත් තිබුණා. නමුත් වෙනසක් තියෙනවා. ඒ කාලේ අයට කරදරයක් වුණහම ඒ පිරිස 'මේක තමයි සසරේ ස්වභාවය.. මේ සසරෙන් තමයි එතෙරවිය යුත්තේ..' කියලා ප්‍රඥා සම්පන්නව ධර්මයට යොමු වුණා. වර්තමානයේ එහෙම එකක් වුණොත් 'ඇයි අපි මේච්චර හොඳට ඉන්දද්දී අපටම මෙහෙම වෙන්නේ?' කියලා ධර්මයටත් බනිනවා. ධර්මයේ හැසිරෙන නිසා බාහිර ලෝකයෙන්

සාධාරණයක් විය යුතුයි වගේ ගණුදෙනුකාර සංකල්ප ඇති කර ගන්නවා. මේ ගණුදෙනු කල්පනා නිසයි, සාමාජයේ අර්බුද හටගන්නේ. ඒ නිසාම ධාර්මිකව ජීවත් වෙන දෙමාපියන්ට දරුවන් ගෙන් සැලකිලි ලැබෙන්නේ නෑ. එතකොට දෙමාපියන් "මෙච්චර හොඳින් ජීවත් වෙලත් ඇයි අපට සලකන්නේ නැත්තේ?" කියලා කල්පනා කරනවා. ඒ දෙමාපියන්ට තියෙන්නේ සැලකිලි ලැබීමේ අපේක්ෂාව මිසක් මේ සසර තේරුම් ගැනීම නෙවෙයි.

## මේ තමයි සසරේ ස්වභාවය...

නමුත් ප්‍රඥාවන්ත දෙමව්පියන් කල්පනා කරන්නේ එහෙම නෙවෙයි. ඒ අය කල්පනා කරන්නේ 'මම සංසාරයේ මේ වගේ කොයිතරම් දරුවෝ නිසා විඳවලා ඇද්ද? දරුවෝ නිසා කොච්චර පීඩාවට පත්වෙවී ඉන්න ඇද්ද?' කියලයි. සාමාන්‍ය ස්වභාවය තමයි, දරුවෝ ආදරය කළොත් දරුවන්ට බැඳෙනවා. නොසැලකුවොත් සැලකිල්ල බලාපොරොත්තුවෙන් ඒ දරුවෝ දිහා බලාගෙන ඉන්නවා. නමුත් ඒ දෙගොල්ලෝම ජීවිතය ගැන තේරුම් ගන්නේ නෑ. ජීවිතය තේරුම් නොගන්නා තාක් ධර්මය කරා යන්නෙත් නෑ. අන්තිමට දරුවන් ගෙන් සැලකිලි අපේක්ෂා කරගෙන ඉඳලා ඒවා නොලැබෙන කොට දරුවන්ටත් සාප කරලා මැරිලා යනවා. නමුත් ප්‍රඥාවන්ත මනුස්සයා 'මේක තමයි සසරේ ස්වභාවය' කියලා හිතලා ඉවසනවා.

සසරේ ස්වභාවය තේරුම් ගන්නත්, ඒ වගේම බුදුරජාණන් වහන්සේ තුළ පින ගැන වූ පෘථුල අවබෝධයෙන් සවල්පයක් ලබාගන්නත් මෙන්න මේ කතා ප්‍රවෘත්තිය අපට හරී උපකාරයි.

# නුවණැති තරුණයෙකුගේ ලස්සන වැඩක්...

දවසක් බුදුරජාණන් වහන්සේ පිරිසකට ධර්ම දේශනාවක් කළා. එතැන එක්තරා තරුණයෙකුත් ධර්මය අහගෙන හිටියා. ඒ ධර්මයෙන් කියැවුණේ දානය ගැනයි. බුදුරජාණන් වහන්සේ දේශනා කළා, සමහර අය තමන්ගේ ධනය වියදම් කරලා දානේ දෙනවා. හැබැයි, ඒකට පිරිස සහභාගි කරවා ගන්නේ නෑ. තමන් තනිවම කරනවා. එහෙම අයට උපනූපන් ආත්මවලදී ධනය ලැබෙනවා. හැබැයි පිරිසක් නෑ. තමන්ට පිනක් දහමක් කර ගැනීමට තමන් එක්ක එකතු වුණු පිරිසක් නෑ. අදත් එහෙම අය ඉන්නවා. හොඳට සල්ලි තියෙනවා. නමුත් එයාට කාත් කවුරුත් නෑ. ඒගොල්ලෝ තනියම පින්කම් කරපු අය.

බුදුරජාණන් වහන්සේ පෙන්වා දෙනවා, තව කෙනෙක් ඉන්නවා. එයා තමන් දානේ දෙන්නේ නෑ. නමුත් අනිත් අයව පින් දහම් වලට පොළඹවනවා. එයා අනිත් අයත් එක්ක පින්කම් කරන්න යනවා. නමුත් තමන් වියදම් කරන්නෙත් නෑ, තමන් කැපවෙන්නෙත් නෑ, අනිත් අයව පොළඹවනවා. ඒ නිසා ඒ අයට නොදීපු නිසා උපනූපන් ආත්මවල ලැබෙන්නේ නෑ. හැබැයි, පිරිසක් සම්බන්ධ කරගත් නිසා ඕනතරම් පිරිස ඉන්නවා. එහෙම අයත් අද ඉන්නවා.

සමහර දුප්පත් අය ඉන්නවා, ඒ අයට ධන සම්පත් වලින් මොකුත් කර කියා ගන්න අමාරුයි. නැති බැරිකම තියෙනවා. හැබැයි හදිස්සියකට උදව් කරන්න ඕනතරම් යාළුවෝ, හිතවතුන් ඉන්නවා. ඒකේ තේරුම තමයි, එයා පිරිසක් එක්ක එකතුවෙලා පින් කරලා තියෙනවා. හැබැයි, තමන් පුද්ගලිකව මැදිහත් වෙලා නෑ.

## ලැබෙන්නේ දෙන විදිහටයි...

තව කෙනෙක් ඉන්නවා. තමන් හොඳට වියදම් කරලා දන් දෙනවා. ඒ වගේම අනිත් පිරිසත් සම්බන්ධ කර ගන්නවා. අනිත් පිරිසත් සම්බන්ධ කරගන්න නිසා එයාට උපනූපන් ආත්මවල ධන සම්පතුත් තියෙනවා. පරිවාර සම්පතුත් තියෙනවා.

තව කෙනෙක් ඉන්නවා, එයා තමන් දානේ දෙන්නෙත් නෑ, දෙන්න හදන කෙනෙකුට දෙන්න දෙන්නෙත් නෑ. ඒ නිසා උපනූපන් ආත්මවල තමනුත් නැතිබැරි වෙලා අමාරුවෙන් ජීවත් වෙනවා. තමන් වෙනුවෙන් දුක සැප බෙදා ගන්නවත් කවුරුත් නෑ. මේ විදිහට භාග්‍යවතුන් වහන්සේ තමන් කරන දේට අනුව ප්‍රතිවිපාක ලැබෙන ස්වභාවය විස්තර කරද්දී මෙතැන අර තරුණයා හිටියා. මේ තරුණයාට තේරුණේ ඒක එයාටම කිව්වා වගෙයි.

## දානයක් පූජා කරන්න කැමතියි...

ඊට පස්සේ එයා කල්පනා කරනවා, 'මම දුප්පත් වෙලා උපන්නේ දන් දීපු නැති නිසයි. මට එච්චර පිරිසකුත් නෑ. ඒ නිසා මම මේ ජීවිතයේදීවත් පුළුවන් තරම් දානමානාදී උපකරණ ලැස්ති කරගෙන, අනිත් පිරිසත් සම්බන්ධ කරගෙන දානයක් පූජාකරගන්න ඕන.' ඉතින් මේ තරුණයා මේ විදිහට කල්පනා කරලා භාග්‍යවතුන් වහන්සේ ළඟට ගිහින් "භාග්‍යවත් බුදුරජාණන් වහන්ස, මම භික්ෂු සංඝයා ප්‍රධාන භාග්‍යවතුන් වහන්සේට දානයක් පූජා කරන්න කැමතියි" කියලා දානයට ආරාධනා කළා.

"පින්වත, ඔබට පුළුවන්ද මේක කරන්න?"

"ස්වාමීනී භාග්‍යවතුන් වහන්ස, මට පුළුවනි. මම මේකට පිරිස සහභාගි කර ගන්නවා."

ඉතින් මේ තරුණයා ගෙයක් ගානේ ගියා. ගිහිල්ලා "අනේ අම්මේ, අප්පච්චි, අයියේ, අක්කේ, නංගි, මල්ලී, මම දානයක් පූජා කරන්න ලෑස්ති පිට ඉන්නේ. ඔයගොල්ලොත් මේ දානයට සහභාගී වෙලා මේ දානයේ කොටස්කාරයෝ වෙන්න" කියලා කිව්වා.

## ගුණයෙන් දුප්පත් ධනවත් සිටුතුමා...

බොහෝ දෙනෙක් මේකට සතුටු වුණා. සතුටු වෙලා "හොඳයි.. මෙන්න මගේ ගානේ හාල්... මෙන්න පොල්... මෙන්න එළවළු..." කියලා මේ දානයේ කොටස්කාරයෝ වුණා. මෙයා මේ විදිහට දන්න හැමෝම සහභාගී කරගන්න හිතපු නිසා ඒ ප්‍රදේශයේ තිබුණ ධනවත් සිටුවරයෙකුගේ වෙළඳ සැළකටත් ගියා. ගිහින් "සිටුතුමනි, මම භාග්‍යවතුන් වහන්සේ ප්‍රධාන භික්ෂූන් වහන්සේලා පන්සිය නමකට දානයක් පූජා කරන්න ලෑස්ති කරනවා. ඒ නිසා ඔබතුමාත් මේකට සහභාගි වෙන්න" කියලා කියා සිටියා. නමුත් මේ දුප්පත් තරුණයා එහෙම කිව්වහම මේ සිටුවරයාට ඒක හිතට ඇල්លුවේ නෑ. හරිම අහංකාර සමහර මිනිස්සු ඉන්නවානේ.

"තමුසෙත් දානයක් දෙන්නද යන්නේ?"

"එහෙමයි සිටුතුමනි, මාත් එක්ක මේ පිරිස සම්බන්ධ වෙනවා. මම මේ ලස්සන දානයක් සංවිධානය කරමිනුයි ඉන්නේ."

සමහර විට සිටුතුමාට මේකට ඉරිසියාවක් ඇතිවෙන්න ඇති. "මගෙනුත් උදව්වක් නේද?" කියලා

ඇහුවා. "එහෙමයි" කිව්වා. ඉතින් සිටුතුමා අතේ ඇඟිලි පහෙන් ඇඟිලි තුනක් එකතු කළා. මාපට ඇඟිල්ලයි, අනිත් ඇඟිලි දෙකකුයි එකතු කරලා හාල් ටිකක් ගත්තා, සීනි ටිකක් ගත්තා. මේ වගේ ඇඟිලි තුනකින් පොඩ්ඩක් අරගෙන "ඉඳා... මං ගානේ එහෙනම් මේක" කියලා දුන්නා.

## ධර්මයට පැමිණි කෙනාගේ වෙනස...

එතකොට අපට පැහැදිලිව තේරෙනවා, ඒක අපහාසයට කරපු වැඩක්. හොඳ වැඩක් කරන්න ගියාම ඉතින් අපහාස එනවනේ. ඒ කාලෙත් එහෙමයි. "ඉඳා එහෙනම් මගේ ගානේ ගනින්.." කියලා හාල් ටිකක්, ලුණු ටිකක්, සීනි ටිකක් දුන්නා. ඉතින් මේ තරුණයා ඒක ඉතා ගරු සරුව පිළිගත්තා.

පින්වත්නි, චුට්ටක් හිතලා බලන්න, පිනක් කරන්න ලෑස්තිවෙලා ඉන්දැද්දී කෙනෙකුගෙන් ඒ වගේ ප්‍රතිචාරයක් ලැබුණොත් අපට කොච්චර කේන්ති යාවිද? අපට කොච්චර මාන්නයක් ඒවිද? "තමුසෙගේ ඔය ටික තියාගන්නවා. තමුසේ දැනගන්නවා.. තමුසේ ඔය කාලා බීලා ඉන්නේ සංසාරේ කරපු පිනක් නිසයි. ඕක ඉවර වුණාට පස්සේ තමුසෙට හුලං තමයි" කියලා අපට නම් කියවෙනවානේ. ඔන්න වෙනස.

## දෙයාකාර වූ කල්පනාවන්...

මේකෙන් පේන දේ තමයි, ධර්මයේ හැසිරෙන කෙනා කල්පනා කරන විදිහයි, ධර්මයේ හැසිරෙන්නේ නැති, ධර්මය සිහි නොකරන කෙනා කල්පනා කරන විදිහයි විධි දෙකක්. ඒක රටා දෙකක්. ධර්මයේ හැසිරෙන කෙනා කල්පනා කරන්නේ ධර්මයම මෙනෙහි කරමින්.

ධර්මයේ හැසිරෙන්නේ නැති කෙනාට ධර්මය මෙනෙහි වෙන්න ධර්මයක් නෑනේ. එයාට තියෙන්නේ, එයාගේ සිතුවිලි රටාවට අනුව පුරුදු වුණු දේ කරගෙන යන්න විතරයි. ඉතින් අර ධර්මයේ හැසිරෙන කෙනා කලබල වුණේ නෑ. එයා හිතුවේ "අනේ මෙයා චුට්ටක් හරි දීලා භාග්‍යවතුන් වහන්සේගේ දානයට සහභාගි වුණානේ" කියලයි. එහෙම හිතලා බොහෝම ගරුසරු ඇතුව ඒක අරගෙන ගියා.

සාමාන්‍යයෙන් ධර්මය පුරුදු කරපු නැති කෙනෙක් නම් කරන්නේ එක්කෝ එතැනදීම දමලා ගහනවා. නැත්නම් සිටුතුමාට තියෙන භයට සද්ද නැතුව අරන් ගිහින් "මම මේ පොඩ්ඩ දානයට දාන්නේ නෑ" කියලා මගදීම විසි කරගෙන යනවා. එබඳු ලෝකයක මේ කෙනා මේ විදිහට කළේ ධර්මය මෙනෙහි කිරීමෙන්මයි.

## බළල් කකුළේ සිටුවරයා...

මේ තරුණයා ඒක අරන් ගිහිල්ලා පැත්තකින් තිබ්බා. දූන් ඔන්න ලිප් බැඳලා දානය හදනවා. අර සිටුවරයා සේවකයෙකුට කතා කරලා "මම අර කොළුවට මෙන්න මේ විදිහට හාල්, සීනි ආදිය දුන්නා. ඒ ටික දානයට සම්බන්ධ කරනවාද, මොකද කරන්නේ කියලා ගිහිල්ලා බලාපන්.." කියලා කිව්වා.

සේවකයා ගිහින් බලද්දී අර තරුණයා බොහෝම ගරුසරු ඇතුව 'මේ අර සිටුතුමා දීපු දේවල්..' කියලා ඒකත් ගත්තා. බලන්න පින්වත්නි, ඕකට තමයි දියුණුව කියලා කියන්නේ. ඕකට තමයි හැබෑම දියුණුව කියලා කියන්නේ. බලන්න සමාජයෙන් බැට කකා තමන්ගේ පාඩුවේ පින රැස් කරනවා.

අපට පැහැදිලිව පේනවා, සිටුවරයා ඒ වැඩේ කළේ ඊර්ෂ්‍යාවෙන්, එහෙම නැත්නම් අපහාස කරන්නම හිතාගෙන. එහෙම කරලා කඬේට එන එන මිනිස්සුන්ටත් "මේං බලාපන් මේ ඇඟිලි තුන එකතු කරාපුවාම බළලාගේ අඩිය වගේ නේද? මම මෙන්න මේ විදිහටයි අර පුද්ගලයාගේ දානයට සම්බන්ධ වුණේ" කියලා ඇඟිලි තුන එකතු කරලා පෙන්නනවා. ඉතින් මිනිස්සුත් හිනාවුණා. ඒත් එක්කම මෙයාට **(බිළාලපාදක සෙට්ඨි)** 'බළල් කකුළේ සිටුවරයා' කියලා නමකුත් පට බැඳුණා. දැන් ඒක දීලා අත්හරින්න එපායැ. මේ පුද්ගලයා අර අහිංසකව පින්දහම් කරන කෙනාගේ පස්සෙන් පන්නනවා.

## පින් කිරීමටත් අභියෝග...!

ඔන්න දැන් 'බොහොම ගරුසරු ඇතුව ඒවත් දානයට සම්බන්ධ කරගත්තා. ඒ නිසා ඒකේ ප්‍රශ්නයක් නෑ' කියලා ඔත්තුව ආවා. සිටුතුමා එතැනින් නැවතුණේ නෑ. ඔන්න දානය පූජා කරන දවස ආවා. සිටුතුමා කල්පනා කළා 'දැන් මේකා දානය පූජා කරලා අසවල් අසවල් අය මෙහෙම දානය දුන්නා. අර සිටුවරයා මෙහෙම දුන්නා.. කියලා පිරිස මැද්දේ කියයි. එහෙම කිව්වොත් මම මේ පුද්ගලයාව මරණවා' කියලා පිහියත් ඉණේ ගහගෙන ගියා.

බලන්න, මේ කිසිම දෙයක් දන්නේ නැති අහිංසකයෙක් නිකම් සමාජයෙන් බැට කන හැටි. අර තරුණයා එයාගේ පාඩුවේ වැඩ කටයුතු ටික කරගෙන ගියා. ඔන්න දානය පූජා කරගත්තා. මේ තරුණයා දානය පූජා කරලා අවසන් වෙලා භාග්‍යවතුන් වහන්සේට කියනවා "ස්වාමීනී භාග්‍යවතුන් වහන්ස, මම පිරිසක් පිරිවරා ගෙනයි මේ දානය පූජා කළේ. මේ දානයේදී

බොහෝ දාන උපකරණ පූජා කළ පිරිස හිටියා. ස්වල්පය බැගින් පූජා කළ පිරිසත් හිටියා. භාග්‍යවතුන් වහන්සේ, ඒ ස්වල්පයක් දුන්න අයටයි, බොහෝ දුන්න අයටයි සියලු දෙනාට මේ දානයෙහි විපාක සම සේ ලැබේවා!" කියලා.

## චිත්ත දියුණුවේ ආශ්චර්යය...

මේ තරුණයාගේ චිත්ත දියුණුව කොතරම් ආශ්චර්යයක්ද කියන්නේ, පිහියත් ඉණේ ගහගෙන මේක අහගෙන සිටි සිටුවරයා මේ සිද්ධියත් එක්ක සම්පූර්ණයෙන්ම වෙනස් වුණා. සිටුවරයා මේ තරුණයා ඉස්සරහා "අනේ පුතේ මට සමාවෙයන්.." කියලා වැඳ වැටුණා.

"සිටුතුමනි, ඔබතුමා මේ දානයට මට උපකාර කරපු කෙනෙක්නේ. ඔබතුමා මට වරදක් කළේ නැනේ?"

"නෑ පුතේ, මම මෙහෙම ඇඟිලි තුනෙන් අල්ලලා දුන්නේ මේක උපහාසයට ලක් කරන්නයි. මගෙන් වුණු වරදට සමාවෙන්න."

බුදුරජාණන් වහන්සේට මේ කාරණාව කිව්වා. බුදුරජාණන් වහන්සේ "සිටුතුමනි, ඇඟිලි තුනෙන් චුට්ටක් හරි දුන්නේ භාග්‍යවතුන් වහන්සේ උදෙසායි. ඇඟිලි තුනෙන් චුට්ටක් හරි දුන්නේ භාග්‍යවතුන් වහන්සේගේ සංඝයා උදෙසායි. ඒ නිසා දුන්නු දේ ටිකයි කියලා කිසියම්ම ආකාරයකට ඒකේ අඩුපාඩුවක් හිතන්න එපා" කියලා ඒ මොහොතේ මෙන්න මේ ලස්සන ගාථා රත්නය වදාළා

## පිනට අවමන් කරන්න එපා...

පින්වත්නි, බුදුරජාණන් වහන්සේ ඒ වෙලාවේ මේ

ගාථාව දේශනා කළේ බිළාලපාදක සිටුවරයාට.

**මා'වමඤ්ඤේථ පුඤ්ඤස්ස - න මං තං ආගමිස්සති**
**උදබින්දු නිපාතේන - උදකුම්භෝ' පි පූරති**
**පූරති ධීරෝ පුඤ්ඤස්ස - ථෝකථෝකම් පි ආචිනං**

'මේ පින පුංචි දෙයක්. මේ පින තමන්ට ආපහු ලැබෙන්නේ නෑ..' කියලා පිනට අවමන් කරන්න එපා. බින්දුව බින්දුව වතුර වැටීමෙන් වතුර කළය පවා පිරීයයි. ඒ වගේ ප්‍රඥාවන්ත කෙනාගේ ජීවිතය ටික ටික හරි රැස්කරන පිනෙන් පිරෙනවා.

බලන්න පින්වත්නි, බුදුරජාණන් වහන්සේ අර සිටුවරයාට කිව්වේ ප්‍රඥාවන්ත කෙනෙක් විදිහට කල්පනා කරන්න කියලයි. ඒ බණ පදය ඉතාම සාර්ථක වුණා. මේ සිටුවරයා සෝවාන් ඵලයට පත්වුණා. එතකොට අපට පේනවා, ධර්මය අවබෝධ කරන්න වාසනා මහිමය තියෙන අය පවා තමන් තුළ හටගන්නා යම් යම් දෘෂ්ටි ආකල්ප නිසා විශාල කරදරවලට පත්වෙන අයුරු.

## පින අත්හැරියොත් ඒ අත්හළේ සැපයයි...

ඒ කාලේ බුදුරජාණන් වහන්සේ වැඩසිටිය නිසා එයාව බේරා ගත්තා. අද කාලේ එහෙම එකක් වුණොත් කිසිම පිළිසරණක් අයිති වෙන්නේ නෑ. එයා විශාල කරදරයකට භාජනය වෙන්න ඉඩ තියෙනවා. ඒ නිසා පින්වතුනි, බුදුරජාණන් වහන්සේ වදාළ ධර්මයෙන් අප කල්පනා කළයුතු විශේෂම කාරණය, 'අපි කරන්නා වූ පින ස්වල්ප වුණත්, ඒ පින ඒක නොසලකා හරින්න එපා' කියන එකයි.

මේක තේරුම් ගන්න මම ඔබට උදාහරණයක්

කියන්නම්. දැන් ඔබ පාරේ යනවා. යනකොට සුදු සැරයටියක් ගත් කෙනෙක් පාර හරහට පනින්න හිතාගෙන පාරේ පැත්තකින් ඉන්නවා. දැන් ඔබත් ඒ හරියෙන්ම යනවා. හැබැයි, ඔබ එයා ගැන කල්පනා කරන්නේ නෑ. ඔබ එයාව නොදැක්කා වාගේ යනවා. හැබැයි, තව තරුණයෙන් පාරේ එහා පැත්තේ ඉඳලා මේ පැත්තට පැනලා ඒ කෙනාව අල්ලාගෙන පාර පන්නවනවා. මෙහෙම දේවල් අපට ඕනතරම් සිද්ධවෙන්න පුළුවන්. මේ විදිහට අපට හරියට පින මගහැරෙනවා.

## කරනවා නම් පින් කරන්න කොපමණ අවස්ථා තියෙනවාද...?

අපි කියමු ඔබ පෝය වැඩසටහනකට පන්සලට ගිහිල්ලා උපෝසථ සිල් සමාදන්වෙලා ලස්සනට පෝය දවස ගෙවනවා. ගෙවලා පන්සලෙන් එන්න ලෑස්තිවෙලා වැසිකිළියට යනවා. වැසිකිළිය පිරිසිදු නෑ. ඔන්න දැන් ආයෙත් ඔබට පිනක් කරගන්න අවස්ථාවක්. ඔබ ඒ පින ගණන් ගන්නේවත් නැතුව ඔබේ පාඩුවේ වැසිකිළි කැසිකිළි කරලා යනවා. එතකොට පින තියෙනවා. පින ඔබට පෙනුණේ නෑ.

අපි කියමු ඔබ බෝධි වන්දනාවකට පන්සලට යනවා. බෝ මළුවේ හැමතැනම කොළ වැටිලා. මල් ආසන ඔක්කොම අපවිත්‍ර වෙලා. ඔබ ගිහිල්ලා අතින් චුට්ටක් පිහදාලා මල් ටික තියනවා. පහනක් පත්තු කරලා තියනවා. ගිලන්පස චුට්ටක් පූජා කරලා බෝධි පූජාව කරලා එනවා. ඔබට අර පින් ඔක්කොම මඟ ඇරෙනවා. ඒ තමයි, ඔබ මල් ආසනය පිරිසිදු කිරීමේ පින අත්හරිනවා. බෝ මළුව ඇමදීමේ පින අත්හරිනවා.

## පින ගැන දැනුවත්ව නොසිටීමේ අවාසිය...

එදිනෙදා ජීවිතයේදී අපට මේ විදිහට පින් කර ගන්න තියෙන විවිධ අවස්ථා ලැබෙනවා. අපට ඒ අවස්ථාව මගහැරී යන්න ප්‍රධානම දේ තමයි, පින ගැන දැනුවත්ව නොසිටීම. තමන් පින ගැන දැනුවත්ව නොසිටින නිසයි ඒක සිද්ධ වෙන්නේ.

සමහර විට කෙනෙක් ඔබ ළඟට දුක කියාගෙන එනවා. ඒ වෙලාවට ඔබට කරන්න තියෙන්නේ පොඩි දෙයක්. ඒ තමයි ඒක ටිකක් වෙලා අහගෙන ඉන්න එක. ඔබ ඒකවත් අහන්නේ නෑ. ඔබ මොකක් හරි වැඩක යෙදෙනවා. අරයා බලාපොරොත්තු වෙන්නේ පොඩ්ඩක් අහන්න කෙනෙක් විතරයි. හැබැයි ඔබ එයා වෙනුවෙන් විනාඩි පහක් දහයක් කැපකළොත් ඒක අහලා ඉවර වුණාට පස්සේ එයාට "මගේ හිතට හරී සැහැල්ලුවක් ආවා. මට මේක කියාගන්න කෙනෙක් නැතුවයි හිටියේ. දැන් මට හරි සැහැල්ලුයි" කියලා සතුටින් යන්න පුළුවන්. එතකොට එයාට සතුට දෙන්න ඔබට තියෙන්නේ විනාඩි පහක, දහයක කැපකිරීමක්.

## සිහින මැවීම අත්හැර ප්‍රායෝගිකත්වයට එන්න...

සමහර විට ඔබට ඒ වගේ අවස්ථා එනවා. එතකොට ඔබ ඒවා අත්හරිනවා. පින් කිරීම සම්බන්ධයෙන් ගත්තොත් බොහෝ දෙනෙක් කරන්නේ සිහින මවන එකයි. 'මට තිබ්බා නම් මම මෙහෙමයි කරන්නේ.. මට තිබ්බා නම් මම මේ විදිහටයි කරන්නේ..' කියනවා. තියෙන ටික හසුරවා ගන්න කල්පනා කරන්නේ නෑ.

බුදුරජාණන් වහන්සේගේ කාලේ පින ගැන අවබෝධයෙන් කටයුතු කරපු අය, තිබුණු ටික හරි විදිහට යොදවා ගත්තා. මේ කාලයේ වුණත් එහෙම පුළුවන්.

## දරුවන් අසරණ වෙන තැන්...

මේ ළඟදී දරුවෙක් ඇවිල්ලා දෙමව්පියන්ට විරුද්ධව පැමිණිල්ලක් කළා. පැමිණිල්ල තමයි, "අනේ ස්වාමීනී, මම හරී ආසයි අම්මා තාත්තාගේ ගුණ සිහි කරන්න. මට දෙමව්පියන්ගේ ගුණ සිහි කරන්න අම්මා තාත්තා ඉඩදෙන්නේ නෑ." මම ඇහුවා "ඇයි දරුවෝ කොහොමද ඉඩ දෙන්නේ නැත්තේ?" කියලා.

"අනේ ස්වාමීනී, තාත්තා ඇවිල්ලා 'ඔයාගේ අම්මා මෙහෙම කෙනෙක්. ඔයාගේ අම්මා මෙහෙමයි කටයුතු කළේ' කියලා අම්මා ගැන අපහදින දේවල් මට කියනවා. අම්මා ඇවිල්ලත් 'ඔයාගේ තාත්තා මෙහෙම කෙනෙක්. ඔයාගේ තාත්තාගේ චරිතේ මේකයි' කියලා තාත්තා ගැන වැරදි කියනවා. අනේ ස්වාමීනී, මම දෙමව්පියන්ට වැඳලා 'අනේ, අම්මේ තාත්තේ ඔයගොල්ලන්ගේ ප්‍රශ්න මට කියන්න එපා. ඔයගොල්ලන් කෙරෙහි මගේ හිත පහද ගන්න මට දෙන්න. මට පව් පුරවන්න එපා" කියලා කිව්වා. බලන්න දෙමව්පියන්ගෙන් දරුවන්ට ඉල්ලන්න සිද්ධ වෙන දේවල්.

## දෙමාපියන්ගේ සැබෑම වගකීම...

මේ දරුවන්ගේ පැත්තෙන් බලන්න දෙමව්පියන් නෑ. දෙමව්පියන් දරුවන්ට යුතුකම් ටිකක් ඉෂ්ට කරලා ටිකක් විය හියදම් කරලා රස්සාවල් අරන් දීලා 'අපි දරුවෝ වෙනුවෙන් ඔක්කොම කළා. දැන් දරුවෝ විසින් පෙරලා

අපට සත්කාර සම්මාන කළ යුතුයි, පෙරලා අපට සැළකිය යුතුයි' කියලා මාන්නයකට එනවා. නමුත් කළ යුත්තේ ඒක නෙවෙයි. සත්පුරුෂ නම් දරුවෝ අනිවාර්යයෙන්ම දෙමාපියන්ට සලකනවා. ඒකෙ ආයේ අමුතු දෙයක් නෑ. අමුතුවෙන් 'මව්ගේ ගුණ මේකයි පුතේ.. පියාගේ ගුණ මේකයි පුතේ..' කියලා කියන්න දෙයක් නෑ. සත්පුරුෂ නම් එයාට කෙළහිගුණ තියෙනවා. කෙළෙහිගුණ නැත්තේ අසත්පුරුෂ අයටයි. දරුවෝ හැටියටත් අසත්පුරුෂ අය ඕනතරම් ඉපදෙන්න පුළුවන්.

## සත්පුරුෂ භූමියට පැමිණෙමු...

කෙළෙහිගුණ තියෙන ශිෂ්‍යයෝ හිටියොත් ගුරුවරයාට සලකනවා. කෙළෙහිගුණ නැති ශිෂ්‍යයෝ ගුරුවරයාට සලකන්නේ නෑ. කෙළෙහිගුණ තියෙන දරුවෝ දෙමව්පියන්ට සලකනවා. කෙළෙහිගුණ නැති දරුවෝ දෙමව්පියන්ට සලකන්නේ නෑ. ඒ නිසා සියලු දරුවෝ සියලු දෙමාපියන්ට එක ලෙස සලකයි කියලා අපට කවදාවත් බලාපොරොත්තු වෙන්න බෑ. ඒ වගේම සියලු ශිෂ්‍යයෝ සියලු ගුරුවරුන්ට එක අයුරින් සලකයි කියලා අපට කියන්න බෑ. සත්පුරුෂ දෙමව්පියෝ දරුවන්ව සත්පුරුෂ ලෝකයට කැඳවාගෙන යනවා. සත්පුරුෂ දරුවෝ දෙමව්පියන්ව සත්පුරුෂ ලෝකයට කැඳවාගෙන යනවා. සත්පුරුෂ ගුරුවරු ශිෂ්‍යයන්ට සත්පුරුෂ ලෝකය පෙන්වනවා. සත්පුරුෂ ශිෂ්‍යයෝ ගුරුවරයාට සත්පුරුෂ විදිහට සලකනවා.

මේ ඔක්කොම තියෙන්නේ සත්පුරුෂ භූමියට පැමිණීමෙන් පමණයි. සත්පුරුෂ භූමියට පැමිණෙන්නේ නැතුව 'අපි ළමයින්ට සැලකුවා. කෝ අපට සලකනවා..?'

කියලා බලාපොරොත්තු වෙලා හිටියට එහෙම සාර්ථක වෙන්නේ නෑ. සමහර දෙමව්පියෝ දෙමව්පියන්ගේ වැරදි දරුවොත් එක්ක කියන්නේ දරුවෝ පොඩි අවධියේදී. "ඔයගොල්ලන්ගේ තාත්තා මෙහෙමයි කටයුතු කළේ. මගේ අතට පඩිය දුන්නේ නෑ. මෙන්න මෙහෙම මෙහම තිබුණා.." කිය කියා කියනවා. මේක අහගෙන ඉන්නකොට දරුවන්ට තාත්තා කෙරෙහි පැහැදීමක් ඇතිවෙන්නේ නෑ. තාත්තත් අම්මා ගැන ඒ විදිහට අපහදින්න කරුණු කියනවා. එතකොට අම්මා ගැන පහදින්නෙත් නෑ.

කාලයක් යනකොට දෙමව්පියන්ට මේවා අමතක වෙනවා. හැබැයි ළමයින්ගේ ඔළුවේ මේ දේවල් ඉතිරි වෙනවා. අන්තිමට වෙන්නේ ළමයි ලොකුවෙලා රැකී රක්ෂා කරගෙන ඒගොල්ලන්ගේ පාඩුවේ ඉන්නවා. ඒගොල්ලෝ දෙමාපියන්ට සලකන්නේ නෑ. නමුත් දෙමව්පියෝ සැලකිලි බලාපොරොත්තු වෙනවා. ඒ වෙන කොට වැඩේ වැරදිලා.

## රැකවරණය ධර්මය තුළ පමණයි...

මේ ඔක්කොම විසඳගන්න තියෙන්නේ ධර්මයෙන් විතරයි. ධර්මය නැතුව කිසි දවසක මේ වගේ දේවල් විසඳගන්න බෑ. මේ ඔක්කෝම තේරුම් ගන්න තියෙන හොඳම දේ තමයි, 'අපට පින් කරගන්න අවස්ථාව තියෙනවා' කියන අදහස ඇතිකර ගැනීම.

'පින් කර ගන්න අවස්ථාව තියෙනවා' කියන අදහස දරුවන්ට ආවොත් දරුවෝ දෙමාපියන්ගේ පරණ ලෝකය මතක් කරන්නේ නෑ. ඒ දරුවෝ දෙමාපියන්ට සත්කාර කරන්න, උපස්ථාන කරන්න මහන්සි ගන්නවා. දෙමාපියන්ට බණ පොත් ගෙනල්ලා දෙනවා. දෙමාපියන්ව දහම් වැඩසටහන් වලට එක්කගෙන යනවා. ඒ වගේම

දෙමාපියන්ට ආදරේ දක්වනවා. දෙමාපියන්ගේ මෙලොව පරලොව ජීවිතේට යහපත් දේවල් කියා දෙනවා. පින ගැන දන්න අය මේවා කරනවා.

## බුද්ධිමත් දරුවන්ගේ දෙමාපිය උපස්ථානය...

නුවණැති දරුවෝ දෙමාපියන්ව පිනට යොදවනවා. පින ගැන දන්නේ නැති දරුවා කරන්නේ ඒක නෙවෙයි. ඔන්න සිංහල අවුරුදු කාලේ එනවා. ඉතින් දරුවෝ දෙමාපියන්ට රෙදි අරගෙන ගිහිල්ලා "අම්මා මේක වියදමට තියාගන්න. තාත්තා මේක වියදමට තියාගන්න" කියලා කීයක් හරි දෙමාපියන්ගේ අතේ මිට මොලවනවා. දරුවෝ දීපු නිසා දෙමව්පියොත් මේක ආදරයෙන් ගන්නවා. අරගෙන හංගා ගන්නවා. දෙමාපියන්ට කරන නියම සැලකීම මේක නෙවෙයි.

දරුවෝ දෙමාපියන්ට ආදරෙයි නම් සල්ලි අතට දෙන්න ඕනේ, "අම්මේ, තාත්තේ මේ සල්ලි දෙන්නේ වියදම් කරලා පින් කරන්න කියලයි. මේ සල්ලි වලින් ඔයගොල්ලෝ කැමති විදිහේ පින් දහම් කරන්න" කියලයි. එහෙම දුන්නාම දෙමාපියන් 'මගේ දරුවෝ මට මේ මුදල් දුන්නේ කැමති විදිහට පින් කරන්නයි. එහෙම නම් මම මේ මුදලින් මේ මේ විදිහට පින් කරනවා" කියලා ඒ මුදල පින් පිණිස වියදම් කරනවා. අන්න ඒක දෙමාපියන්ට සලකන එක්තරා ක්‍රමයක්.

## දෙමාපියන්ව අමාරුවේ දැමීමක්...

එහෙම නැතුව සමහර අවස්ථාවල දරුවන්ට තියෙන දරු ස්නේහය නිසාම සමහර දෙමව්පියන් දරුවන් අත

මිටමොලවන සල්ලි කොට්ටේ යට හංගාගෙන ඉන්නවා. "මගේ පුතා මට මේක දීලා ගියේ. මගේ දූ මේක දීලා ගියේ මට" කියලා තියාගෙන ඉන්නවා. මම හිතනවා මේක දෙමාපියන්ව අමාරුවේ දැමිල්ලක්. දෙමාපියන්ව කරදරයක වැට්ටීමක්. මේක ආදරය නෙවෙයි. ආදරය කියන එක හරියට හඳුනා නොගත්තොත් විශාල කරදරයකට පත්වෙනවා. එහෙම නොවෙන්න නම් දෙමව්පියොත් පින ගැන දැනගන්න ඕන. දරුවොත් පින ගැන දැනගන්න ඕන. ගුරුවරුත් පින ගැන දැනගන්න ඕන. ගෝලයොත් පින ගැන දැනගන්න ඕන.

අපි මේ විදිහට පින ගැන කල්පනා කරන විදිහ හරිගස්සා ගත්තොත් අපට පින්දහම් කරගන්න ඕනතරම් අවස්ථාව තියෙනවා. සමහර අවස්ථාවල යම් යම් කරුණු වලට දෙමව්පියන් දරුවන්ට බනිනවා. පිනට ආසා දරුවා කරන්න ඕන නිශ්ශබ්දව සිටීමයි.

## පින සිහි කළොත් ආරවුල් සංසිඳෙනවා...

අපි කියමු බනින කාරණය අසාධාරණ එකක් කියලා. දූන් දෙමාපියන් බනින්නේ වැරදි අදහසක ඉඳලා. සමහර විට මේ දරුවා එවෙලේම දෙමාපියන්ට කටගහගෙන යනවා. ඒ විදිහට කටගහගෙන යනකොට සමහර විට මේක දිග්ගැහුණොත් දරුවන්ගේ කටින් දෙමාපියන්ට නපුරු වචන කියවෙන්න පුළුවන්. මේක අකුසලයක්. මේක ලොකු පවක් බවට පත්වෙනවා. ඒකට දරුවා පැටලෙන්නේ පින ගැන සිහිනොවීම නිසයි.

පින ගැන සිහිවෙනවා නම්, ඒ දරුවා ඒක කරන්නේ නෑ. දෙමව්පියන් නිස්කාරණේ බනිනවා නම් දරුවෝ කල්පනා කරන්නේ 'මම මේ වෙලාවේ මොකුත් කියන්නේ

නෑ. මම මේ වෙලාවේ බැනුම් අහගෙන නිශ්ශබ්දව ඉන්නවා. අම්මාට හෝ තාත්තාට හෝ කේන්ති තිවුණහම මම මේකෙ සාධාරණකම පෙන්නා දෙනවා' කියලයි. ඒ අවස්ථාව එනතුරු දරුවා ඉවසනවා නම් ඒකෙ තේරුම, ඒ දරුවාට පින ගැන අවබෝධයක් තියෙනවා කියන එකයි. ඊට පස්සේ අවස්ථාව ආවහම "අම්මේ අම්මා එදා බැන්නාට මේකේ මෙහෙම පැත්තක් තියෙනවා. මේ පැත්ත ගැනත් සලකා බලන්න. තාත්තේ මේ පැත්ත ගැනත් සලකා බලන්න" කියලා කරුණු පැහැදිලි කර දෙනවා. එහෙම කිව්වහම එදා නිශ්ශබ්දව එකට එක නොකීම ගැන දෙමාපියන්ට දරුවා කෙරෙහි ආදරයක් ඇතිවෙනවා. ඒ ආදරය නිසා සමහර විට දෙමව්පියන් අර දරුවාට සවන් දෙනවා.

## යුතුකම් අයිතිවාසිකම්වල පැටලෙන්න එපා...

මේ වගේ හැම එකකටම අවස්ථාව තියෙන්නේ මේ යුතුකම් සහ අයිතිවාසිකම්වල පැටලීමෙන් නෙවෙයි. යුතුකම් සහ අයිතිවාසිකම්වල පැටලෙන්න ගියොත් අපට ඊට පස්සේ මුහුණ දෙන්න තියෙන්නේ අසාධාරණ ලෝකයකට, අසාධාරණ සමාජයකට.

සමාජය තුළ අපට නිතර සිද්ධ වෙන්නේ අසාධාරණය නිසා, අපට අයිතිවාසිකම් වේශයෙන් සාධාරණය බලාපොරොත්තු වෙන්න වෙනවා. නමුත් බලාපොරොත්තු වෙන සාධාරණය ඉෂ්ට වෙන්නේ නෑ. එතකොට ද්වේෂය එනවා. ද්වේෂය ආවොත්, ද්වේෂ සහගත වුණොත් "**(කුද්ධෝ අත්ථං න ජානාති - කුද්ධෝ ධම්මං න පස්සති)** ද්වේෂ සහගත කෙනා යහපත නොදනී.

ද්වේෂ සහගත කෙනාට යහපත නොපෙනේ. **(අන්ධන්තමං තදා හෝති - යං කෝධෝ සහතේ නරං)** ක්‍රෝධය විසින් මනුෂ්‍යයා යටපත් කළාම ඒ වෙලාවට ඔහු ඉන්නේ අන්ධ කෙනෙක් වගේ.

මනුෂ්‍යයෙක් ඒ වගේ කරදරයකට පත්වුණොත් එයා සාධාරණ අසාධාරණ ලෝකයේ කතාව කියාගෙන පැටලි පැටලී යනවා මිසක් එයාට මේකෙන් ගැලවීමේ අවස්ථාවක් වත්, විග්‍රහ කරලා තේරුම් බේරුම් කරගැනීමේ අවස්ථාවක්වත් ලැබෙන්නේ නෑ.

## පිනක අවශ්‍යතාවය තියෙන්නේ ප්‍රඥාවන්තයාටයි...

බුදුරජාණන් වහන්සේගේ ධර්මය භාවිතා කරනවා කියන්නේ ප්‍රඥාවන්තව කල්පනා කිරීමයි. ප්‍රඥාවන්තව කල්පනා කරන කෙනාට තමයි, පිනක අවශ්‍යතාවය ඇතිවෙන්නේ. බුදුරජාණන් වහන්සේ වදාළේ "**(සුඛස්සේතං භික්ඛවේ අධිවචනං යදිදං පුඤ්ඤං)** මහණෙනි, පින කියලා කියන්නේ සැප උපදවා දෙන දෙයටයි" කියලනේ. එතකොට යම්කිසි දෙයකින් සැපයක් උපදවලා දෙනවාද, අන්න ඒකටයි පින කියන්නේ.

අපි මනුෂ්‍ය ලෝකයට ආවේ යම්කිසි පිනක උදව්වකින්. අපි සංසාරයේ කොහේ හරි ලෝකයක ජීවත්වෙලා ඉඳලා මැරුණා. මැරුණට පස්සේ අපේ විඤ්ඤාණය මව්කුසක් කරා ආවේ පුණ්‍ය විපාකයකින්. එහෙම නැතුව වෙන අමුතු ආනුභාවයකින් නෙවෙයි. එතකොට ඒ පුණ්‍ය විපාකයකින් තමයි මනුෂ්‍ය ලෝකයට ආවේ. මැරිලා විඤ්ඤාණය චුතවුණාම සමහරු ගිහිල්ලා

උපදින්නේ තිරිසන් අපායේ. එතකොට කර්මානුරූපව කරන ලද පවක විපාකයක් මුල් වෙලා තමයි, විඤ්ඤාණය තිරිසන් මව්කුසට ඇදිලා යන්නේ. තවත් සමහර කෙනෙක් මෙහෙන් චුතවෙන කොට ඕපපාතිකවම ප්‍රේත ලෝකයේ උපදිනවා.

## හැබැයි, පිනට ලෝභ කරන්නත් එපා...!

තව සමහර කෙනෙක් මෙහෙන් චුතවෙන කොටම මැරිලා ගිහිල්ලා ඕපපාතිකවම නිරයේ උපදිනවා. තව සමහර කෙනෙක් මෙහෙන් චුතවෙන කොටම මැරිලා ගිහිල්ලා ඕපපාතිකවම දෙවියන් අතර උපදිනවා. අපි ගිය ආත්මයේ චුතවෙලා මිනිස් මව්කුසක උපන්නා. දැන් අපි මේ විඳින්නේ ඒකෙ විපාකනේ.

ඉතින් ඒ නිසා, ඒකෙදී අපි තේරුම් ගන්න ඕන, මේකෙ තියෙන්නේ අයිතිවාසිකම් කතා කර කර ඉන්න එකක් නෙවෙයි. මේකෙ තියෙන්නේ පින රැස්කිරීමක්. එතකොට තම තමන් පින රැස්කර ගන්න ක්‍රමය තම තමන් හොයා ගත්තාට පස්සේ ඒ අවස්ථාවේ පින රැස්කරනවා. තමන්ට කරගන්න බැරි පිනක් තව කෙනෙක් කළාම ඒක අනුමෝදන් වෙනවා. ඊළඟට විශේෂයෙන් මේ පිනට ලෝභ කිරීමෙත් අවාසියක් තියෙනවා.

## අනුන්ගේ පින දැක සතුටු වෙන්න...

ඒ කියන්නේ අපි කියමු කෙනෙක් යහපත් දෙයක් කරන්න හිතාගෙන ඉන්නවා. ඔන්න ගමේ ළිඳක් හදනවා. ඉතින් කවුරුහරි කෙනෙක් ඒකට තමන්ගේ ඉඩමේ වතුර තියෙන පැත්තකින් ඉඩම් කෑල්ලක් පූජා කරනවා. අනිත් අයට පුළුවන් වෙන්න ඕන, ඒක බලලා සතුටු වෙන්න. තව

කෙනෙක් හිතනවා 'මගේ ගාතේ ගල් ගෙනත් දෙනවා' කියලා. තව කෙනෙක් 'මගේ ගාතේ සිමෙන්ති ගෙනත් දෙනවා' කියලා හිතනවා. ඔය අතරේ තව කෙනෙක් වෙනම ළිඳක් හදන්න හිතාගෙන ඉන්නවා. නමුත් එයාට ළිඳක් හදාගන්න බෑ. එතකොට එයා කළ යුත්තේ අර හදන ළිඳ දිහා බලලා සතුටට පත්වීමනේ. අනුන් කරන පින ගැන සතුටට පත්වෙන්න බැරි කෙනා කරන්නේ තමන්ට කරගන්න බැරිවුණු දේ තව කෙනෙක් කරද්දී ඒකට අකුල් හෙලන එක. ඒකට බාධා කරන එක. ඒකට නින්දා අපහාස කරන එක.

## පිනට අනතුරු කරන උපක්ලේශ...

ඒකෙන් වෙන්නේ තමන්ට යම්කිසි පිනක් තිබුණා නම් ඒ පිනත් ඉක්මනින් අවසන් වෙලා යාම. අපි කියමු කෙනෙක් ළිඳක් කපලා ඒ ගමේ ප්‍රයෝජනයට දෙනවා. එතකොට ඒ ළිඳ කපන්න මැදිහත් වුණ කෙනාට ගමේ තැනක් එනවා කියමු. සමහර අය ඒකට ඊර්ෂ්‍යා කරනවා. ඊර්ෂ්‍යා කරලා 'ඔන්න මෙයාට තැනක් එයි. ඔය තැන එන්න තිබුණේ එයාට නෙවෙයි, මටයි. මමයි ළිඳ කපන්න හිටියේ' කියලා චූටි දේවල් අල්ලාගෙන තමන්ට ලැබෙන්න තියෙන පින තමන්ම නසා ගන්නවා. ඒක වෙන්නේ පින ගැන අවබෝධයක් නැති නිසයි.

එතකොට අපට තේරෙනවා, පිනට කෑදර වෙලා හරි විදිහට පින් කරන්න බෑ. කෑදරකම පිනට පාවිච්චි කරන්න බෑ. ඒ වගේම තරඟය පිනට පාවිච්චි කරන්න බෑ. පිනට පාවිච්චි කරන්න පුළුවන් අවබෝධයයි.

ඒ නිසයි පින්වතුනි, අපි මේක හොඳට තේරුම් ගත යුත්තේ. ඒ තමයි, අවබෝධයෙන් පිනක් කිරීම ගැන.

අවබෝධයකින් පිනක් කරන කෙනෙක් තමන්ගේ නමවත් ගහගන්න කල්පනා කරන්නේ නෑ. අපට වැදගත් වෙන්නේ නම නෙවෙයි. අපට වැදගත් වෙන්නේ ක්‍රියාව. තව සමහරු කියනවා "මං ඔන්න අසවල් දේට වියදම් කළා. හැබැයි මගේ නම ගහන්න ඕන." තව කෙනෙක් කියනවා "මං අසවල් දේ අරන් දෙන්නම් මගේ නම ගහන්න ඕන."

## නම ඉස්සරහට ගත්තොත් පින වැහෙනවා...

ඇත්ත වශයෙන්ම ඒගොල්ලෝ පිනක් ගැන දන්නේ නෑ. පිනක් තේරෙන්නේ නෑ. පිනක් ගැන හිතලත් නෑ. ඒගොල්ලෝ තමන්ගේ මට්ටමින් යම්කිසි පුංචි වියදමක් කරනවා. කරලා ඒකට තමන්ගේ නම ගසාගන්න බලාපොරොත්තු වෙනවා. ඊට පස්සේ එයා සතුටු වෙන්නේ ඒකෙන්.

ඔන්න පිනක් කළා කියමු. ඔන්න බෝධි ලෑල්ලක් හයිකරලා තියෙනවා. ඉස්සරලාම එයා ඇවිල්ලා බලන්නේ 'කෝ මගේ නම තියෙනවාද?' කියලයි. හරි තැන නම නැත්නම් "මමයි මෙච්චර දුන්නේ. මගේ නම යටින් දාලා. අසවලා මෙච්චරයි දුන්නේ. එයාගේ නම උඩින් දාලා" කියලා ප්‍රශ්න ඇතිකර ගන්නවා. මේ වගේ චූටි දේවල් අල්ලාගෙන පින වනසාගන්න අය කෙලවරක් නෑ.

## රැස් කරනා පින එයි පසු පස්සේ...

මේකට හේතුව පින ගැන අවබෝධයක් නැතිකමයි. සැප ලබාදෙන දේ රැස්කළ යුත්තේ තමා නම් තමන් ඒක රැස්කළාට පස්සේ ඒ ගැන කිව්වත් එකයි නැතත් එකයි. නම ගැහුවත් එකයි නැතත් එකයි. තමන් කළ පින කළා.

ඒ වගේම පින ගැන තේරුම් ගන්න ගොඩාක් උපකාරී වෙන දෙයක් තමයි, හැම දෙයක්ම අනිත්‍ය ලෝකයට අයිතියි කියන අවබෝධය. වෙනස්වන ලෝකයට අයිති දේක තමයි අපි මේ පින් රැස් කරන්නේ. රැස්කරනා පින තමයි අපේ පස්සේ ගමන් කරන්නේ.

අපි ගිය ආත්මයේ කොහේ හරි ඉඳලා මැරිලා මේ මනුස්ස ලෝකයට ආවා. දැන් මනුස්ස ලෝකයට ඇවිල්ලා මනුස්සයෙක් වශයෙන් ජීවත් වෙද්දී මිනිස් ලෝකය තුළ වැඩසිටිය භාග්‍යවත් අරහත් සම්මා සම්බුදුරජාණන් වහන්සේ නමක් දේශනා කළ ආශ්චර්යවත්, අද්භූත ධර්මයකුත් අපට ශ්‍රවණය කරන්න වාසනාව ලැබෙනවා.

## දුර්ලභ වාසනාව ගිලිහී යන්න දෙන්න එපා...

ඒ අසිරිමත් ධර්මය ශ්‍රවණය කරලා අපි ඒ ධර්මයෙන් යම්කිසි අර්ථයක් ලබාගන්නේ නැත්නම්, ධර්මයෙන් යම්කිසි අර්ථයක් ග්‍රහණය කරගන්නේ නැත්නම් මේ ජීවිතයේදී ඒ අහන ධර්මයෙන් ප්‍රයෝජනයක් නෑ. අහන ධර්මයත් එහෙම්මම අපෙන් ගිලිහිලා යාවි.

දැන් අපි ගත්තොත් එහෙම ඔන්න අපි වයසට යනවා. වයසට ගිහිල්ලා ඔන්න විශ්‍රාම යන්න වෙනවා. විශ්‍රාම යනවා කියන්නේ වැඩට නුසුදුසුයි කියලා අයින් කරන එකනේ. ඔන්න අපි විශ්‍රාම ගියා. නම් ගම්, තනතුරු, උගත්කම්, නම්බුනාම ඒ ඔක්කොමත් එක්ක තමයි අපි අයින් වෙවී යන්නේ. ගිහිල්ලා ඔන්න ඇඳට වැටෙනවා. ඇඳට වැටුණට පස්සේ අර සම්බන්ධකම් ඔක්කොම තියෙන්නේ මේ කයත් එක්කයි.

ඔන්න අපි මැරෙනවා. මැරුණු ගමන් නමත් නෑ, නෑදෑකනුත් නෑ, උගත්කනුත් නෑ, ධනයත් නෑ, සියලු දේම නෑ. අපි යනකොට අරන් යන්නේ අරන් යන්නේ සිත, කය, වචනය මෙහෙයවා කරපු දේ පමණයි. සිත, කය, වචනය මෙහෙයවා අයහපත පිණිස පවතින දේවල් කළා නම් අප ඒ දේවල් අරන් යනවා. ඒ වගේම සිත, කය, වචනය මෙහෙයවා යහපත පිණිස පවතින දේවල් කළා නම් ඒකත් අරන් යනවා. මේක තමයි ධර්මතාවය. මේ කාරණය තේරුම් ගන්න කෙනා තමන්ගේ පාඩුවේ ධර්මයේ හැසිරෙනවා.

## තමන් තමන්ටම පිහිටක් වෙන්න...

අපි කියමු මේක තේරුම් ගන්නේ දරුවෙක් කියලා. ඒ දරුවාට දෙමාපියන්ට සලකන්න කියලා අමුතුවෙන් කිව යුතු නෑ. ඒ දරුවා පින ගැන දන්නවා නම් දෙමාපියන්ට සලකනවා. මේක තේරුම් ගත්තේ දෙමව්පියන් කියමු. ඒ දෙමව්පියන් දරුවන්ගෙන් අමුතු සැලකිලි බලාපොරොත්තු වෙන්නේ නෑ. පින ගැන දන්නවා නම් පින් දහම් කරනවා.

ඉතින් මේ නිසා අප සියලු දෙනා ඒ විදිහට යන්න පුළුවන් හැකියාව ඇතිකර ගන්න ඕන. පින්වත්නි, බුදුරජාණන් වහන්සේ දේශනා කළේ "(අත්තදීපා විහරථ - අත්ත සරණා අනඤ්ඤ සරණා) තමන්ම තමන්ව පිහිට කරගන්න. වෙන පුද්ගලයෙක්ව පිහිට කරගන්න එපා" කියලයි. තමන් තමන්වම පිහිට කරගන්න නම් ඉස්සර වෙලාම ඒක හදාගන්න තියෙන්නේ පිනෙන්. තමන් පින් රැස් කරගෙන ඒ පින දියුණු කරගත්තට පස්සේ ඒක තමන්ට ලොකු යහපතක්. එය තමන්ට ලොකු යහපතක් ළඟා කරලා දෙනවා.

# බොළඳ සිතක් ඇති කෙනාට පිනෙන් පලක් නෑ...

එහෙම නැතුව "මම මෙච්චර ළමයි හැදුවා. මරණාසන්න මොහොතේ මං හදපු ළමයි මගේ ඇඳ වටේට ඉන්න ඕන. මට වතුර පොවන්න ඕන.." මේ වගේ ඉතාමත්ම බොළඳ සිතුවිලි තියෙන කෙනෙකුට නම් පිනකින් ප්‍රයෝජනයක් නෑ. මොකද, ඒ කෙනාගේ බොළඳ සිතුවිලි පුරවන්න පිනකට බෑ. ඒකට බොළඳ දෙයක්ම ඕන.

නමුත් යහපත් සිතුවිලි ආපු කෙනා හිතන්නේ එහෙම නෙවෙයි. එයා කල්පනා කරන්නේ 'මට පිහිට වෙන්නේ මගේ දරුවෝ නෙවෙයි. මට පිහිට වෙන්නේ මගේ ස්වාමියා හෝ බිරිඳ හෝ නෙවෙයි. මට පිහිට වෙන්නේ මා විසින්ම රැස්කරන යහපත් දේ' කියලයි. එතකොට එයා ස්වාමියෙක් නම් බිරිඳට හොඳට සලකනවා. දරුවන්ට සලකනවා, දෙමාපියන්ට සලකනවා. ඒ වගේම තමනුත් යහපත් මාර්ගයේ යනවා. හොඳ බිරිඳක් නම් තමන්ගේ ස්වාමි පුරුෂයාට සලකනවා. දෙමාපියන්ට සලකනවා. තමනුත් යහපත් මාර්ගයේ යනවා. මොකද, එයාට තියෙන්නේ පින් කරගන්න තියෙන අවශ්‍යතාවයයි.

# පින හොයාගෙන යන්න...

තමන්ට පින් කරගන්න තියෙන අවශ්‍යතාවය ළඟට එන්නේ නෑ. ඒක තමන් හොයාගෙන යන්න ඕන. සාමාන්‍ය ලෝකයේ පොඩි දෙයක් වුණත් ළඟට එන්නේ නෑනේ. කඩයකින් බඩුවක් ගැනීමේදී වුණත් තමන් ඒ ළඟට යනවා මිසක් තමන් ළඟට එන්නේ නෑනේ.

ඒ වගේ අධ්‍යාපනය තමන්ගේ ළඟට ආවේ නෑ.

තමන් අධ්‍යාපනය හොයාගෙන ගියා. රැකී රක්ෂාව ළඟට ආවේ නෑ. රස්සාව හොයාගෙන ගියා. අපි අනිත් හැම දේමත් හොයාගෙන යනවා. එහෙම කරන අපි පින විතරක් ළඟට එනකම් බලාගෙන අපේක්ෂාවෙන් හිටියොත් ඒක මෝඩකමක්. ඒකත් හොයාගෙන යන්න ඕන.

සාමාන්‍යයෙන් එදිනෙදා ජීවිතයේදී පින රැස් කිරීමේ අවස්ථාව අපි හැමෝටම තියෙනවා. අපි ඒ පින රැස්කරන අවස්ථාව හිත හිතා ඇතිකර ගන්න ඕන. නමුත් පිනට කලබල වෙලා මේක කරන්නත් බෑ. ඒ වගේම අපි තමන්ට කරගන්න බැරි පිනක් තව කෙනෙක් කිරීමේදී ඒක බලලා සන්තෝෂ විය යුතුයි. ඊළඟට පින් කරනවා කියලා මෝඩකම් නොකළ යුතුයි. මේ විදිහට අවබෝධයෙන්ම කරගත්තොත් තමයි අපට හරි විදිහට පින් කරගන්න අවස්ථාව උදාවෙන්නේ.

## සියලු යහපත උදාකර දෙන්නේ ශ්‍රද්ධාවෙන්...

පින්වත්නි, පින් කරගන්න ගොඩාක් උපකාරී වෙන දෙයක් තමයි, භාග්‍යවතුන් වහන්සේගේ අවබෝධය ගැන සිත පහදවා ගැනීම. බුදුරජාණන් වහන්සේගේ අවබෝධය ගැන සිත පහදවා නොගත්තොත් අපට එහෙම කරන්න බෑ. අපි උදාහරණයක් ගනිමු. මගෙන් මේ ළඟදී තරුණ පුතෙක් ඇහුවා "ස්වාමීනී, දැන් භාග්‍යවතුන් වහන්සේ පිරිනිවන්පාලා. භාග්‍යවතුන් වහන්සේ නැති මේ වගේ කාලෙකත් අපි යම් පූජාවක් කළොත් ඒ විදිහටම පින අයිති වෙනවාද?" කියලා.

මම කිව්වා "පුතා, ඒක ස්ථිරවම කියන්න බෑ" කියලා. දැන් භාග්‍යවතුන් වහන්සේ නැති නිසා, පිළිම වහන්සේ

පින සහ අවබෝධය 149

නමක් දකින්න යනවා. ගිහිල්ලා පිළිම වහන්සේ ඉස්සරහා මල් පහන් පූජා කරලා බුදුගුණ මෙනෙහි කරනවා. එහෙම මෙනෙහි කළත් සමහර විට අපට පිළිමයේ ඇද පේන්න පුළුවන්. 'මේ නිකට මහත වැඩියි නේද.. මූණ කෙට්ටු වුණා නම් හොඳයි නේද.. ඇඟ තව ටිකක් මහත් වුණා නම් හොඳයි නේද..? මේ විදිහට පිළිම වහන්සේලා දිහා බලාගෙන අපට ඇද කුද පේන්න පුළුවන්.

එතකොට අපට බුදුරජාණන් වහන්සේ ජීවත්ව ඉන්දැද්දීම වගේ චේතනා පහළ වෙන්නේ නෑනේ. බුදුකෙනෙක් ජීවමානව වැඩසිටියදී අපි උන්වහන්සේ ළඟට ගිහිල්ලා වැඳුම් පිදුම් කරන එකයි, දන් කරන එකයි අතර වෙනසක් තියෙනවා. මේ වෙනස තේරුම් ගත්ත කෙනා ආරක්ෂා කරගත යුත්තේ සිතමයි. ඒ නිසා අප සිත පහදවා ගත යුත්තේ බුදුරජාණන් වහන්සේගේ අවබෝධය ගැනමයි.

## ගුණයට පැහැදුණොත් ගැටලුවක් නෑ...

අපි කියමු කෙනෙක් බුදුපිළිම වහන්සේ නමක් ළඟට ගියා. අපි කියමු දැන් එයාට බුදුපිළිම වහන්සේගේ ඇද පේනවා. ඒ වෙලාවට එයාට ඇස් දෙක වහගෙන අරහං, සම්මා සම්බුද්ධෝ, විජ්ජාචරණ සම්පන්නෝ, සුගතෝ, ලෝකවිදූ, අනුත්තරෝ පුරිසදම්මසාරථී, සත්ථා දේවමනුස්සානං, බුද්ධෝ, භගවා කියන බුදුගුණ මෙනෙහි කරන්න පුළුවන්. ඒ විදිහට බුදුගුණ මෙනෙහි කරන්න ගත්තාම, ඒ බුදුගුණවල තියෙන්නේ චිත්‍ර නෙවෙයි. ඒ බුදුගුණ වල තියෙන්නේ ගුණ. ඒ කියන්නේ බෝධි මූලයේදී උන්වහන්සේ සම්බුද්ධත්වයට පත්වීමත් සමඟ ඇතිවුණු ගුණ. ඒ ගුණ තේරුම් අරගෙන සිටියා නම්, ඒ ගුණ

සිහිකිරීමේදී කිසි බාධාවක් නෑ.

මොකද, ඒ ගුණ සත්‍යයක්. ඒ ගුණ මෙනෙහි කරලා යම්කිසි පූජාවක් කළොත් ඒ මොහොතේ අපේ ජීවිතයට හිතසුව පිණිස පවතින විශේෂ පිනක් රැස්වෙනවා. එහෙම නැතුව අපි නිකම්ම නිකම් විශ්වාස කළ පළියට එහෙම වෙයි කියලා හිතන්න බෑ.

මොකද, හැම එකකටම මුල් වෙන්නේ චේතනාවයි. ඒ කියන්නේ චේතනාව හොඳට පවත්වන්න නම් ඒ කෙරෙහි පහන් සිතක් ඇතිකර ගත යුතුයි. දැන් ඔන්න අපට බෝධීන් වහන්සේට වන්දනා කරන්න ඕනෙ කියලා හිතමු. අපි එසේ වන්දනා කිරීමේදී හරියට බෝධීන් වහන්සේ ගැන දන්නේ නැත්නම් සමහර විට එතැනට ගිහිල්ලා පඬුරු එල්ලලා, කොඩි එල්ලලා නොයෙක් විකාර කරන්න වුණත් ඉඩ තියෙනවා.

## බෝධි වන්දනාවත් අවබෝධයෙන් කළ යුතුයි...

බෝධීන් වහන්සේ පහළවුණේ බුදුරජාණන් වහන්සේගේ උපතත් සමගයි. අපේ බෝසතාණන් වහන්සේ ලුම්බිණි සල් උයනේ උපත ලබන දවසේමයි, යශෝදරා දේවීන් වහන්සේගේ උපත සිද්ධවුණේ. එදාම තමයි කන්ථක අශ්වයාත් ඉපදුණේ. එදාම තමයි ඡන්න ඇමතියත් ඉපදුණේ. කාලුදායී ඇමතියා ඉපදුණෙත් එදාමයි. ඒ වගේම එදාම තමයි නේරංජරා නදී තෙර අසබඩ මහ පොළවෙන් බෝ අංකුරයක් ආවේ. ඒ භාග්‍යවතුන් වහන්සේට සෙවණ සැළසීමට, භාග්‍යවතුන් වහන්සේගේ බෝධිය ලෙසයි.

අපි ඒ ඉතිහාසය දැන සිටියා නම් බෝධීන් වහන්සේ දිහා බලාගෙන ඒවා සිහිකරන්න පුළුවන්. 'මේ බෝ සෙවණේ තමයි භාග්‍යවතුන් වහන්සේ ගුරුඋපදේශ රහිතව චතුරාර්ය සත්‍යය අවබෝධ කළේ. මේ බෝ සෙවණේ තමයි භාග්‍යවතුන් වහන්සේ තුන් ලෝකය ජයගත්තේ. මේ බෝ සෙවණේ තමයි භාග්‍යවතුන් වහන්සේ සියලු බුදුගුණයන් සාක්ෂාත් කළේ..' කියලා අපට සිත පහදවා ගන්න පුළුවන්.

## බාහිර ලෝකයට පේන්න පින් කරලා වැඩක් නෑ...

ඒ නිසයි, භාග්‍යවතුන් වහන්සේ ඇසි පිය නොහෙලා බෝධීන් වහන්සේට පෙරළා කෘත්‍ය උපකාර කළේ, ප්‍රත්‍ය උපකාර කළේ. එහෙම කල්පනා කළොත් අපට ගෞරවයක්, ශ්‍රද්ධාවක් ඇතිවෙනවා. සිත පහන් වෙනවා. ඒ පහන් සිතත් එක්ක ලස්සනට බෝ මළුව අතුගාලා පිරිසිදු කරලා, ආසන පිරිසිදු කරලා ඉතා රමණීය ආකාරයේ පින්කමක් කරගන්න පුළුවන්. එතකොට ඒක ඔබ කරන්නේ තනිවම හිත හිතා. ඒක බාහිර ලෝකයට පේන්න කරන එකක් නෙවෙයි. තමන්ම හිත හිතා කරන්නේ. තමන්ම හිත හිතා කරන්න නම් ඒ දැනුම තියෙන්න ඕනේ තමන් ළඟයි. තමන් ළඟ ඒ දැනුම නැතුව පොඩි පොඩි වාසිවලට කරලා බෑ.

## මෙහෙමත් අම්මලා...

එක දවසක් මගේ ළඟට අම්මා කෙනෙක් ඇවිල්ලා "අනේ ස්වාමීනී, මගේ පුතාට මට සලකන්න කියලා කියන්න. පුතා මට සලකන්නේ නෑ" කියලා කිව්වා. මම

"ඉතින් එහෙනම් පුතත් එක්ක දවසක එන්න" කියලා කිව්වා. ඉතින් දවසක් ඒ අම්මා පුතයි, පවුලේ කට්ටියයි එක්ක ආවා. බැලුවහම මේ අම්මා නපුරු කෙනෙක්. ඒ දරුවෝ අම්මාට සලකනවා. කොච්චර සැලකුවත් ඒ අම්මා සෑහීමකට පත්වෙන්නේ නෑ. අම්මා හැමතැනම 'මගේ ළමයි මට සලකන්නේ නෑ' කියලා නින්දා කර කර යනවා. මම ඒ අම්මාට කිව්වා "අම්මා, දරුවන්ට අපහාස කර කර යන එක නවත්තන්න. නවත්තලා ඔය අම්මා මෛත්‍රියෙන් වාසය කරන්න" කියලා.

මෛත්‍රිය අහලකවත් නෑ. 'දරුවෝ සලකන්නේ නෑ' කිය කියා අපහාස කර කර යනවා. දරුවෝ කොච්චර සැලකුවත් ඒ අම්මාව සලකලා සෑහීමකට පත්කරන්නත් බෑ. මම කරුණු කිව්වාට පස්සේ මටත් රවාගෙන ගියා. මට ඒකෙන් ඒ අම්මගේ හැටි තේරුණා. ඒ විදිහට සමහර අය 'දරුවෝ සලකන්නේ නෑ..' කිය කියා දරුවන්ගේ නුගුණ කිය කියා රට වටේ යනවා. එහෙම අම්මලාට නම් විසඳුම් නෑ.

## තමන්ගේ ගමන තමන්ම හදා ගන්න...

සමහර අම්මලා ඉන්නවා, බොහෝම අහිංසකයි. දරුවන්ගේ යහපත කල්පනා කරගෙන ඉන්නවා. ඒ දරුවොත් පුළුවන් හැටියට දෙමව්පියන්ට සලකනවා. ඉතින් ඒ අම්මලා සතුටින් ජීවත් වෙනවා. මේ ස්වභාවය ගැන බැලුවහම අපි තේරුම් ගත යුත්තේ 'අපි මේ ලෝකය ගැන මොනවා කතා කර කර හිටියත් තමන්ට වැදගත් වෙන්නේ තමන්ගේ ගමන ගැනයි' කියන එකයි.

බුදුරජාණන් වහන්සේ දේශනා කරලා තියෙන්නේ,

**න තං මාතා පිතා කයිරා - අඤ්ඤේවාපි ච ඤාතකා.**

**සම්මා පණිහිතං චිත්තං - සෙය්‍ය සෝ නං තතෝකරේ**

"මේක මව් කරලා දෙන්නෙත් නෑ. පියා කරලා දෙන්නෙත් නෑ. අන්‍ය වූ ඤාති සහෝදරාදීන් කරලා දෙන්නෙත් නෑ. සිත යහපතෙහි පිහිටුවා ගත්තහාම එයින් තමයි, තමන් යහපත් බවට පත්කරලා දෙන්නේ."

## පින පෙරට ගත් අහිංසක ගමනකට සැරසෙන්න...

යමෙක් ඒ විදිහට ධර්මය තුළ පිහිටා බාහිර ලෝකයත් සමඟ පැටලෙන්නේ නැතුව, බාහිර ලෝකය කෙරෙහි තියෙන අපේක්ෂා අඩුකරලා හිටියොත් එයාට කිසි කරදරයක් නැතුව පින් දහම් කරගැනීමේ අවස්ථාව තියෙනවා. ඒ වගේම පින් රැස්කරගෙන මරණින් මත්තේ දෙවියන් අතරට යන්නත් අවස්ථාව තියෙනවා.

බුදුරජාණන් වහන්සේ එබඳු දේශනා බොහෝමයක් දේශනා කරලා තියෙනවා. මජ්ඣිම නිකායේ 'සංඛාරුප්පත්ති' කියලා සූත්‍ර දේශනාවක් තියෙනවා. එහි මනුස්ස ලෝකයට ආපු කෙනා දෙවියන් අතරට යන්න පින සකස් කරගන්නා ආකාරය මනාව පෙන්වා දෙනවා. ඉතින් ඒ නිසා භාග්‍යවතුන් වහන්සේ සරණ ගිය අපි, ඒ භාග්‍යවත් අරහත් ගෞතම සම්මා සම්බුදුරජාණන් වහන්සේගේ ශ්‍රාවකයන් හැටියට කල්පනා කරනවා නම් මේ ලෝකයේ තියෙන ප්‍රශ්න අපේ ප්‍රශ්න බවට පත්කර ගන්නේ නැතුව තමන්ට අහිංසක ගමනක් යන්න පුළුවන්. ඒ මග අදටත් විවෘතයි. අදටත් ප්‍රඥාව පාවිච්චි කරනවා නම් ලොකු ගැටලුවක් තියෙයි කියලා හිතන්න අමාරුයි. ප්‍රඥාව පාවිච්චි කරන්නේ නැත්නම් ඉතින් පටන් ගත් තැන ඉඳලාම ගැටලු තමයි.

ඉතින් ඒ නිසා එහෙම නොවෙන්න නම් අපි ප්‍රඥාවන්ත ශ්‍රාවකයන් බවට පත්වෙලා, නැණවත් ශ්‍රාවකයන් අවබෝධයෙන්ම පින රැස්කරගන්නා විදිහ ඉගෙනගෙන ඒ අනුව කටයුතු කළ යුතුයි. ඒ කියන්නේ ලද අවසරයෙන්, ඒ ඒ අවස්ථානුකූලව, පින් කරගන්න තියෙන අවස්ථා හඳුනාගෙන නිරන්තරයෙන් පින් රැස්කර ගත යුතුයි.

අප සියලු දෙනාටත් ඒ විදිහට පිනෙන් පිරුණු ජීවිතයක් ඇතිකර ගන්න අවස්ථාව ලැබේවා! ගෞතම බුදුරජාණන් වහන්සේගේ උතුම් චතුරාර්ය සත්‍ය ධර්මය අවබෝධ කරන්න වාසනාව ලැබේවා..!

සාදු! සාදු!! සාදු!!!

නමෝ තස්ස භගවතෝ අරහතෝ සම්මාසම්බුද්ධස්ස
ඒ භාග්‍යවත් අරහත් සම්මා සම්බුදුරජාණන් වහන්සේට නමස්කාර වේවා!

# 04.
# පින් කරමු - කුසල් වඩමු
(ධර්ම දේශනයකි)

ශ්‍රද්ධාවන්ත පින්වතුනි,

දැන් අපි සූදානම් වන්නේ අපගේ භාග්‍යවත් බුදුරජාණන් වහන්සේගේ අනන්ත ඥාණ සම්භාරයෙන්, අසිරිමත් ප්‍රඥාවෙන් බිඳක් ශ්‍රවණය කරන්නයි. අද මේ පින්වතුන්ට දැනගන්න ලැබෙන්නේ අපගේ ජීවිතවලට අතිශයින්ම වැදගත්වන, මහෝපකාරී වෙන ප්‍රධාන කරුණු දෙකක් පිළිබඳවයි. ඒ තමයි 'පින සහ කුසලය.'

පින්වතුනි, පින හා කුසලය කියන වචන දෙක පිළිබඳව අපට පැහැදිලිවම ඉගෙන ගන්න ලැබෙන්නේ භාග්‍යවත් බුදුරජාණන් වහන්සේගේ ශ්‍රී සද්ධර්මය තුළින් පමණයි. පින කියන වචනයත්, කුසලය කියන වචනයත් පැහැදිලි ලෙස අර්ථ දැක්වූයේ, ඒ භාග්‍යවත් බුදුරජාණන් වහන්සේයි.

බුදුරජාණන් වහන්සේට ඕන වුණේ අප සියලු

දෙනාම පින් කරන අය වෙනවා දකින්නයි. ඒ වගේම උන්වහන්සේට ඕන වුණා අපි සියලු දෙනා කුසල් කරන අය වෙනවා දකින්න. ඒ නිසා උන්වහන්සේ නිරන්තරයෙන්ම පින් කිරීම පිණිසත්, කුසල් දහම් කිරීම පිණිසත් අපව උනන්දු කළා.

## පිනට භය වෙන්න එපා...!

බුදුරජාණන් වහන්සේ පින ගැන බොහොම ලස්සනට විස්තර කරලා තියෙනවා. "**(මා භික්ඛවේ පුඤ්ඤානං භායිත්ථ)** මහණෙනි, පිනට භය වෙන්න එපා. **(සුඛස්සේතං භික්ඛවේ අධිවචනං ඉට්ඨස්ස, කන්තස්ස, පියස්ස, මනාපස්ස, යදිදං පුඤ්ඤානි)** මහණෙනි, මේ පින කියලා කියන්නේ සැපයට කියන නමක්. යහපත් දේට කියන නමක්. ප්‍රිය මනාප දේට කියන නමක්. සුන්දර දේට කියන නමක්." ඒ වගේම උන්වහන්සේ පින ගැන මේ විදිහටත් කියලා දෙනවා "පින්වත් මහණෙනි, මා විසින් බොහෝ කාලයක් මුළුල්ලේ කරන ලද ඉතාමත් යහපත් වූ, සිත්කළු වූ, ප්‍රිය මනාප වූ පින් තිබුණා. ඒවා නිසා මම බොහොම සැප වින්දා" කියලා.

එහෙම නම් පින්වතුනි, අපට පේනවා පින කියලා කියන්නේ සැපයට බව. ඒ භාග්‍යවත් බුදුරජාණන් වහන්සේ විසින් පින ගැන අදහස් කළේ කුමක්ද කියලා අපි පැහැදිලිව තේරුම් ගන්න ඕන. භාග්‍යවත් බුදුරජාණන් වහන්සේ පින ගැන බොහොම පැහැදිලිව දේශනා කරලා තියෙනවා '**පුඤ්ඤකිරිය වත්ථු**' කියන බුද්ධ දේශනාවේදී. පුඤ්ඤකිරිය වත්ථු කියලා කියන්නේ පුණ්‍ය ක්‍රියා කරන ආකාර යන්නයි. "**(තීණිමානි භික්ඛවේ, පුඤ්ඤකිරිය වත්ථූනි)** මහණෙනි, පුණ්‍ය ක්‍රියා තුනක් තියෙනවා. ඒ තමයි, දානමය පුණ්‍ය

ක්‍රියා, සීලමය පුණ්‍ය ක්‍රියා, භාවනාමය පුණ්‍ය ක්‍රියා.” අපි පින් කිරීමට හික්මෙන්න ඕන. මොකද, ඒ පින අනාගතයේ සැපය සලසා දෙනවා.

## මේ මිනිසත් බව පිනක විපාකයක්...

පින්වතුනි, මට මේ ශ්‍රී සද්ධර්මය දේශනා කරන්න වාසනාවක් තිබුණා. ඒ වගේම ඔබටත් මේ ශ්‍රී සද්ධර්මය ශ්‍රවණය කරන්න වාසනාවක් තියෙනවා. අපි මේ වාසනාව ලැබුවේ සංසාරේ පින් රැස්කරලා තිබුණ නිසයි. ඒ නිසා අපි බුද්ධෝත්පාද කාලයක මිනිස් ලෝකයේ ඉපදෙන්න වාසනාව ලැබුවා. සංසාරයේ අප අතින් පින් කෙරුණේ නැත්නම් සමහර විට අප ප්‍රේත ලෝකයේ යන්න ඉඩ තිබුණා. සමහර විට තිරිසන් ලෝකයේ ඉපදෙන්න ඉඩ තිබුණා. සමහර විට නිරයේ යන්න ඉඩ තිබුණා. නමුත් අපි ඒ සෑම දේකින්ම බේරිලා මිනිස් ලෝකයට ආවා.

පින්වතුනි, ඒ විදිහට අපව මිනිස් ලෝකයට කැඳවාගෙන ආවේ අප විසින් රැස් කරපු පිනයි. මේ පිනේ ස්වභාවය භාග්‍යවත් බුදුරජාණන් වහන්සේ නොයෙක් ආකාරයෙන් පෙන්වා දුන්නා. එක් අවස්ථාවක බුදුරජාණන් වහන්සේ පින, පිටරටක සිටින යාළුවෙක් වගේ කියලා දේශනා කළා. අපට විදේශ රටකට යන්න වුණොත් ඒ රටේ අපි දන්න කියන අපේ මිත්‍රයෙක් ඉන්නවා නම් බොහොම පහසුයි. අපි මේ රටෙන් ඒ රටට ගොඩ බහින කොටම අපේ ඒ ආදරණීය මිත්‍රයා ඇවිල්ලා අපිව එක්කරගෙන ගිහින් අපට හොඳට සලකනවා. ඒ විදිහට සලකන්න යාළු මිත්‍රයෝ ඉන්නවා නම් අපට විදේශ ගමනක් යන්න භය හිතෙන්නේ නෑ. පිනත් අන්න ඒ වගේ එකක් කියලා භාග්‍යවත් බුදුරජාණන් වහන්සේ පෙන්වා වදාළා. අපි

මෙලොව ජීවිතය අත්හරින කොට පින විසින් අප උදෙසා යහපත් ජීවිතයක් සකස් කරලා තියෙනවා.

## පින් කරන්න ක්‍රම තුනක්...

බුදුරජාණන් වහන්සේ පින් කරන්න පුළුවන් ප්‍රධාන අවස්ථා තුනක් පෙන්වා දුන්නා. අපට දානමය වශයෙන් පින් රැස්කරන්න පුළුවන්. ඒ වගේම සීලමය වශයෙන්, භාවනාමය වශයෙන් පින් රැස්කරන්න පුළුවන්. දාන, සීල, භාවනා වශයෙන් රැස් කරන පින් අතරින් අග්‍ර වන්නේ භාවනාමය පිනයි. ඊළඟට සීලමය පින. ඊළඟට දානමය පින. බුදුරජාණන් වහන්සේ භාවනාමය පුණ්‍ය ක්‍රියාව හැටියට බොහෝවිට පෙන්වා දුන්නේ මෛත්‍රී භාවනාවයි.

උන්වහන්සේම දේශනා කළා "පින්වත් මහණෙනි, මම බෝධිසත්ව අවධියේදී සත් වර්ෂයක් මෛත්‍රී භාවනාව වඩලා ඒ හේතුවෙන් සංවට්ට විවට්ට කල්ප හතක් මිනිස් ලෝකයට පැමිණෙන්නේ නැතුව දෙව්ලොවින් බඹලොවට, බඹලොවින් දෙව්ලොවට ආදී වශයෙන් සුගතියේ ඉපිද බොහෝ සැප වින්දා" කියලා.

## පින් කරන්න සල්ලි ඕනෙමද...?

ඒ තමයි භාවනාමය පුණ්‍ය ක්‍රියාවේ විපාක. එහෙම නම් අපට පේනවා, පින් කියන දේවල් හිතෙන් කරන්න පුළුවන්. සාමාන්‍යයෙන් අපේ රටේ පින කියලා හිතාගෙන ඉන්නේ ඊට වෙනස් එකක්. සාමාන්‍ය කතා බහේදී "අනේ අපට පින් කරන්න කොහෙද සල්ලි..? පින් කරන්න සල්ලි ඕනනේ... සල්ලි තියෙන උදවියට නම් පින් කරන්න පුළුවන්..." මේ වගේ දේවල් කියනවනේ. පින පිළිබඳ නිවැරදි තේරුම් ගැනීමක් නැති නිසයි එවැනි කතා

කියන්නේ. බුදුරජාණන් වහන්සේගේ ධර්මයේ භාවනාමය වශයෙන්, සීලමය වශයෙන්, දානමය වශයෙන් පින් කරන්න පුළුවනි කියලා පැහැදිලිව සඳහන් වෙනවා.

## මෙවැනි කතා තුළින් ධර්මයට අගෞරව වෙනවා...

බුදුරජාණන් වහන්සේ එක්තරා අවස්ථාවක දේශනා කළා "යමෙක් ආහාර පාන පිළියෙල කරලා අවසන් වෙලා ඒ ඉඳුල් භාජන සෝදන විටදී පවා 'මේ ඉඳුල් වතුර ටික සතුන්ට ආහාරයක් වේවා!' කියලා මෛත්‍රියෙන් යුක්තව විසිකළොත් ඒකෙනුත් පිනක් සිද්ධ වෙනවා" කියලා. එහෙම නම් පින් සිද්ධවෙන ක්‍රමය ගැන අපට කවදාවත් මැසිවිලි නගන්න වුවමනා නෑ. "අනේ...... අපට පින් කරන්න සල්ලි කොහෙද..? අපට පින් කරන්න බැනේ.." කියලා මෙවැනි කතා කිවයුතු නෑ. මොකද, එවැනි කතාවලින් බුදුරජාණන් වහන්සේගේ ධර්මයට අගෞරවයක් සිද්ධ වෙනවා.

පින කියන වචනය ලොවට ඉදිරිපත් කළේ අපගේ භාග්‍යවත් බුදුරජාණන් වහන්සේයි. ඒක අපි සොයාගත් එකක් නෙවෙයි. සමහරු "අනේ අපට පින් කරන්න ඕන නෑ..." ආදී අහංකාර හිස් වචන කියන්න පෙළඹිලා ඉන්නවා. ඔවුන් ඒ විදිහට කතා කරන්නේ පින ගැන නියම අර්ථය දන්නේ නැති නිසයි. බුදුරජාණන් වහන්සේ පින ගැන පුදුමාකාර විදිහට අවබෝධ කළා.

## නුවණැති කෙනා ටික ටික නමුත් පින් කරනවා...

උන්වහන්සේ මෙන්න මෙහෙම දේශනා කරනවා.

**මා'වමඤ්ඤේථ පුඤ්ඤස්ස - න මං තං ආගමිස්සති**
**උදබින්දු නිපාතේන - උදකුම්භෝ' පි පූරති**
**පූරති ධීරෝ පුඤ්ඤස්ස - ථෝක ථෝකම්පි ආචිනං**

"පින් කිරීමේදී තමා විසින් කරන පින පුංචි පිනක්ය, ඒ පින තමාගේ පස්සෙන් එන්නේ නැත කියලා හිතන්න එපා. එහෙම හිතලා පින කෙරෙහි ප්‍රමාද වෙන්න එපා. භාජනයකට ජලය බිංදුව බිංදුව නමුත් වැටිලා භාජනය පිරෙන්නේ යම් සේද, ඒ වගේ නුවණැති පින්වතුන් ටික ටික නමුත් පින් රැස් කරනවා." ටික ටික හෝ පින් රැස් කිරීමට නම් පින පිළිබඳව දැනගෙන ඉන්න ඕන.

## සියලු පින් අභිබවා යන මෛත්‍රිය...

භාග්‍යවත් බුදුරජාණන් වහන්සේ මෛත්‍රී කිරීම පෙන්වා වදාළේ අග්‍ර පින් රැස්වෙන පිනක් ලෙසටයි. එක්තරා අවස්ථාවක බුදුරජාණන් වහන්සේ මෛත්‍රී කිරීමේ පින ගැන මේ විදිහට පෙන්වා දෙනවා. "**(යානි කානිචි භික්ඛවේ ඕපධිකානි පුඤ්ඤකිරිය වත්ථූනි, සබ්බානි තානි මෙත්තාය චේතෝවිමුත්තියා කලං නාග්ඝන්ති සෝළසිං)** මහණෙනි, සංසාරේ සැප විපාක ලබාදෙන මොනතරම් පින්කම් තිබුණත්, මෛත්‍රී භාවනාමය පුණ්‍ය කර්මය ඒ සියලු පින් අභිබවා යනවා. **(ඒකම්පි චේ පාණමදුට්ඨචිත්තෝ මෙත්තායති කුසලෝ තේන හෝති)** යමෙකු එක ප්‍රාණියෙකු කෙරෙහි හෝ මෙත් සිතින්, කාරුණික සිතින් වාසය කරනවාද, ඒක ඔහුගේ දක්ෂකම. **(සබ්බේ ච පාණේ මනසානුකම්පං පහූතමරියෝ පකරෝති පුඤ්ඤං)** යමෙක් සියලු ප්‍රාණීන් කෙරෙහි සානුකම්පිත මනසින් වාසය කළොත් ඒ ආර්ය තෙමේ බොහෝ පින් රැස්කර ගන්නවා."

එහෙම නම් පින්වතුනි, මෛත්‍රී භාවනාව කියන්නේ පුණ්‍ය කර්මයක්. ඒ පුණ්‍ය කර්මයට අපට මුදල් වියදම් වෙන්නේ නෑ. ඒ වගේම එය අපට ඕනෑම වෙලාවක කරන්න පුළුවන්.

## සිල් රැකීම තුළත් පින් රැස් වෙනවා...

ඊළඟට අපට සීලමය වශයෙනුත් පින් කරන්න පුළුවනි. සීලමය වශයෙන් කරන පින්කම් මොනවාද? ප්‍රාණඝාතයෙන් වැළකීම පින්කමක්. අනුන් සතු දේ සොර සිතින් ගැනීමෙන් වැළකීම පින්කමක්. පිරිසිදු චරිතයක් ඇතුව වාසය කිරීම පින්කමක්. බොරුකීමෙන් වැළකීම පින්කමක්. කේලාම් කීමෙන් වැළකීම පින්කමක්. ඒ වගේම හිස් වචන, ඵරුෂ වචන කතා කිරීමෙන් වැළකී සිටීමත් පින්කමක්.

පින්වතුනි, බොරු කීමෙන් වැළකීම, කේලාම් කීමෙන් වැළකීම ආදිය පින්කම් බව බොහෝ දෙනෙක් දන්නේ නැහැ. බොහෝ දෙනෙක් හිතාගෙන ඉන්නේ මාසයකට වතාවක් දානේ ටිකක් දෙන එක, පෝය දවසට පන්සල් ගිහින් මල් පූජා කරලා එන එක විතරයි පින් කියලා. ඒ නිසා බොහෝ දෙනෙකුට තමන්ගේ ජීවිතයට පින් රැස්කරන්න තිබෙන අවස්ථා තමන් නොදැනීම මගහැරිලා යනවා.

අද සමාජය තුළ වචනය නිසා හරියට අවුල් ඇති වෙනවා. අද සමාජය තුළ කේලාම් කීම, බොරු කීම, ඵරුෂ වචන කීම, හිස් වචන කීම ආදිය බහුලව තියෙනවා. මේ අතරිනුත් කේලාම් කීම බහුලව තිබෙන දෙයක් බව පේනවා. යම්කිසි කෙනෙක් තවත් කෙනෙක් සම්බන්ධව කුමක් හෝ කතාවක් කිව්වහම ඒක අහගෙන ගිහිල්ලා බිඳවීම පිණිස

වෙන තැනක කියනවා. එතකොට දෙපැත්තම බිඳෙනවා. මේ විදිහට අකුසල කර්ම රැස්කරමින් පෝය දවසට පින් රැස් කරගන්න හිතාගෙන මල් පූජා කරනවා. එහෙම කළාට විතරක් මහත්ඵල පින් රැස් වෙන්නේ නෑ. පින් රැස්කිරීමට නම් පින පිළිබඳ මනා තේරුම් ගැනීමක් අවශ්‍යයි.

## පින් රැස්කර ගැනීමට මහඟු අවස්ථාවක්...

පින්වතුනි, මේ මිනිස් ලෝකයේ අපට කය මුල්කරගෙන බොහෝ පින් රැස්කර ගන්න පුළුවන්. ඒ වගේම වචනයෙනුත් බොහෝම පින් රැස් කරන්න පුළුවනි. අපි කිසි කෙනෙකුව බොරුවෙන් රවටන්නේ නැත්නම්, බොරුවෙන් මුලාවට පත් කරන්නේ නැත්නම්, බොරුවෙන් අනිත් අයව අමාරුවේ දාන්නේ නැත්නම්, අපි කරන්නේ පිනක්. ඒ වගේම අපි කේලාම් කියන්නේ නැත්නම්, බිඳුණ අය සමගි කරනවා නම්, බිඳවන්නේ නැත්නම්, අන්න ඒ සියල්ල අපි කරන පින්. නමුත් බෝහෝ විට සිද්ධ වෙන්නේ ඒකේ අනිත් පැත්ත. බොහෝ විට සිදුවන්නේ සමගි කරවීම නොවෙයි, බිඳවීම. මේ බිඳවීම සිද්ධ වෙන්නේ කේලම තුළින්. මේවා අකුසල්. අපට මේවායින් වළකින්න පුළුවන්. ඒවා පින්කම්.

ඊළඟට හිස් වචන කතා නොකර යහපත් දේවල් කතා බස් කිරීමත් පින්කමක්. අපි එවැනි පින්කම් ගැන යළි යළිත් කතා බස් කරන්න ඕන. එවැනි පින්කම් වල යළි යළිත් යෙදෙන්න ඕන. ඒවාට සල්ලි වියදම් වෙන්නේ නැහැ.

## පින ගිලිහී යන්න දෙන්න එපා...

බෝහෝ දෙනෙක් හිතාගෙන ඉන්නේ පින් කිච්චහම

විහාර හදන එක, ධර්ම ශාලා හදන එක, චෛත්‍ය හදන එක, විශේෂ මල් පූජා පවත්වන එක විතරයි පින්කම් කියලා. නමුත් බුදුරජාණන් වහන්සේ වදාළේ දාන, සීල, භාවනා වශයෙන් පුණ්‍ය ක්‍රියා රැස්කර ගන්න පුළුවන් කියලයි. මේ දේවල් අපි හරියාකාරව තේරුම් ගත යුතුයි. අපි ඒ දේවල් හරියාකාර ලෙස තේරුම් ගෙන නොසිටියොත් පින් රැස් කිරීමේ අවස්ථාව අපෙන් ගිලිහිලා යනවා.

පින්වතුනි, අපි බොහොම සුළු කාලයයි මේ ලෝකයේ ජීවත් වෙන්නේ. නමුත් අපි මේ ජීවත් වෙන සුළු කාල පරිච්ඡේදයේදී අපට පින් රැස්කරගන්නට පුදුමාකාර විදිහේ අවස්ථාවකුයි මේ ලැබිලා තියෙන්නේ.

බුදුරජාණන් වහන්සේ 'පුඤ්ඤකිරිය වත්ථු' කියන දේශනයේදී දේශනා කළා, සමහරු දානමය වශයෙන්, සීලමය වශයෙන් ස්වල්ප පින් රැස්කරලා ඒ පිනෙන් යන්තම් යැපිලා ජීවත් වෙන දිළිඳු මිනිස් කුලයේ උපදිනවා කියලා. තව සමහරු දානමය වශයෙන්, සීලමය වශයෙන් හොඳින් පින් කරනවා. ඒ පිරිස සෞභාග්‍යයෙන් යුතු මිනිස් කුලයේ උපදිනවා. සමහරු දානමය වශයෙන්, සීලමය වශයෙන් උත්කෘෂ්ටව පින් කරනවා. අන්න ඒ පිරිස දිව්‍ය ලෝකයේ උපදිනවා.

## දෙවියන්ට පින් කරන්න බැරිද..?

මේ රටේ මතයක් තියෙනවා "අනේ අපට දිව්‍ය ලෝකයේ යන්න වුවමනා නෑ" කියලා. ඇයි? කියලා ඇහුවම කියන්නේ "අපට එහේ ගියාම පින් කරන්න බැහැ. දෙවිවරුත් දිව්‍ය ලෝකයෙන් චුතවෙලා පින් කරන්න මෙහේ එනවා.." කියලයි. මෙන්න මෙහෙම කතාවල් පැතිරෙනවා. ඒවා පැතිරෙන්න හේතු වෙන්නේ

බුදුරජාණන් වහන්සේගේ දේශනා පිළිබඳ පැහැදිලි දැනීමක් නැති නිසයි.

ඉතිවුත්තක පාළියේ '**පුබ්බ නිමිත්ත**' කියලා බුද්ධ දේශනයක් තියෙනවා. අන්න ඒ දේශනාවේ මේ විදිහට සඳහන් වෙනවා. "යම් දෙවියෙක් දිව්‍ය ලෝකයෙන් චුතවෙන්න ළංවුණාම අනිත් දෙවිවරු ඒ දෙවියා ළඟට ගිහින් මේ විදිහට කියනවා. '**(ඉතෝ භෝ සුගතිං ගච්ඡ)** පින්වත, ඔබ මෙහෙන් චුතවෙලා සුගතියට යන්න. මිනිස් ලෝකයට යන්න." එතැන එයාට සුගතියට යන්න කියන්නේ එයාට තවදුරටත් දිව්‍ය ලෝකයේ දිව්‍ය සැප විඳින්න පින් මදි නිසයි. ඒ නිසා අනිත් දෙවිවරු එයාට සුගතියට යන්න කියලා කියනවා. දිව්‍ය ලෝකයේ සුගතිය කියලා කියන්නේ මේ මිනිස් ලෝකයට කියලා බුදුරජාණන් වහන්සේ වදාළා. සුගතියට යන්න කිව්වේ **(සුගතිං ගන්ත්වා සුලද්ධලාභං ලභ)** සුගතියට ගිහින් මනාවූ ලැබීම ලබන්න කියලයි.

## මනා ලැබීම මත මනාකොට පිහිටන්න...

එතැන මනාවූ ලැබීම කියලා අදහස් කළේ **(තථාගතප්පවේදිතේ ධම්ම විනයේ සද්ධං පටිලභති)** තථාගතයන් වහන්සේ වදාළ ධර්ම විනය කෙරෙහි ශ්‍රද්ධාව ඇතිකර ගැනීමයි. බුදුරජාණන් වහන්සේ කෙරෙහි, ශ්‍රී සද්ධර්මය කෙරෙහි, ආර්ය ශ්‍රාවක සංඝරත්නය කෙරෙහි ශ්‍රද්ධාව ඇතිකර ගැනීමයි, ඒ උතුම් ලාභය. ඊළඟට දෙවිවරු කියනවා "**(සුලද්ධලාභං ලභිත්වා සුප්පතිට්ඨිතෝ භවාහීති)** ඒ මනාවූ ලාභය ලබාගෙන එහි මනාකොට පිහිටන්න" කියලා.

බුදුරජාණන් වහන්සේ වදාළා "යම් කෙනෙකුට

ඒ විදිහට බුදුරජාණන් වහන්සේ කෙරෙහි, ශ්‍රී සද්ධර්මය කෙරෙහි, ශ්‍රාවක සංඝරත්නය කෙරෙහි තියෙන ශ්‍රද්ධාව හොඳට පිහිටලා මුල් බැසගත්තාම, මනාකොට පිහිටියාම, දැඩි බවට පත්වුණාම මේ ලෝකයේ කිසිම ශ්‍රමණයෙකුට, බ්‍රාහ්මණයෙකුට, දෙවියෙකුට, මාරයෙකුට, බ්‍රහ්මයෙකුට ඒ ශ්‍රද්ධාව සොලවන්න බැරි නම් අන්න ඒක තමයි මනා කොට පිහිටි ශ්‍රද්ධාව කියලා. දෙවිවරු ශ්‍රද්ධාව තුළ මනා කොට පිහිටන්න කියලා අදහස් කළේ ඒ විදිහට ශ්‍රද්ධාව ඇතිකර ගන්න කියන එකයි.

## පළමුවෙන්ම ආර්ය ශ්‍රාවකත්වයට පැමිණෙන්න...

එයින් අදහස් වෙන්නේ ආර්ය ශ්‍රාවකත්වයට පත්වෙන්න කියලයි. ආර්ය ශ්‍රාවකත්වයට පත්වීමෙන් තමයි, ඒ අවස්ථාව ලැබෙන්නේ. බුදුරජාණන් වහන්සේගේ ධර්මයේ ආර්ය ශ්‍රාවකත්වයට පත්වෙනවා කියන්නේ සුවිශේෂී දෙයක්. බුද්ධ ශාසනය තුළ ආර්ය ශ්‍රාවකයා ලෙස දක්වෙන්නේ **(අරියානං දස්සාවී)** අර්යයන්ගේ දර්ශනයෙන් යුතු **(අරියධම්මස්ස කෝවිදෝ)** ආර්ය ධර්මයෙහි දක්ෂ වූ **(අරියධම්මේ සුවිනීතෝ)** ආර්ය ධර්මයෙහි මනාකොට හික්මෙන කෙනා යන්නයි.

එබඳු ආර්ය ශ්‍රාවකයා බුදුරජාණන් වහන්සේ වදාළ ශ්‍රී සද්ධර්මය මනාකොට තේරුම් අරගෙන, ඒ ධර්ම මාර්ගය අනුගමනය කරන කෙනක් බවට පත්වෙනවා. ආර්ය අෂ්ටාංගික මාර්ගය මනාකොට හඳුනාගෙන ඒ ආර්ය මාර්ගය අනුගමනය කරන කෙනෙක් බවට පත්වුණාම එයාට **'සෝතාපන්න'** කියලා කියනවා. සෝත කියන්නේ ආර්ය අෂ්ටාංගික මාර්ගයට. යමෙක් ආර්ය

අෂ්ටාංගික මාර්ගයට පැමිණීම 'සෝතාපන්න වීම' කියලා කියනවා.

## සතර අපාය ඉක්මවා යන සෝතාපත්ති අංග...

ආර්ය අෂ්ටංගික මාර්ගය තුළ ගමන් කරන්න පටන් ගත් ආර්ය ශ්‍රාවකයා තුළ බුදුරජාණන් වහන්සේ කෙරෙහි, ශ්‍රී සද්ධර්මය කෙරෙහි, ආර්ය ශ්‍රාවක සංඝරත්නය කෙරෙහි ශ්‍රද්ධාව පිහිටනවා. ඊළඟට එයා සීලයේ පිහිටනවා. මේ කරුණු හතරට (ඒ කියන්නේ බුදුරජාණන් වහන්සේ කෙරෙහි, සද්ධර්මය කෙරෙහි, ආර්ය ශ්‍රාවක සංඝරත්නය කෙරෙහි නොසෙල්වෙන පැහැදීම හා ආර්යකාන්ත සීලය) කියන්නේ සෝතාපත්ති අංග කියලයි. ඒ කියන්නේ සෝතාපන්න කෙනෙකු තුළ පිහිටන අංග.

දිව්‍ය ලෝකවලින් චුතවෙන දෙවිවරුන්ට අනිත් දෙවිවරු කියන්නේ මෙවැනි ශ්‍රද්ධාවක් ඇතිකර ගන්න කියලයි. දිව්‍ය ලෝකවල දෙවියන්ට ශ්‍රද්ධාව ඇතිකර ගන්න බෑ කියලා ඒකෙන් අදහස් කරන්නේ නෑ. එහෙම කියන්න හේතුව තමයි, ඒ දෙවියා දැන් චුතවෙන අවස්ථාවට ඇවිල්ලා. නමුත් තවම එයාට ශ්‍රද්ධාවට පැමිණෙන්න ලැබිලා නෑ. ඒ නිසා තවත් අවස්ථාවක් ලබාදෙන්නයි අනිත් දෙවිවරු ඒ විදිහට කටයුතු කරන්නේ. මේකෙන් අපට පේනවා, එහෙම නම් පින කියන එක බොහොම වටිනා දෙයක්.

## පින කියන්නේ සැපයට...

බුදුරජාණන් වහන්සේ වදාළා "(පුඤ්ඤං චේ පුරිසෝ කයිරා) මේ මනුෂ්‍යයා කරන පින (කයිරා ථේනං

**පුනප්පුනං)** ආයෙ ආයෙමත් කරන්න ඕන. **(තම්හි ඡන්දං කයිරාථ)** පින් කිරීමට කැමැත්තක් ඇතිකර ගන්න ඕන. මොකද, **(සුඛෝ පුඤ්ඤස්ස උච්චයෝ)** පින කියන්නේ සැපයට."

ඒ වගේම උන්වහන්සේ වදාළා,

**ඉධ නන්දති පෙච්ච නන්දති**
**කතපුඤ්ඤෝ උභයත්ථ නන්දති**
**පුඤ්ඤං මේ කතන්ති නන්දති**
**භියෝ නන්දති සුග්ගතිං ගතෝ**

"පින කරපු කෙනා මේ ලෝකයේදීත් සතුටු වෙනවා. මිය පරලොව ගියාට පස්සෙත් සතුටු වෙනවා. පින් කරපු කෙනා දෙලොවම සතුටු වෙනවා. මා විසින් පින් කළා නේද.. කියලා තමන් ගැන හිත හිතා සතුටු වෙනවා. සුගතියට ගිය කල්හී බෝහෝ සෙයින් සතුටු වෙනවා."

## පිනට ගැරහුවොත් ගරහන්නේ බුදුරජාණන් වහන්සේට...

එහෙම නම් පින්වතුනි, අපට පේනවා පින කියන්නේ ගර්හා කටයුතු දෙයක් නෙවෙයි. පින ගැන අපට විස්තර කළේ භාග්‍යවත් බුදුරජාණන් වහන්සේයි. යමෙක් 'අපට පින් එපා' කියලා කියනවා නම් එයා බුදුරජාණන් වහන්සේගේ ධර්මයට අගෞරව කරන කෙනෙක්. මොකද, මේ විදිහට පින ගැන විස්තර කළේ බුදුරජාණන් වහන්සේයි. එතැන තියෙන්නේ අප පින හඳුනා නොගැනීමේ දෝෂය මිසක් ධර්මයේ වැරැද්දක් නෙවෙයි.

ඒ වගේම පින්වතුනි, කවුරුහරි "හා.......හා...... පින් කරන්න ඕන නෑ. පින් කරන්න එපා ..!" කියලා කියනවා

නම් එයා තමාට හිත සුව පිණිස පිළිපන් කෙනෙක් නෙවෙයි. ඒ වගේම ඒ තැනැත්තා ධර්මය දන්න, සද්ධර්මය හඳුනන, සද්ධර්මයේ පිහිටි කෙනෙක් නෙවෙයි.

## පින් උතුරා යන වාසනාවන්ත ජීවිතයකට...

බුදුරජාණන් වහන්සේ වදාළ මේ දේශනය බලන්න. "(**ඉධ භික්ඛවේ අරියසාවකෝ බුද්ධං සරණං ගතෝ හෝති, අයං භික්ඛවේ පඨමෝ පුඤ්ඤාභිසන්දො**) පින්වත් මහණෙනි, මෙහිලා ආර්ය ශ්‍රාවකයා බුදුන් සරණ ගියේ වේද, මේ වනාහී පළමු වෙනි පින් උතුරා යෑම වේ. (**ඉධ භික්ඛවේ අරියසාවකෝ ධම්මං සරණං ගතෝ හෝති, අයං භික්ඛවේ දුතියෝ පුඤ්ඤාභිසන්දො**) පින්වත් මහණෙනි, යම්කිසි ආර්ය ශ්‍රාවකයෙක් ශ්‍රී සද්ධර්මය සරණ ගියොත් එයත් පින් උතුරා යෑමක්. ඒ වගේම ආර්ය සංඝරත්නය සරණ යෑම කියන්නෙත් පින් උතුරා යෑමක්. එතකොට එතැන කරුණු තුනයි.

ඊළඟට පංච සීලය සමාදන් වුණා කියන්නෙත් පින් උතුරා යෑමක්. බලන්න පින්වතුනි, අපට මේකෙන් ඉතාම පැහැදිලිව පේනවා, මේ පින කියන්නේ නින්දා කටයුතු දෙයක් නෙවෙයි කියලා. භාග්‍යවත් බුදුරජාණන් වහන්සේ මොනම හේතුවක් නිසාවත් ශ්‍රාවකයන්ට පින්කම් කියන ඒවා නින්දා පිණිස යොදාගන්න කියලා නැහැ. උන්වහන්සේ දේශනා කළා "පව නොකළ යුතුයි. පව දුරු කළ යුතුයි" කියලා. උන්වහන්සේ ඒ විදිහට පවට නින්දා කරලා තියෙනවා. නමුත් උන්වහන්සේ පින ගැන පෙන්වලා තියෙන්නේ "(**කයිරාථේතං පුනප්පුනං**) ආයෙ අයෙමත් ඒ පින කරන්න" කියලයි.

## පින්වන්ත ජීවිතය ආරක්ෂිතයි...

එහෙම නම් පින්වතුනි, පින කියන්නේ අපි කවුරුත් රැස්කළ යුතු දෙයක්. නිරන්තරයෙන් රැස්කළ යුතු දෙයක්. පින රැස්වීමේදී තමන්ගේ ජීවිතයටමයි යහපත උදාවෙන්නේ. පින රැස් කළා කියන්නේ ඒක සැප සහිත ජීවිතයක්. පින් තියෙන ජීවිතය ආරක්ෂාව තියෙන ජීවිතයක්. පින් තියෙනවා කියන්නේ රැකවරණය තියෙන ජීවිතයක්. ඒ නිසා අපි හැකි සෑම විටම පින් රැස් කරන්න ඕන.

පින ප්‍රධාන ආකාර තුනකින් රැස්කරන්න පුළුවන්. ඒ කියන්නේ දානමය වශයෙන් පින් රැස් කරන්න පුළුවනි. සීලමය වශයෙන් පින් රැස් කරන්න පුළුවනි. භාවනාමය වශයෙන් පින් රැස් කරන්න පුළුවනි. එහෙම නම් පින කියන්නේ බොහෝම ප්‍රයෝජනවත් දෙයක්. අපේ මෙලොව ජීවිතයටත්, පරලොව ජීවිතයටත් ප්‍රයෝජනවත් වන දෙයක්. එමනිසා පින කියන්නේ යහපත් දෙයක් කියලා අපි පින ගැන තේරුම් ගන්න ඕන.

## පිනත් කුසලයත් එකක්ද...?

පින්වතුනි, ඊළඟ වචනය 'කුසලය.' කුසල් කියන වචනය භාග්‍යවත් බුදුරජාණන් වහන්සේ සුවිශේෂී තේරුමක් ඔස්සේ පාවිච්චි කරලා තියෙන වචනයක්. නමුත් උන්වහන්සේ පින කියන අර්ථය යෙදීම සඳහාත් 'කුසලය' කියලා පාවිච්චි කරලා තියෙනවා. අංගුත්තර නිකායේ චුන්ද සූත්‍ර දේශනාවේදී බුදුරජාණන් වහන්සේ කායික පිරිසිදු බව ගැන පෙන්වා දී තියෙනවා. කායික පිරිසිදු බවට තියෙන්නේ සිල්වත් බවයි. කායික පිරිසිදු බවට කරුණු තුනයි. ඒ තමයි ප්‍රාණඝාතය නොකිරීම,

සොරකම් නොකිරීම, වැරදි කාම සේවනයෙන් වැළකීම.

වාචසික පිරිසිදු බව උදෙසා කාරණා හතරක් තියෙනවා. ඒ තමයි බොරු නොකීම, කේලාම් නොකීම, ඵරුෂ වචන නොකීම, හිස් වචන නොකීම.

## මානසික පිරිසිදු බව...

ඊළඟට මානසික පිරිසිදු බව සඳහා කාරණා තුනක් තියෙනවා. පළවෙනි එක **'අනභිජ්ඣා.'** ඒ කියන්නේ අනුන් සතු වස්තු තමා සතු කරගැනීමට නොසිතීම, ඊට ගිජු නොවීම. බුදුරජාණන් වහන්සේ ඒක දුටුවේ මානසික කුසලතාවයක් හැටියටයි. ඊළඟට **'අව්‍යාපාදය.'** එනම් 'මේ සත්වයෝ වෛර නැත්තෝ වෙත්වා...! තරහා නැත්තෝ වෙත්වා....! දුක් පීඩා නැත්තෝ වෙත්වා...! සැප ඇති ජීවිත ලබත්වා...! කියන ආකල්පයෙන් වාසය කිරීමයි. භාග්‍යවත් බුදුරජාණන් වහන්සේ එය පෙන්වා දුන්නෙත් කුසලයක් හැටියටයි.

ඊළඟට **'සම්මා දිට්ඨිය.'** මෙතැන කියන්නේ දස වස්තුක සම්මා දිට්ඨිය ගැනයි. දන් දීමේ, පින් කිරීමේ යහපත් කර්මයන්ගේ යහපත් විපාක ඇතිබව, අයහපත් කර්මයන්ගේ අයහපත් විපාක ඇතිබව, ලෝකයේ දෙමව්පියන් සිටින බව, මේ ලෝකයේ සිත දියුණු කළ ශ්‍රමණ බ්‍රාහ්මණයන් සිටින බව ආදී මේ ආකල්ප ඇති කරගැනීම සම්මා දිට්ඨියයි.

## පින කුසලයට හරවා ගන්න දක්ෂ වෙමු...

බුදුරජාණන් වහන්සේ මේවාට **'දසකුසලකම්මපථ'** කියලා වචනයක් පාවිච්චි කළා. ඒ කියන්නේ මනුෂ්‍ය ජීවිතයේ දියුණුව කරා ගෙන යන කරුණු දහය. බුදුරජාණන්

වහන්සේ "මේ නිසා සත්වයෝ දෙව්ලොව උපදිනවා. ඒ වගේම මේ පුණ්‍ය ධර්ම නිසා සත්වයෝ මිනිස් ලොව උපදිනවා. සුගති සංඛ්‍යාත ලෝකවල උපදිනවා" කියලා වදාළා.

එහෙම නම් පින්වතුනි, අපට පැහැදිලිව පේනවා මේ සීලාදී ගුණධර්ම රැකීම පුණ්‍ය කර්ම කියලා. මේවා පුණ්‍ය කර්ම වගේම කුසල කර්ම බවට පත්කර ගන්න පුළුවනි.

## කුසල් උපදවා දෙන සම්මා දිට්ඨිය...

භාග්‍යවත් බුදුරජාණන් වහන්සේ කුසලය හැටියට පෙන්වා දෙනවා "(**යථෝ ඛෝ ආවුසෝ අරියසාවකෝ අකුසලඤ්ච පජානාති, අකුසල මූලඤ්ච පජානාති, කුසලඤ්ච පජානාති, කුසල මූලඤ්ච පජානාති එත්තාවතා පි ඛෝ ආවුසෝ සම්මා දිට්ඨී හෝති. උජුගතාස්ස දිට්ඨයේ ධම්මේ අවෙච්චප්පසාදේන සමන්නාගතෝ ආගතෝ ඉමං සද්ධම්මං**) යම් දවසක ආර්ය ශ්‍රාවකයා මෙන්න මේවා අකුසල්.. කියලා අකුසලයන්ගේ සැබෑ තත්වයත්, අකුසලයන්ට මුල්වෙන කාරණා මෙන්න මේවා.. කියලා ඒ පිළිබඳ යථාර්ථයත්, ඒ වගේම කුසල ධර්ම කියලා කියන්නේ මේවා.., ඒ කුසල ධර්මයන්ට මුල් වෙන්නේ මේවාය.. කියලා ඒ පිළිබඳ මනාකොට හඳුනාගැනීමත් ඇතිකර ගත්තාම එපමණකින්ම ශ්‍රාවකයා සම්මා දිට්ඨියෙන් යුතු කෙනෙක් වෙනවා.

භාග්‍යවත් බුදුරජාණන් වහන්සේ අකුසල මුල් හැටියට පෙන්වා දුන්නේ ලෝභ, ද්වේෂ, මෝහ. කුසල මුල් හැටියට පෙන්වා දුන්නේ අලෝභ, අදෝෂ, අමෝහ. ප්‍රාණඝාතය, සොරකම, කාමයේ වරදවා හැසිරීම,

බොරුකීම, කේලාම් කීම, එරුෂ වචන කීම, හිස් වචන කීම, අනුන්ගේ සම්පත් තමා සතු කරගැනීමට ඇළුම් කිරීම, අනුන් කෙරෙහි හානිකර සිතුවිලි ඇතිකර ගැනීම, මිථ්‍යා දෘෂ්ටික වීම කියන මේ සියලු දේටම මුල් වෙන්නේ ලෝභ, ද්වේෂ, මෝහයි. ඒ නිසා අපි අකුසලයත්, අකුසල මූලත් පිළිබඳව තමා තුළින් තේරුම් ගන්න දක්ෂ වෙන්න ඕන. කුසල් කියන්නේ කලින් සඳහන් කළ අකුසලයන්ගෙන් වැළකීම. ඒකට මුල් වෙන්නේ ලෝභ නැතිබව, ද්වේෂ නැතිබව, මෝහ නැතිබව කියන කුසල මුල්.

## දෘෂ්ටිය ඍජුවෙන තැන...

සාරිපුත්ත මහරහතන් වහන්සේ සම්මා දිට්ඨි සූත්‍ර දේශනාවේදී පෙන්වා දෙනවා "**(එත්තාවතා පි ඛෝ ආවුසෝ අරියසාවකෝ සම්මා දිට්ඨි හෝති)** මෙපමණකින් ආයුෂ්මතුනි, සම්මා දිට්ඨිය වේ. **(උජුගතාස්ස දිට්ඨි)** ඔහුගේ දෘෂ්ටිය මනාව ඍජු වූයේ වේ. **(ධම්මේ අවෙච්චප්පසාදේන සමන්නාගතෝ)** ඔහුට ශ්‍රී සද්ධර්මය ගැන අවබෝධ ඥානයකින් යුතු ප්‍රසාදයක් තියෙනවා. **(ආගතෝ ඉමං සද්ධම්මං)** ඔහු වනාහී සද්ධර්මයට පැමිණි කෙනෙක්."

පින්වතුනි, යම්කිසි කෙනෙක් මෙන්න මේ ආකාරයේ අවබෝධ ඥානයක් ඇතිකර ගත්තොත් ඒක බලවත් කුසලයක්. සාරිපුත්ත මහරහතන් වහන්සේ පෙන්වා දෙනවා "**(යතෝ ඛෝ ආවුසෝ අරියසාවකෝ එවං අකුසලං පජානාති, එවං අකුසල මූලං පජානාති. එවං කුසලං පජානාති, එවං කුසල මූලං පජානාති)** යම්කිසි දවසක ආර්ය ශ්‍රාවකයා 'මෙන්න මේවා තමයි අකුසල්.. මෙන්න මේවා තමයි අකුසල්වලට මුල.. මෙන්න මේවා තමයි කුසල්.. මෙන්න මේවා තමයි කුසල් වලට මුල..' කියලා හේතු සහ ඵල අතර සම්බන්ධය මනාකොට අවබෝධ

කරගත්තොත් **(සෝ සබ්බසෝ රාගානුසයං පහාය)** එයාට හිතේ මුල් බැසගත්තු රාගය ප්‍රහාණය කරන්න පුළුවන් වෙනවා. **(පටිඝානුසයං පටිවිනෝදෙත්වා)** එයාට හිතේ මුල් බැසගත් ගැටීමේ ස්වරූපය නැතිකර ගන්න පුළුවනි. ඒ වගේම එයාට **(අස්මීති දිට්ඨිමානානුසයං සමූහනිත්වා)** 'මම වෙමි'යි කියලා හිත ඇතුළේ දැඩිලෙස ග්‍රහණය කරගත් මානානුසය, මුල් බැසගත් මාන්නය මුලින්ම උදුරලා දමලා, අවිද්‍යාව දුරුකරලා, විද්‍යාව උපදවාගෙන මේ ජීවිතයේදීම උතුම් වූ නිවන සාක්ෂාත් කරන්න පුළුවන්."

## පුද්ගලික මත අත්හැර ශ්‍රද්ධාවට පැමිණෙන්න...

පින්වතුනි, මේ ඔක්කෝම පුළුවන් දේවල් මිසක් බැරි දේවල් නෙවෙයි. බුදුරජාණන් වහන්සේ හෝ උන්වහන්සේගේ ශ්‍රාවකයින් වහන්සේලා "හා......හා......පින් කරන්න එපා, වැඩක් නෑ. කුසල් විතරක් කරගෙන යන්න" කියලා කොහේවත් පෙන්වලා නෑ. එහෙම කොහේවත් දේශනා කරලා නෑ.

බුදුරජාණන් වහන්සේගේ ධර්මය කතා බස් කළ යුතු ක්‍රමය අප මනාකොට හඳුනාගන්න ඕන. අපි ඒ ක්‍රමය දන්නේ නැත්නම් කතා කිරීමේදී අපේ අතින් ධර්මයට අගෞරව සිද්ධ වෙන්න පුළුවන්. අපට පව් සිදුවෙන්නත් පුළුවනි. ඒ නිසා අපි භාග්‍යවත් බුදුරජාණන් වහන්සේගේ ධර්මය සම්බන්ධයෙන් කතා කළ යුත්තේ, ඒ සද්ධර්මය මනාකොට අවබෝධයෙන් තේරුම් ගනිමින්.

ඒ කතාබහ පුද්ගලික මත නොවිය යුතුයි. අපට පුද්ගලික මතවලින් ප්‍රයෝජනයක් නෑ. අපට වැදගත් වන්නේ ඒ භාග්‍යවත් බුදුරජාණන් වහන්සේගේ ශ්‍රී

සද්ධර්මයයි. ඒ ශ්‍රී සද්ධර්මය තුළ තමයි, අවබෝධ ඥානය ඇතිකර දීමේ හැකියාව තිබෙන්නේ.

## සුන්දර ජීවිතයක් පිණිස...

පින්වතුනි, ඔබට මතකද තෙරුවන් සරණ යෑම ගැන භාග්‍යවත් බුදුරජාණන් වහන්සේගේ ප්‍රකාශයක් අපි කලින් කතාබස් කළා. "**(ඉධ භික්ඛවේ අරියසාවකෝ බුද්ධං සරණං ගතෝ හෝති)** මහණෙනි, ආර්ය ශ්‍රාවකයා යම් වෙලාවක බුදුරජාණන් වහන්සේ සරණ ගියාද **(අයං භික්ඛවේ පඨමෝ පුඤ්ඤාභිසන්ධෝ)** මේ තමයි මහණෙනි ප්‍රථම පින් උතුරා යෑම. **(පඨමෝ කුසලාභිසන්ධෝ)** ප්‍රථම කුසල් උතුරා යෑම. **(සුඛස්සාහාරෝ)** සැපය කරා යෑම. **(සෝවග්ගිකෝ)** ස්වර්ගය කරා යෑම. **(සුඛ විපාකෝ)** සැප විපාක ලබා ගැනීම. **(සග්ග සංවත්තනිකෝ)** ස්වර්ගයේ ඉපදීම පිණිස පැවතීම. **(ඉට්ඨාය, කන්තාය, මනාපාය, හිතාය, සුඛාය, සංවත්තති)** ඉෂ්ට, කාන්ත මනාප, හිතසුව පිණිස පවතීම. එහෙම නම් පින්වතුනි, බුදුරජාණන් වහන්සේව සරණ යෑම සුන්දර ජීවිතයක් පිණිස උපකාර වෙන දෙයක්. මේ පිළිබඳව අපි අපේ කුසලය දියුණු කරගන්න ඕන.

පින්වතුනි, බුදුරජාණන් වහන්සේ මේ සඳහා **(කුසලාභිසන්ද)** කුසල් උතුරා යන ගංගාවක් කියලා වචනයක් පාවිච්චි කළා. එහෙනම් අපි මේ කරන්නේ නිකම්ම නිකම් බුදුන් සරණ යෑමක් නෙවෙයි. අපි බුදුරජාණන් වහන්සේව සරණ යා යුත්තේ, ශ්‍රී සද්ධර්මය සරණ යා යුත්තේ, ආර්ය ශ්‍රාවක සංඝරත්නය සරණ යා යුත්තේ මෙන්න මේ අකාරයටයි.

## දූපතක් සොයා පිහිනන්න සැරසෙන්න...

අපි කියමු කෙනෙක් සාගරයකට වැටිලා සාගරයේම මැරෙනවා. නැවතත් සාගරයේම උපදිනවා. සාගරයේම යළි යළි මැරෙනවා, සාගරයේම යළි යළි උපදිනවා කියලා. නමුත් සාගරයේම යළි යළි මැරි මැරී උපදින මේ කෙනා යම් වෙලාවක ගොඩබිමක් කරා යන්න කල්පනා කළොත් එයා ගොඩබිමක් කොහේද තියෙන්නේ..? කියලා වට පිට බලනවා. යම් මොහොතක එයා ගොඩබිමක් දැක්කාද, එයා ඒ ගොඩබිම කරා පීනන්න පටන් ගන්නවා.

අන්න ඒ අර්ථයෙන්මයි බුදුරජාණන් වහන්සේව සරණ යා යුත්තේ. අන්න ඒ අර්ථයෙන්මයි ශ්‍රී සද්ධර්මය සරණ යා යුත්තේ. අන්න ඒ අර්ථයෙන්මයි ශ්‍රාවක සංඝරත්නය සරණ යා යුත්තේ.

## අවබෝධය අදාළ බුද්ධියටයි...

මේවා කියන්නම් වාලේ කියන දේවල් නෙවෙයි. මේවා කියන්නම් වාලේ කියවීම හරියට ගිරව් කතා කළා වගේ. කිසිම වැඩක් නෑ. ඒ නිසා අපි මේ දේවල් අවබෝධයෙන් කළ යුතුයි. අපට මේ දේවල් බොහොම අවබෝධයකින් කරන්න පුළුවනි. බුදුරජාණන් වහන්සේගේ ශ්‍රී සද්ධර්මය ඕපනයිකයි. ඕපනයිකයි කිව්වේ තමා තුළින් තේරුම් බේරුම් කර ගත යුතු ධර්මයක්. බුදුරජාණන් වහන්සේගේ ධර්මයෙන් හිස් ආකාසය දිහා බලාගෙන අත්දෙක උස්සගෙන ඉල්ලන්න උගන්වන්නේ නෑ. බුදුරජාණන් වහන්සේගේ ධර්මයෙන් උගන්වන්නේ අවබෝධ කරගැනීම පිණිසයි. අවබෝධය අදාළ බුද්ධියටයි.

ඒ නිසා යම්කිසි කෙනෙක් මේ ශ්‍රී සද්ධර්මය තමන්ගේ ජීවිතයට සම්බන්ධ කරගන්නවා නම් එයා

ස්ථිර වශයෙන්ම බුද්ධිමත් කෙනෙක් බවට පත්වෙනවා. ඒ තැනැත්තාගේ බුද්ධිය දියුණු වෙනවා. යම්කිසි කෙනෙක් ඒ ශ්‍රී සද්ධර්මය කරා යන්නේ නැත්නම් ඒ කෙනා බුද්ධිමත් කෙනෙක් නෙවෙයි. යම්කිසි කෙනෙකුගේ චින්තනය සද්ධර්මයේ පිහිටන්නේ නැත්නම් එයාට ඥාන ශක්තිය මදි.

## තිසරණය රැකගැනීම බලවත් කුසලයක්...

යම්කිසි කෙනෙක් 'මේ ජීවිතයේ ධර්මය අවබෝධ කරගන්න බෑ' කියලා කියනවා නම් එයා තමාගේ කුසලයට, තමන්ගේ පිනට නින්දා කරගන්න කෙනෙක්. යම්කිසි කෙනෙක් 'මේ ජීවිතයේ ධර්මය කොහේ දකින්නද..? ඕවා කාටද පුළුවන්?' කියනවා නම් එයා තමන්ට නින්දා කරගන්න කෙනෙක්. බුදුරජාණන් වහන්සේගේ ධර්මයට අපහාස කරන කෙනෙක්. එයාගේ තිසරණය කිලිටි වෙලා යනවා. එයාට තිසරණය නැතිවෙලා යනවා. ඒ නිසා තිසරණය රැකගැනීම ඉතාම බලවත් කුසලයක්.

පින්වතුනි, කුසලය සකස් වෙන්නේ නිවන් මග පිණිසයි. පින සකස් වෙනවා කුසලය පිණිස. කුසලය සකස් වෙනවා නිවන් මග පිණිස. අපි අප දෙස බලමු. අපි ඔක්කෝම මිනිස් ලෝකයේ ඉපදිලා, යහපත් මනුෂ්‍යයන් වශයෙන් ජීවිතය ගතකරමින්, මේ වන විට සමථ විදර්ශනා වඩනවා. සතර සතිපට්ඨානය වඩනවා. ආර්ය අෂ්ටාංගික මාර්ගය පුරුදු කරනවා. ඒ කියන්නේ නිවන පිණිස කුසල් දහම් වඩනවා. අපට මේ අවස්ථාව ලැබුණේ සංසාරයේ පින් කරලා මේ මිනිස් ලෝකයට ආව නිසා නේද? මිනිස් ලෝකයට ආවේ නැත්නම් අපට මේ කිසි දෙයක් නැහැ.

## වැදගත්ම දේ කල්පනාව ඍජුකර ගැනීමයි...

ඒ නිසා පින්වතුනි, පින් කරලා **පින තුළ** කුසලය දියුණු කරගැනීමයි බුදුරජාණන් වහන්සේගේ ශ්‍රාවකයෝ කරන්නේ. අන්න ඒ කාරණයේදී අපට වැදගත් වෙන්නේම අපේ කල්පනාව මනාකොට ඍජු කරගැනීමයි. අද බොහෝ දෙනෙකුට හරියාකාර තිසරණයක් නැහැ. ඒ නිසා ආකල්පමය වශයෙන් මානසික බලයක් නැහැ, මානසික ශක්තියක් නැහැ. ඒ නිසා තිසරණයේ මුල් බැසගත් ස්වභාවයක් නැහැ. ඒ අය හැම තිස්සේම වැනෙන සුළු ප්‍රතිපත්තියක හිඳගෙන, බුදුරජාණන් වහන්සේගේ ධර්මයටත් අපහාස කරගෙන, පිනටත් නින්දා කරගෙන, තමන්ගේ පිනටත් ගරහාගෙන, පිනක් නැති ජීවිතයක් කරා යනවා.

පින්වතුනි, අපි ඒ තත්වයට පත් නොවිය යුතුයි. ඒ සඳහා අපි පැහැදිලිවම පින හඳුනාගන්න ඕන. පින පෝෂණය කරගනිමින් එය කුසලය කරා හරවා ගැනීමට අප දක්ෂ විය යුතුයි.

## පින පව මුල් කරගෙන කැරකෙන භව චක්‍රය...

බුදුරජාණන් වහන්සේ මේ සංසාර ගමන ගැන පෙන්වා දෙනවා (**අවිජ්ජාගතෝයං භික්ඛවේ, පුරිස පුග්ගලෝ පුඤ්ඤං චේ සංඛාරං අභිසංඛරෝති, පුඤ්ඤෝපගංහෝති විඤ්ඤාණං**) යමෙක් අවිද්‍යා සහගත මානසිකත්වයකින් ඉඳගෙන පිනක් කිරීමේදී විඤ්ඤාණය ඒ පිනේ ස්වරූපයට හැදිලා සංසාරයේ පවතිනවා. ඒ කාලය තුළදී (**පුඤ්ඤාභිසංඛාරං අභිසංඛරෝති**) විපාක විඳීම පිණිස පුණ්‍ය කර්ම රැස්වෙනවා.

ඉතින් පින්වතුනි, මේක හොඳ දෙයක්නේ. විපාක විඳීම පිණිස පුණ්‍ය කර්ම රැස්වූ නිසානේ, දැන් අපි මේ මිනිස් ලෝකයේ ඉපදිලා ඉන්නේ. ඒක නරක දෙයක් නෙවෙයි. ඒ වගේම අපි මේ පින් පව් දෙක මුල් කරගෙන කැරකෙන භව චක්‍රය හෙමිහිට හෙමිහිට නවත්වා දාන්න දක්ෂ වෙන්නත් ඕන. ඒක පුළුවන් වෙන්නේ කුසලධර්ම දියුණු කර ගැනීමෙන්. කුසල ධර්ම කියන්නේ, ආර්ය අෂ්ටාංගික මාර්ගය කරා යන වැඩපිළිවෙල.

ඒ තමයි, සතර සතිපට්ඨානය, සතර සම්‍යක් පධාන වීර්යය, සතර ඉර්ධිපාද, පංච ඉන්ද්‍රිය, පංච බල, සප්ත බොජ්ඣංග, ආර්ය අෂ්ටාංගික මාර්ගය කියන මේ සත්තිස් බෝධිපාක්ෂික ධර්ම. මේ සෑම දෙයක්ම බුදුරජාණන් වහන්සේ මනාකොට දේශනා කරලා තියෙනවා.

## ආර්ය ශ්‍රාවකයාගේ ආකල්පය...

අපි ගම්මු සම්මා දිට්ඨිය. බුදුරජාණන් වහන්සේ සම්මා දිට්ඨියේ ස්වරූපය මේ විදිහට පෙන්වා දෙනවා "මහණෙනි, සම්මා දිට්ඨියක් තියෙනවා, හැබැයි ඒක **(සාසවා)** කෙලෙස් සහිත එකක්. **(පුඤ්ඤභාගියා)** නමුත් ඒක පින් රැස්වෙන එකක්. **(උපධිවේපක්කා)** මනාකොට යහපත් විපාක ලබා දෙනවා." ඒකට කියන්නේ ලෞකික සම්මා දිට්ඨිය.

යම්කිසි කෙනෙකුට ලෞකික සම්මා දිට්ඨිය පිහිටියොත් එයා පින අගය කරන කෙනෙක්. මොකද, ලෞකික සම්මා දිට්ඨිය තුළ තමයි, දුන් දේ විපාක ඇත, කර්මයාගේ ඵල විපාක ඇත, සැප දුක් දෙකේ විපාක ඇත, පින් පව් දෙකේ විපාක ඇත, මවට සැලකීමේ, පියාට සැලකීමේ විපාක ඇත, මෙලොවක් ඇත, පරලොවක්

ඇත, ලෝකයේ යහපත් ජීවිත ගතකරන ධර්මාවබෝධය ඇතිකර ගත් ශ්‍රමණ බ්‍රාහ්මණයෝ ඇත කියන ආකල්පයන් ඇතිවෙන්නේ.

ආකල්පමය වශයෙන් ඇතිකර ගන්න මේ සම්මා දිට්ඨිය බොහෝම වැදගත්. මේක ලෞකික එකක්, පිනට නැඹුරුවූ එකක්. පින එපා කියනවා නම් එයාට මේ සම්මා දිට්ඨියත් නෑ. අනිත් කාරණය තමයි, මේ ලෞකික සම්මා දිට්ඨිය තියෙන කෙනා තමයි ලෝකෝත්තර සම්මා දිට්ඨිය කරා යන්නේ. ලෞකික සම්මා දිට්ඨිය නැති කෙනා ලෝකෝත්තර සම්මා දිට්ඨිය කරා යන්නේ නෑ.

## ධර්මයේ ගුණ ගැන ශ්‍රද්ධාව ඇතිකර ගන්න...

අපි උදාහරණයක් හැටියට මෙහෙම කියමු. භාග්‍යවත් බුදුරජාණන් වහන්සේගේ ධර්මයේ විස්තර වෙනවා ආර්ය අෂ්ටාංගික මාර්ගයක්, නිවන් මගක්. සමහරු මේ ලෝකයට රහතන් වහන්සේලා පහළ වෙලා අහසින් තමන් ගාවට ඇවිදින් බණ කියනකම් බලාගෙන ඉන්නවා, ධර්මය දකින්න. ඒවාට කියන්නේ මෝඩ ආකල්ප කියලා. අපි මෙවැනි ආකල්ප වලින් තොර වෙන්න ඕන. මෙවැනි ආකල්ප ඇතිවෙන්නේ භාග්‍යවත් බුදුරජාණන් වහන්සේගේ ධර්මය විශ්වාස නොකරන නිසයි. උන්වහන්සේගේ ධර්මය සම්බන්ධයෙන් අපි දරන්න ඕන එවැනි ආකල්ප නෙවෙයි.

භාග්‍යවත් බුදුරජාණන් වහන්සේගේ ශ්‍රී සද්ධර්මය **(සන්දිට්ඨිකයි)** මේ ජීවිතයේ දැකිය හැකි එකක්. **(අකාලිකයි)** සියලු කාලයන්ට පොදු එකක්. **(ඒහිපස්සිකයි)** ඇවිත් බලන්න කියන්න පුළුවන් එකක්. **(ඕපනයිකයි)** තමා තුළින්ම බැලිය යුතු එකක්. **(පච්චත්තං වේදිතබ්බෝ විඤ්ඤූහි)**

බුද්ධිමත් මනුෂ්‍යයන්ට තම තම නැණ පමණින් තේරෙන එකක්. මේ ලෝකයේ යම්කිසි කෙනෙක් ඒ භාග්‍යවත් බුදුරජාණන් වහන්සේ වදාළ ශ්‍රී සද්ධර්මය ඒ ආකාරයෙන්ම අනුගමනය කරනවා නම්, එයා අනිවාර්යයෙන්ම ධර්මය අවබෝධ කරනවා. එයා සංසාරයෙන් මිදෙනවා, එයා නිවන අවබෝධ කරනවා.

## ධර්මයේ ලක්ෂණය...

මොකද, ධර්මයේ ලක්ෂණය තමයි ධර්මය පුරුදු පුහුණු කරන කෙනාව සසර දුකින් මුදවාලීම. ඒක කරන්නේ සද්ධර්මය විසින්. සද්ධර්මය තුළ ඒ හැකියාව, ඒ ශක්තිය තියෙනවා. යමෙක් අන්න ඒ මතයට පැමිණීමත් පින් රැස්වෙන ගංගාවක් ලෙසටයි භාග්‍යවත් බුදුරජාණන් වහන්සේ වදාළේ.

දෙවනුව තමයි කුසලයට නැඹුරු වෙලා ආර්ය මාර්ගයට පැමිණෙන්නේ. "**(අත්ථි භික්ඛවේ සම්මා දිට්ඨි අරියා අනාසවා ලෝකුත්තරා** මග්ගංගා) මහණෙනි, ආර්ය වූ, ආශ්‍රව රහිත වූ, ලෝකෝත්තර වූ, ලෝකයන්ගෙන් එතෙර කරවන්නා වූ, ආර්ය අෂ්ටාංගික මාර්ග අංගයක් හැටියට තිබෙන සම්මා දිට්ඨියක් තියෙනවා. ආර්ය මාර්ගය පුරුදු පුහුණු කරන කෙනාගේ යම් ප්‍රඥාවක් ඇද්ද, ප්‍රඥාව නම් වූ මානසිකව මනාකොට සකස් වූ ඉන්ද්‍රියක් ඇද්ද, ප්‍රඥාව නම් වූ මානසිකව සකස් වූ බලයක් ඇද්ද, අවබෝධයට සුදුසු අංගයක් හැටියට ප්‍රඥාවේ වැඩෙන ස්වභාවයක් ඇද්ද, ධම්මවිචය සම්බොජ්ඣංග මාර්ග අංගයක් ඇද්ද එය '**ලෝකෝත්තර සම්මා දිට්ඨියයි.**'

# සම්මා දිට්ඨියෙන් යුතු කෙනා මුලාවෙන්නේ නෑ...

යම් කෙනෙක් මේ සම්මා දිට්ඨියට එනකොට එයා 'මේක මිච්ඡා දිට්ඨිය, මේක සම්මා දිට්ඨිය කියලා අවබෝධ ඥානයෙන් තේරුම් ගන්නවා. එයා මිථ්‍යා දෘෂ්ටිය මිථ්‍යා දෘෂ්ටියයි කියලා මිථ්‍යා දෘෂ්ටියේ ස්වරූපය තේරුම් ගන්නවා. අධර්මය අධර්මයයි කියලා තේරුම් ගන්නවා. අවිනය අවිනයයි කියලා තේරුම් ගන්නවා. ඒ විදිහට අධර්මය අධර්මයයි කියලා තේරුම් ගත්තොත් එයා අධර්මයෙහි මුලාවෙන්නේ නැහැ. එයා අධර්මය බැහැර කරනවා. සද්ධර්මය සද්ධර්මය හැටියට මනාකොට දකිනවා. ඒ සද්ධර්මය තුළ ඇතිකර ගත යුතු ආකල්පය මනාකොට දකිනවා. අන්න ඒක තමයි එයාට තියෙන සම්මා දිට්ඨිය.

පින්වතුනි, මේ දේවල් ඔක්කොම කුසල්. මේවා නිකම් කුසල් නෙවෙයි, ආර්ය මාර්ගය තුළ වැඩෙන කුසල්. ඒ කුසල් වැඩෙන්න නම් මිථ්‍යා දෘෂ්ටිය දුරුකිරීම පිණිස, සම්මා දිට්ඨිය උපදවා ගැනීම පිණිස උත්සාහ කළ යුතුයි. එතකොට එයා තුළ සම්මා වායාමය ඇතිවෙනවා. සම්මා වායාමය කියන්නේ අවබෝධ ඤාණය ඇතිකර ගැනීම පිණිස ගන්නා උත්සාහයටයි.

# උපදවා ගත යුතු සැබෑම වීර්යය...

සම්මා වායමය තුළ විස්තර කරන්නේ **(අනුප්පන්නානං අකුසලානං ධම්මානං අනුප්පාදාය ඡන්දං ජනේති වායමති විරියං ආරභති චිත්තං පග්ගණ්හාති පදහති)** හට නොගත් අකුසල ධර්මයන් හට නොගැනීම

පිණිස කැමැත්ත ඇතිකර ගන්නවා. වෑයම් කරනවා. වීරිය ඇතිකර ගන්නවා. සිතේ මනාකොට අධිෂ්ඨානයක් ධෛර්යයක් ඇතිකර ගන්නවා. ඊළඟට උපන් අකුසල ධර්ම ප්‍රහාණය කිරීම පිණිස, ඒ වගේම නූපන් කුසල් දහම් උපදවා ගැනීම පිණිස උත්සාහයක්, වීර්යයක්, ධෛර්යයක් ඇතිකර ගන්නවා. නූපන් කුසල් දහම් කියන්නේ ආර්ය අෂ්ටාංගික මාර්ගයේ අනුගමනය කරන සීල, සමාධි, ප්‍රඥා වලට. මේවා කුසල් දහම්. මේවා ඇතිවෙන කොට සතර සතිපට්ඨානයේ මනාකොට සිත පිහිටනවා. ඒක තමයි නූපන් කුසල ධර්මයන් උපදවා ගැනීමට තමා තුළ ඇතිවිය යුතු කැමැත්ත, වීරිය, අධිෂ්ඨානය.

ඒ වගේම ඉපදුණු කුසල ධර්මයන් පවත්වා ගැනීම පිණිස, එහිලා මුලා නොවීම පිණිස, විපුල බවට පත් කර ගැනීම පිණිස, වැඩි දියුණු කරගැනීම පිණිස, භාවනාමය වශයෙන් පූර්ණත්වයට පත් කරගැනීම පිණිස උත්සාහ කරන්න ඕන.

## කුසලය තුළ කෙලෙස් ප්‍රහාණය වෙනවා...

බලන්න පින්වතුනි, මේකෙදී පැහැදිලිවම පේනවා කෙනෙකුගේ ජීවිතය හරියාකාර ලෙස කුසලයක පිහිටියොත් එයා තුළ ලෝභය නැමති අකුසලය ප්‍රහාණය වෙනවා. ද්වේෂය නැමති අකුසලය ප්‍රහාණය වෙනවා. මෝහය නැමති අකුසලය ප්‍රහාණය වෙනවා.

භාග්‍යවත් බුදුරජාණන් වහන්සේ ඒක ලස්සනට දේශනා කරනවා "පින්වත් මහණෙනි, යම්කිසි අලෝභයක් ඇත්නම් ඒකමයි කුසලය. අලෝභී පුද්ගලයා කයෙන්, වචනයෙන්, සිතින් යමක් රැස්කරනවාද ඒකත් කුසලයක්. ලෝභයෙන් මඩිනා ලද සිතින් තොර වෙලා, ලෝභ රහිතව,

පින සහ අවබෝධය 183

ලෝභයෙන් මඩිනා ලද සිතින් බේරිලා, එයා අසාධාරණ විදිහට අනුන්ට දුක් උපද්දවන්නේ නෑ. එයා මොනයම්ම ක්‍රමයකින් හෝ අනුන්ට හිංසා පිණිස කිසිවක් කරන්නේ නෑ. ඒකත් කුසල්."

## කුසලය උපදවා දෙන අග්‍රම සැපය...

භාග්‍යවත් බුදුරජාණන් වහන්සේ එබඳු ආකාරයේ කුසල ධර්මයන්ගෙන් යුතු පුද්ගලයා ගැන මේ ආකාරයට පෙන්වා දෙනවා "**(ඒවරූපෝ චායං භික්ඛවේ පුග්ගලෝ)** මෙවැනි ආකාරයෙන් යුතු පුද්ගලයා සද්ධර්මය කියද්දී **(කාලවාදීතිපි)** සුදුසු කල්හී මේ ජීවිතයට සැබෑ ලෙස ප්‍රයෝජන ගන්න පුළුවන් ධර්මය කියනවා. **(භූතවාදීතිපි)** ඒ වගේම සත්‍ය වූ ධර්මය කියනවා. **(අත්ථවාදීතිපි)** අර්ථ සහිත දේ කියනවා. **(ධම්මවාදීතිපි)** සද්ධර්මයම කියනවා. **(විනයවාදීති පි)** ඒ සද්ධර්මයේ හික්මෙන ආකාරය කියනවා. යම්කිසි කෙනෙක් මේ ආකාරයට කටයුතු කළොත් ලෝභයෙන් හටගත් ලාමක අකුසල ධර්ම ඔක්කොම ප්‍රහාණය වෙලා එයා සම්පූර්ණයෙන් එයින් තොර වෙනවා. **(දිට්ඨේව ධම්මේ සුඛං විහරති)** එයා මේ ජීවිතයේ සැපසේ වාසය කරන කෙනෙක් බවට පත්වෙනවා. එයා **(අවිඝාතං)** දුක් නැති **(අනුපායාසං)** පීඩා නැති **(අපරිළාහං)** දැවිලි තැවිලි නැති කෙනෙක් බවට පත්වෙනවා. **(දිට්ඨේව ධම්මේ පරිනිබ්බායති)** එයා මේ ජීවිතයේම පිරිනිවන් පානවා."

## පින මත දියුණු කළ යුතු කුසලය...

එහෙම නම් අපට පේනවා, කුසල ධර්මයන් කියන්නේ පින මත දියුණු කළයුතු දෙයක්. යම්කිසි කෙනෙක් 'අපට පින් එපා! අපට ඕන කුසල් විතරයි'

කියලා කියනවා නම් එයා පින හඳුනන්නෙත් නෑ, කුසලය හඳුනන්නෙත් නෑ. එහෙම නම් අපි පිනත් මනාකොට හඳුනාගත යුතුයි. කුසලයත් මනාකොට හඳුනාගත යුතුයි. අපි පිනයි කුසලයයි මනාකොට හඳුනාගෙන, ඒ දෙකේම මුලානොවී, ඒ දෙකෙන්ම ප්‍රයෝජන ගන්න ඕන. ඒ නිසා යම්කිසි කෙනෙක් "හා...හා.... පින් රැස් කරන්න එපා...!" කියලා කියනවා නම් එයාගෙන් පරිස්සම් වෙන්න. එයා සත්‍යය කතාකරන කෙනෙක් නෙවෙයි. එයා ධර්මය දන්නා කෙනෙක් නෙවෙයි. එයා පින දන්නා කෙනෙක් නෙවෙයි.

ඒ නිසා අපි පින හඳුනාගෙන, මනාකොට පින තේරුම් අරගෙන, කුසලය හඳුනාගෙන, මනාකොට කුසලය තේරුම් අරගෙන පින් රැස්කරමු! කුසල් වඩමු! පින් රැස්කොට, කුසල් වඩා දුර්ලභව ලද මේ මනුෂ්‍ය ජීවිතය ප්‍රයෝජනවත් විදිහට දියුණු කරගෙන මේ සම්බුද්ධ ශාසනයේ උතුම් පිහිට ලබමු.

අප සැම සියලු දෙනාටම පින තුළ කුසල ධර්ම දියුණු කරගෙන, ආර්ය අෂ්ටාංගික මාර්ගය වඩලා, බුදු, පසේබුදු, මහරහතන් වහන්සේලා නිවී සැනසී පැමිණ වදාළ අමා මහ නිවන් සුව අවබෝධ කරගැනීම පිණිස ඒකාන්තයෙන්ම මේ පින් හේතු වාසනා වේවා...!

**සාදු! සාදු!! සාදු!!!**

# මහාමේඝ ප්‍රකාශන

● **ත්‍රිපිටක පොත් වහන්සේලා :**

01. දීඝ නිකාය 1 කොටස
(සීලක්ඛන්ධ වර්ගය)
02. දීඝ නිකාය 2 කොටස
(මහා වර්ගය)
03. දීඝ නිකාය 3 කොටස
(පාථික වර්ගය)
04. මජ්ඣිම නිකාය 1 කොටස
(මූල පණ්ණාසකය)
05. මජ්ඣිම නිකාය 2 කොටස
(මජ්ඣිම පණ්ණාසකය)
06. මජ්ඣිම නිකාය 3 කොටස
(උපරි පණ්ණාසකය)
07. සංයුත්ත නිකාය 1 කොටස
(සගාථ වර්ගය)
08. සංයුත්ත නිකාය 2 කොටස
(නිදාන වර්ගය)
09. සංයුත්ත නිකාය 3 කොටස
(ඛන්ධක වර්ගය)
10. සංයුත්ත නිකාය 4 කොටස
(සළායතන වර්ගය)
11. සංයුත්ත නිකාය 5 කොටස
(මහා වර්ගය - 1)
12. සංයුත්ත නිකාය 5 කොටස
(මහා වර්ගය - 2)
13. අංගුත්තර නිකාය 1 කොටස
(ඒකක, දුක, තික නිපාත)
14. අංගුත්තර නිකාය 2 කොටස
(චතුක්ක නිපාත)
15. අංගුත්තර නිකාය 3 කොටස
(පඤ්චක නිපාත)
16. අංගුත්තර නිකාය 4 කොටස
(ඡක්ක, සත්තක නිපාත)
17. අංගුත්තර නිකාය 5 කොටස
(අට්ඨක, නවක නිපාත)
18. අංගුත්තර නිකාය 6 කොටස
(දසක, ඒකාදසක නිපාත)
19. ඛුද්දක නිකාය 1 කොටස
(ඛුද්දකපාඨ පාළි, ධම්මපද පාළි, උදාන පාළි, ඉතිවුත්තක පාළි)
20. ඛුද්දක නිකාය 2 කොටස
(විමාන වත්ථු , ප්‍රේත වත්ථු)

● **ධර්ම දේශනා ග්‍රන්ථ :**

01. කියන්නම් සෙනෙහසින් මිය නොයන් හිස් අතින්
02. තෝරාගනිමු සැබෑ නායකත්වය
03. පැහැදිලි ලෙස පිරිසිදු ලෙස දෙසූ සේක සිරි සදහම්
04. දම් දියෙන් පණ දෙව් විමන් සැප
05. බුදුවරුන්ගේ නගරය
06. සයුර මැද දූපතක් වේ ද ඔබ...?
07. ගිහි ගෙයි ඔබ ඇයි?
08. මෙන්න නියම දේවදූතයා
09. ආදරණීය වදකයා
10. සයුරේ අසිරිය ධර්මයේ
11. විෂ නසන ඔසු
12. සසරක ගමන නවතන නුවණ
13. විස්මිත හෙළිදරව්ව
14. දිළිසෙන සියල්ල රත්තරන් නොවේ
15. අනතුරින් අත්මිදෙන්නට නම්...
16. අතරමං නොවීමට...
17. සුන්දර ගමනක් යමු
18. කවදා නම් අපි නිදහස් වෙමුද?
19. ලෙඩ දුක් වලින් අත්මිදෙමු
20. ලෝකය හැදෙන හැටි
21. යුද්ධයේ සුළමුල
22. රහතන් වහන්සේ මරණින් මතු ඇත නැත
23. නුවණැස පාදන සිරි සදහම්
24. මරණය ඉදිරියේ අසරණ නොවීමට නම්
25. අපේ නව වසර බුද්ධ වර්ෂයයි
26. හේතුවක් නිසා
27. අවබෝධ කළ යුතු ධර්මය මෙයයි
28. සැබෑ බිරිඳ කවුද?
29. පහන් සිළ නිවෙන ලෙස පිරිනිවී වැඩි සේක
30. සසරට බැඳෙමුද සසරින් මිදෙමුද?
31. රහතුන්ගේ ධර්ම සාකච්ඡා
32. සැබෑ දියුණුවේ රන් දොරටුව
33. බලන් පුරවරක අසිරිය
34. මමත් සිත සමාහිත කරමි බුදු සමිඳුනේ...
35. එළිය විහිදෙන නුවණ
36. සැබෑ ශ්‍රාවකයා ඔබද?
37. අසිරිමත් ය ඒ භාග්‍යවතාණෝ...
38. නුවණැත්තෙක් වෙන්නට නම්
39. බුද්ධියේ හිරු කිරණ
40. නිවන්නට භව ගිමන් දෙසූ සදහම් ගිමන්

41. ඒ භාග්‍යවතුන් වහන්සේගේ ශ්‍රාවකයා වෙමි මම
42. සසරක රහස
43. නුවණින් ලොව එළිය කරනා මහා ඉසිවරයාණෝ
44. ස්වර්ණමාලී මහා සෑ වන්දනාව
45. සොඳුරු හුදෙකලාව
46. මග හොඳට තිබේ නම්...
47. මගේ ලොව හිරු මඬල ඔබයි බුදු සමිඳුනේ
48. නුවණැත්තන් හට මෙලොවේ - දකින්ට පුළුවනි සදහම්
49. සිත සනසන අමා දහම්
50. අසිරිමත් සම්බුදු නුවණ
51. ගෞතම සසුනේ පිහිට ලබන්නට...
52. බුදුරජාණන් වහන්සේ කුමක් වදාළ සේක්ද?
53. පින සහ අවබෝධය
54. සැබෑ බසින් මෙම සෙත සැලසේවා !
55. සැපයක්ය එය නුඹට - සැනසෙන්න මෙත් සිතින්
56. අසත්‍යයෙන් සත්‍යයට...
57. කවුරුද ලොව දැකගත්තේ - ඒ සම්බුදු සිරි සදහම්
58. පිරිනිවුණි ඒ රහත් මුනිවරු
59. බාධා ජයගත් මගමයි යහපත්
60. භව පැවැත්මේ සැබෑ ස්වභාවය
61. සුගතියට යන සැලැස්මක්
62. බුදුමුවින් ගලා ආ - මිහිරි දම් අමා දුන්
63. යළි යුගයක් ආවා ලොව සම්බුදු
64. පිනක මහිම
65. බුදු නෙතින් දුටු හෙට දවසේ ලෝකය
66. ජීවිතය දකින කැඩපත ධර්මයයි
67. අකාලික මුනි දහම
68. නිවී පහන් වී සිත් සැනසේවා
69. සුසුමක විමසුම නිවනක ඇරඹුම
70. පිනෙන් පිරුණු සොඳුරු ජීවිතයක්
71. අසිරිමත් දම් රස අමාවන්
72. ලොව දමනය කළ මුනිඳාණෝ
73. නැසෙන වැනසෙන පිනිබිඳුව
74. ගෞතම මුනිඳු මගෙ හිරු සඳු වන සේක
75. දහම් ඇස පහළ විය
76. ශ්‍රේෂ්ඨත්වය සොයා යාම
77. ලෝකයෙන් නිදහස් වීම

## ● සදහම් ග්‍රන්ථ :

01. පිරුවානා පොත් වහන්සේ
02. ඔබේ සිත සමඟ පිළිසඳරක්
03. සිතට සුවදෙන භාවනා
04. පින් මතුවෙන වන්දනා
05. ශ්‍රී සම්බුද්ධත්ව වන්දනා
06. සිරි ගෞතම බෝධි වන්දනාව
07. අසිරිමත් පසේබුදු පෙළහර
08. අනේ..! අපේ කථාවත් අහන්න...

## ● සදහම් සිතුවම් පොත් පෙළ :

01. ඡත්ත මාණවක
02. බාහිය දාරුචීරිය මහරහතන් වහන්සේ
03. පිණ්ඩෝල භාරද්වාජ මහරහතන් වහන්සේ
04. සුමන සාමණේර
05. අම්බපාලී මහරහත් තෙරණියෝ
06. රට්ඨපාල මහරහතන් වහන්සේ
07. සක්කාර නුවර මසුරු කෝසිය
08. කිසාගෝතමී
09. උරුවේල කාශ්‍යප මහරහතන් වහන්සේ
10. සංකිච්ච මහරහතන් වහන්සේ
11. සුප්පබුද්ධ කුෂ්ඨ රෝගියා
12. නිවී ගිය සේක බුද්ධ දිවාකරයාණෝ
13. සුමන මල් වෙළෙන්දා
14. කාලි යක්ෂණිය
15. මුගලන් මහරහතන් වහන්සේ
16. ලාජා දෙවඟන
17. ආයුවඩ්ඪන කුමාරයා
18. සන්තති ඇමති
19. මහධන සිටුපුත්‍රයා
20. අනේපිඬු සිටුතුමා
21. නන්ද මහරහතන් වහන්සේ
22. මණිකාර කුළුපග තිස්ස තෙරණුවෝ
23. විශාඛා මහෝපාසිකාව
24. පතිපූජිකාව

## ● ඉංග්‍රීසි භාෂාවට පරිවර්තනය වී ඇති ධර්ම දේශනා ග්‍රන්ථ :

01. The life of Buddha for children
02. The Wise Shall Realize
03. Stories of Ghosts
04. Stories of Heavenly Mansions

## ● ඉංග්‍රීසි භාෂාවට පරිවර්තනය වී ඇති සදහම් සිතුවම් පොත් :

01. Chaththa Manawaka
02. Sumana the Novice monk
03. Stingy Kosiya of Town Sakkara
04. Kisagothami
05. Kali She-devil
06. Ayuwaddana Kumaraya
07. Sumana The Florist

www.ingramcontent.com/pod-product-compliance
Lightning Source LLC
Chambersburg PA
CBHW071501040426
42444CB00008B/1449